한국어능력시험

TOPIK I

실전 모의고사

Mock tests 全真模拟试题

시대에듀

PREFACE

머리말

한국어를 배우려는 외국인들께

한국과 한국어를 사랑하는 여러분, 안녕하세요. 저자 정은화입니다.

한국어능력시험(TOPIK)은 한국어를 모국어로 하지 않는 외국인이나 재외동포 분들께 한국어 학습의 방향을 제시하고 한국어의 보급을 확대하기 위해 만들어진 시험입니다. 여러분의 한국어 사용 능력을 평가하여 유학 또는 취업 활동 등에 활용할 수 있게도 하고요.

하지만 대부분의 경우 한국어를 공부해서 시험까지 보는 것이 쉽지만은 않으실 거예요. 시험에서 좋은 결과를 얻기 위해서는 분명 많은 노력과 정확한 목표 의식이 필요합니다.

그래서 한국어능력시험 준비의 방향을 잡아 주고, 나아가 한국어 학습에 대한 좌표를 제시하고자 이 책을 만들게 되었습니다. 물론 최근 한국어능력시험에서 다루는 어휘, 소재, 주제가 과거에 비해 다양해졌고 한국의 사회문화적인 현상을 시험에 즉각 반영하고 있다 보니 책 한 권을 공부한다고 해서 시험 준비가 끝나는 것은 아닙니다. 그러나 이 책을 통해 한국어능력시험의 경향을 파악하고 익힌다면 분명히 좋은 결과를 얻는 데 도움이 될 것입니다.

이 책은 이렇게 활용해 보세요.

❶ 실전 모의고사는 실제 기출문제와 동일한 구성과 유형으로 이루어져 있습니다. 실제 시험 시간에 맞추어 문제를 풀면서 실전 감각을 익히고, 틀린 문제는 틀린 이유를 분석하여 해설을 꼼꼼하게 확인하면서 약점을 보완하는 것이 중요합니다.

❷ 시험에 자주 나오는 소재나 주제뿐만 아니라 앞으로 출제될 가능성이 높은 내용까지 골고루 지문으로 다루었습니다. 낯설거나 이해가 잘 되지 않는 내용은 핵심 단어를 중심으로 다시 한번 읽어 보세요.

❸ 중요 어휘를 영어 · 중국어 · 일본어의 3개 국어로 번역하여 수록하였습니다. 실제 시험과 모의고사에 자주 출제된 것들이니 반드시 암기해 두세요.

❹ 2022년부터 시행 중인 말하기 평가에 어떤 유형의 문제가 나오는지 빠르게 살펴볼 수 있도록 하였습니다. 기본적인 생활 회화부터 사회적 이슈까지 다양한 내용이 나오니 평소 꾸준히 연습하는 게 좋습니다.

모든 사람이 쉽게 말과 글을 익히고 사용하게 하고자 하셨던 세종대왕의 마음처럼, 학생들이 한국어를 재미있고 효율적으로 배우기를 바라는 마음으로 이 책을 썼습니다. 부디 이 책으로 공부하는 모두에게 좋은 결과가 있기를 바랍니다.

저자 **정은화** 드림

시험 안내

TOPIK은 누구에게, 왜 필요한가요?

한국어를 모국어로 하지 않는 재외동포 및 외국인으로서

1 한국어 학습자 및 국내 대학 유학 희망자

2 국내외 한국 기업체 및 공공기관 취업 희망자

3 외국 학교에 재학 중이거나 졸업한 재외국민

학업

- 정부 초청 외국인 장학생 프로그램 진학 및 학사 관리
- 외국인 및 재외동포의 국내 대학 또는 대학원 입학 및 졸업 요건
- 국외 대학의 한국어 관련 학과 학점 및 졸업 요건

취업

- 국내외 기업체 및 공공기관 취업
- 외국인의 한국어교원 자격 심사(국립국어원) 지원 서류

이민

- 영주권, 취업 등 체류비자 획득
- 사회통합프로그램 이수 인정(TOPIK 취득 등급에 따라 해당 단계에 배정)

2025년도 시험 일정

❶ 해외는 한국과 시험 일정이 다를 수 있으니, 반드시 현지 접수 기관으로 문의 바랍니다.

❷ 시험 일정이 변경될 수도 있으니, 반드시 시행처 홈페이지(topik.go.kr)를 확인하시기 바랍니다.

회차	접수 기간	시험일	성적 발표일	시행 지역
PBT 제98회	24.12.10.(화)~12.16.(월)	25.01.19.(일)	25.02.27.(목)	한국
PBT 제99회	25.02.11.(화)~02.17.(월)	25.04.13.(일)	25.05.30.(금)	한국 · 해외
PBT 제100회	25.03.11.(화)~03.17.(월)	25.05.11.(일)	25.06.26.(목)	한국 · 해외
PBT 제101회	25.05.13.(화)~05.19.(월)	25.07.13.(일)	25.08.21.(목)	한국 · 해외
PBT 제102회	25.08.05.(화)~08.11.(월)	25.10.19.(일)	25.12.11.(목)	한국 · 해외
PBT 제103회	25.09.02.(화)~09.08.(월)	25.11.16.(일)	25.12.23.(화)	한국 · 해외
IBT 제5회	24.12.17.(화)~12.23.(월)	25.02.22.(토)	25.03.14.(금)	한국 · 해외
IBT 제6회	25.01.14.(화)~01.20.(월)	25.03.22.(토)	25.04.11.(금)	한국 · 해외
IBT 제7회	25.04.15.(화)~04.21.(월)	25.06.14.(토)	25.07.04.(금)	한국 · 해외
IBT 제8회	25.07.15.(화)~07.21.(월)	25.09.13.(토)	25.10.02.(목)	한국 · 해외
IBT 제9회	25.08.26.(화)~09.01.(월)	25.10.25.(토)	25.11.14.(금)	한국 · 해외
IBT 제10회	25.09.23.(화)~09.29.(월)	25.11.29.(토)	25.12.19.(금)	한국 · 해외
말하기 제7회	25.01.14.(화)~01.20.(월)	25.03.22.(토)	25.04.14.(월)	한국
말하기 제8회	25.04.15.(화)~04.21.(월)	25.06.14.(토)	25.07.07.(월)	한국
말하기 제9회	25.08.26.(화)~09.01.(월)	25.10.25.(토)	25.11.17.(월)	한국

시험 안내

TOPIK, 어떻게 진행되나요?

✦ 준비물

❶ 필수: 수험표, 신분증(규정된 신분증 이외의 의료보험증, 주민등록등본, 각종 자격증과 학생증은 인정하지 않음. 세부 사항은 시행처 홈페이지 확인)

❷ 선택: 수정테이프(그 외의 필기구는 시험 당일 배부되는 컴퓨터용 검은색 사인펜만 사용 가능), 아날로그 손목시계 (휴대폰, 스마트 워치 등 모든 전자기기는 사용 불가)

✦ 일정

※ 일정은 시행 국가 및 시험 당일 고사장 사정에 따라 아래 내용과 다를 수 있습니다.

TOPIK Ⅰ - 오전 09:20까지 반드시 입실 완료

시간	영역	고사장 진행 상황
09:20~09:50(30분)	–	답안지 작성 안내, 본인 확인, 휴대폰 및 전자기기 제출
09:50~10:00(10분)	–	문제지 배부, 듣기 시험 방송
10:00~10:40(40분)	듣기	–
10:40~11:40(60분)	읽기	–

TOPIK Ⅱ - 오후 12:20까지 반드시 입실 완료

시간	영역		고사장 진행 상황
12:20~12:50(30분)	–		답안지 작성 안내, 1차 본인 확인, 휴대폰 및 전자기기 제출
12:50~13:00(10분)	–		문제지 배부, 듣기 시험 방송
13:00~14:00(60분)	1교시	듣기	(듣기 시험 정상 종료 시) 듣기 답안지 회수
14:00~14:50(50분)		쓰기	–
14:50~15:10(20분)	–		쉬는 시간(고사장 건물 밖으로는 나갈 수 없음)
15:10~15:20(10분)	–		답안지 작성 안내, 2차 본인 확인
15:20~16:30(70분)	2교시	읽기	–

✦ 주의 사항

❶ 입실 시간이 지나면 고사장 건물 안으로 절대 들어갈 수 없습니다.

❷ 시험 중, 책상 위에는 신분증 외에 어떠한 물품도 놓을 수 없습니다. 반입 금지 물품(휴대폰, 이어폰, 전자사전, 스마트 워치, MP3 등 모든 전자기기)을 소지한 경우 반드시 감독관에게 제출해야 합니다.

❸ 듣기 평가 시 문제를 들으며 마킹을 해야 하고, 듣기 평가 종료 후 별도의 마킹 시간은 없습니다. 특히 TOPIK Ⅱ 1교시 듣기 평가 시에는 듣기만, 쓰기 평가 시에는 쓰기만 풀어야 합니다. 이를 어길 경우 부정행위로 처리됩니다.

OMR 답안지 작성 요령

❶ 답안지를 더럽히거나 낙서, 불필요한 표기 등을 하지 마세요. 불이익을 받을 수 있습니다. 특히 답안지 상 · 하단의 타이밍 마크(▌▌▌▌)는 절대로 훼손하면 안 됩니다.

❷ 문제지에만 답을 쓰고 답안지에 옮기지 않으면 점수로 인정되지 않습니다.

❸ 답안지는 반드시 시험 감독관이 지급하는 컴퓨터용 검은색 사인펜으로 작성해야 합니다.

❹ 객관식 답안은 사인펜의 양쪽 중 펜이 굵은 쪽으로 표기해야 합니다. 문항마다 반드시 하나의 답만 골라 그 숫자에 "▮"로 마킹해야 하며, 한 문항에 2개 이상의 답을 표기하거나 예비 마킹만 한 경우는 0점으로 처리합니다. 올바른 마킹 방법을 아래 그림으로 확인하세요.

❺ 답안을 수정하고 싶으면 수정테이프로 수정할 답안을 완전히 덮어서 보이지 않도록 해야 합니다. 또는 손을 들어 새로운 답안지로 교체할 수도 있습니다.

❻ 시험이 끝나면 답안지를 작성할 수 없습니다. 만약 시험 감독관의 답안지 제출 지시에 따르지 않으면 부정행위로 처리됩니다.

❼ 잘못된 필기구 사용과 불완전한 마킹으로 인한 답안 작성 오류는 모두 응시자 본인에게 책임이 있습니다.

올바른 마킹 방법

GOOD

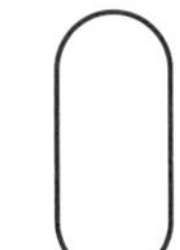

BAD

답안지 응시자 정보 작성 방법

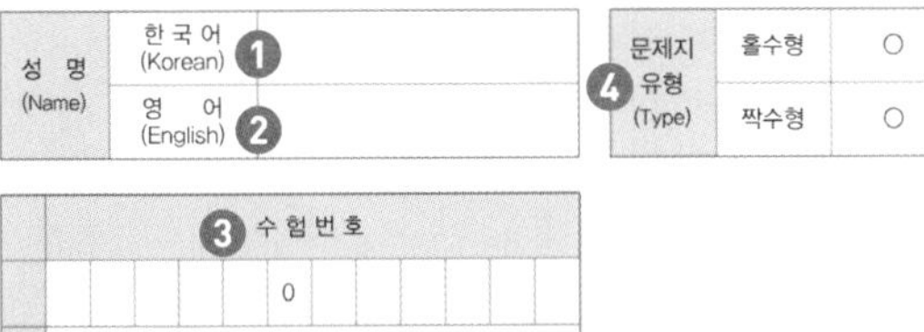

성 명 (Name)	한 국 어 (Korean) ❶	
	영 어 (English) ❷	

문제지 ❹ 유형 (Type)	홀수형	○
	짝수형	○

	❸ 수 험 번 호											
						0						
⓪	⓪	⓪	⓪	⓪	⓪	●	⓪	⓪	⓪	⓪	⓪	⓪
1	①	①	①	①	①		①	①	①	①	①	①
2	②	②	②	②	②		②	②	②	②	②	②
3	③	③	③	③	③		③	③	③	③	③	③
4	④	④	④	④	④		④	④	④	④	④	④
5	⑤	⑤	⑤	⑤	⑤	–	⑤	⑤	⑤	⑤	⑤	⑤
6	⑥	⑥	⑥	⑥	⑥		⑥	⑥	⑥	⑥	⑥	⑥
7	⑦	⑦	⑦	⑦	⑦		⑦	⑦	⑦	⑦	⑦	⑦
8	⑧	⑧	⑧	⑧	⑧		⑧	⑧	⑧	⑧	⑧	⑧
9	⑨	⑨	⑨	⑨	⑨		⑨	⑨	⑨	⑨	⑨	⑨

※ 실제 시험에서는 모든 표기가 바르게 되었는지 감독위원이 확인 후 서명을 합니다.

※ 답안 작성은 반드시 제공된 컴퓨터용 사인펜을 사용해야 합니다.

※ 위 사항을 지키지 않아 발생하는 불이익은 응시자에게 있습니다.

❶ 자신의 성명(성과 이름)을 한글로 쓰세요.

❷ 자신의 성명(성과 이름)을 영어로 쓰세요.

❸ 수험번호를 아라비아 숫자로 쓴 후 마킹하세요.

❹ 문제지 유형을 확인한 후 마킹하세요.

※ 실제 OMR 답안지에는 '결시확인란'과 '감독관 확인'이 있습니다. 이것은 시험 감독관이 표기하는 곳이니 그대로 비워 두세요.

※ 수험번호, 성명 등의 표기를 잘못하여 불이익을 받지 않도록 꼭 미리 연습해 보세요.

시험 안내

TOPIK, 어떻게 구성되나요?

✦ 시험 구성

구분	영역 및 시간	유형	문항 수	배점	총점
TOPIK I	듣기 40분	선다형	30문항	100점	200점
	읽기 60분	선다형	40문항	100점	
TOPIK II	듣기 60분	선다형	50문항	100점	300점
	쓰기 50분	서답형	4문항	100점	
	읽기 70분	선다형	50문항	100점	

✦ 듣기

문항 번호		배점	지문	유형
01~04번	01번	4점	짧은 대화	맞는 대답 고르기
	02번	4점		
	03번	3점		
	04번	3점		
05~06번	05번	4점	짧은 대화	이어지는 말 고르기
	06번	3점		
07~10번	07번	3점	짧은 대화	담화 장소 고르기
	08번	3점		
	09번	3점		
	10번	4점		
11~14번	11번	3점	짧은 대화	화제 고르기
	12번	3점		
	13번	4점		
	14번	3점		
15~16번	15번	4점	짧은 대화	일치하는 그림 고르기
	16번	4점		
17~21번	17번	3점	짧은 대화	일치하는 내용 고르기
	18번	3점		
	19번	3점		
	20번	3점		
	21번	3점		
22~24번	22번	3점	짧은 대화	중심 생각 고르기
	23번	3점		
	24번	3점		
25~26번	25번	3점	매체 담화	화자의 의도/목적 고르기
	26번	4점		일치하는 내용 고르기
27~28번	27번	3점	대화	화제 고르기
	28번	4점		일치하는 내용 고르기
29~30번	29번	3점	대화	의도/목적/이유 고르기
	30번	4점		일치하는 내용 고르기

✦ 읽기

문항 번호		배점	지문	유형
31~33번	31번	2점	짧은 서술문	화제 고르기
	32번	2점		
	33번	2점		
34~39번	34번	2점	짧은 서술문	빈칸에 알맞은 말 고르기
	35번	2점		
	36번	2점		
	37번	3점		
	38번	3점		
	39번	2점		
40~42번	40번	3점	실용문	일치하지 않는 내용 고르기
	41번	3점		
	42번	3점		
43~45번	43번	3점	짧은 서술문	일치하는 내용 고르기
	44번	2점		
	45번	3점		
46~48번	46번	3점	짧은 서술문	중심 내용 고르기
	47번	3점		
	48번	2점		
49~50번	49번	2점	수필	빈칸에 알맞은 말 고르기
	50번	2점		일치하는 내용 고르기
51~52번	51번	3점	설명문	화제 고르기
	52번	2점		중심 생각 고르기
53~54번	53번	2점	수필	빈칸에 알맞은 말 고르기
	54번	3점		일치하는 내용 고르기
55~56번	55번	2점	설명문	빈칸에 알맞은 말 고르기
	56번	3점		일치하는 내용 고르기
57~58번	57번	3점	짧은 글	알맞은 순서로 배열한 것 고르기
	58번	2점		
59~60번	59번	2점	수필	문장이 들어갈 위치 고르기
	60번	3점		일치하는 내용 고르기
61~62번	61번	2점	수필	빈칸에 알맞은 말 고르기
	62번	2점		일치하는 내용 고르기
63~64번	63번	2점	매체 담화	필자의 의도/목적 고르기
	64번	3점		일치하는 내용 고르기
65~66번	65번	2점	설명문	빈칸에 알맞은 말 고르기
	66번	3점		일치하는 내용 고르기
67~68번	67번	3점	설명문	빈칸에 알맞은 말 고르기
	68번	3점		일치하는 내용 고르기
69~70번	69번	3점	수필	빈칸에 알맞은 말 고르기
	70번	3점		일치하는 내용 고르기

※ 문항별 유형은 시행처와 출제자의 의도에 따라 조금씩 달라질 수 있습니다.

시험 안내

TOPIK, 어떻게 평가하나요?

등급 결정			평가 기준
TOPIK Ⅰ (200점 만점)	1급	80점 이상	• '자기 소개하기, 물건 사기, 음식 주문하기' 등 생존에 필요한 기초적인 언어 기능을 수행할 수 있으며 '자기 자신, 가족, 취미, 날씨' 등 매우 사적이고 친숙한 화제에 관련된 내용을 이해하고 표현할 수 있다. • 약 800개의 기초 어휘와 기본 문법에 대한 이해를 바탕으로 간단한 문장을 생성할 수 있다. • 간단한 생활문과 실용문을 이해하고, 구성할 수 있다.
	2급	140점 이상	• '전화하기, 부탁하기' 등의 일상생활에 필요한 기능과 '우체국, 은행' 등의 공공시설 이용에 필요한 기능을 수행할 수 있다. • 약 1,500~2,000개의 어휘를 이용하여 사적이고 친숙한 화제에 관해 문단 단위로 이해하고 사용할 수 있다. • 공식적 상황과 비공식적 상황에서의 언어를 구분해 사용할 수 있다.
TOPIK Ⅱ (300점 만점)	3급	120점 이상	• 일상생활을 영위하는 데 별 어려움을 느끼지 않으며, 다양한 공공시설의 이용과 사회적 관계 유지에 필요한 기초적 언어 기능을 수행할 수 있다. • 친숙하고 구체적인 소재는 물론, 자신에게 익숙한 사회적 소재를 문단 단위로 표현하거나 이해할 수 있다. • 문어와 구어의 기본적인 특성을 구분해서 이해하고 사용할 수 있다.
	4급	150점 이상	• 공공시설 이용과 사회적 관계 유지에 필요한 언어 기능을 수행할 수 있으며, 일반적인 업무 수행에 필요한 기능을 어느 정도 수행할 수 있다. • '뉴스, 신문 기사' 중 비교적 평이한 내용을 이해할 수 있다. 일반적인 사회적 · 추상적 소재를 비교적 정확하고 유창하게 이해하고, 사용할 수 있다. • 자주 사용되는 관용적 표현과 대표적인 한국 문화에 대한 이해를 바탕으로 사회적 · 문화적인 내용을 이해하고 사용할 수 있다.
	5급	190점 이상	• 전문 분야에서의 연구나 업무 수행에 필요한 언어 기능을 어느 정도 수행할 수 있다. • '정치, 경제, 사회, 문화' 전반에 걸쳐 친숙하지 않은 소재에 관해서도 이해하고 사용할 수 있다. • 공식적 · 비공식적 맥락과 구어적 · 문어적 맥락에 따라 언어를 적절히 구분해 사용할 수 있다.
	6급	230점 이상	• 전문 분야에서의 연구나 업무 수행에 필요한 언어 기능을 비교적 정확하고 유창하게 수행할 수 있다. • '정치, 경제, 사회, 문화' 전반에 걸쳐 친숙하지 않은 주제에 관해서도 이해하고 사용할 수 있다. • 원어민 화자의 수준에는 이르지 못하나 기능 수행이나 의미 표현에는 어려움을 겪지 않는다.

IBT 안내

시험 구성

❶ IBT는 시험 중간에 쉬는 시간이 없습니다.

❷ 시험 시작 40분 전까지 수험표에 적힌 고사장에 도착해서 지정된 컴퓨터에 로그인을 해야 합니다.

구분	TOPIK Ⅰ		TOPIK Ⅱ		
영역	듣기	읽기	듣기	읽기	쓰기
문항 수	26문항	26문항	30문항	30문항	3문항
시간	30분	40분	35분	40분	50분

시험 등급

구분	TOPIK Ⅰ		TOPIK Ⅱ			
등급	1급	2급	3급	4급	5급	6급
점수	121~235점	236~400점	191~290점	291~360점	361~430점	431~600점
총점	400점		600점			

문항 구성

❶ **선택형**(radio button): 4개의 선택지 중 1개의 답을 선택

❷ **단어 삽입형**(word insertion): 지문의 빈칸에 끼워 넣을 알맞은 단어를 선택

❸ **문장 삽입형**(sentence insertion): 지문에 제시문이 들어갈 알맞은 위치를 선택

❹ **끌어 놓기형**(drag and drop): 제시된 문장을 마우스로 이동하여 순서대로 배열

❺ **문장 완성형**(short answer): 빈칸에 알맞은 답을 입력하여 문장을 완성

❻ **서술형**(essay writing): 주어진 주제와 분량에 맞게 서술형 답안을 입력

주의 사항

❶ **듣기**: 화면에 '대기 시간'과 '풀이 시간'이 나옵니다. 풀이 시간이 종료되면 다음 문제로 화면이 자동 변경됩니다. 화면이 바뀌면 지나간 문제는 다시 풀 수 없으며, 반드시 풀이 시간 내에 답을 선택해야 합니다.

❷ **읽기**: 이전 문제, 다음 문제로 이동하면서 문제를 다시 풀 수 있습니다. 시험이 끝나기 10분 전, 5분 전 알림이 제공됩니다. 시험 시간이 다 되면 표시해 두었던 모든 답이 자동으로 제출됩니다.

❸ **쓰기**: PBT와 달리 원고지 쓰기가 아닌, 일반 줄글 쓰기로 문제가 나옵니다. 한글 자판의 위치를 익히고 타자 연습을 해 두어야 합니다.

❶

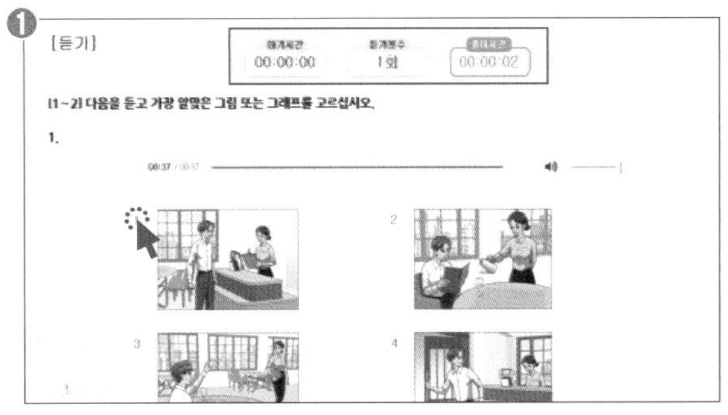

❷

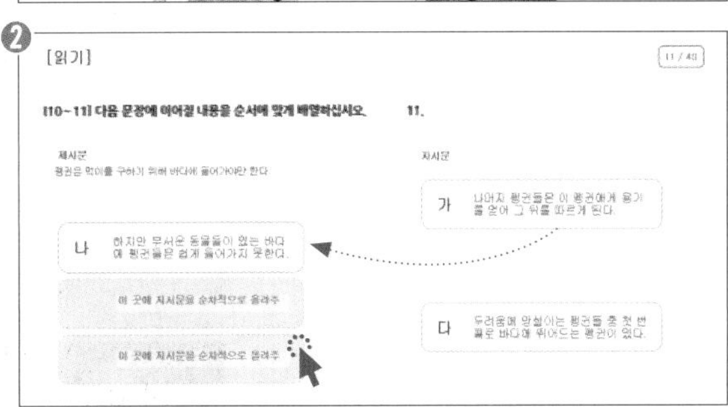

※ 시행처 홈페이지의 'IBT 체험하기'를 통해 컴퓨터 기반 시험이 어떻게 진행되는지 시험 전, 미리 확인해 보시기 바랍니다.

이 책의 구성과 특징

본책

제 **1** 회

실전 모의고사

듣기(01번~30번) 시험 시간 **40**분 | 정답 및 해설 3쪽

※ [01~04] 다음을 듣고 〈보기〉와 같이 물음에 맞는 대답을 고르십시오.

보기

가: 가방이에요?
나: ____________

❶ 네, 가방이에요. ② 네, 가방이 없어요.
③ 아니요, 가방이 싸요. ④ 아니요, 가방이 커요.

실전 모의고사

기존 도서보다 1회분이 늘어난, 총 5회분의 모의고사를 수록하였습니다. 다양한 문제를 풀면서 시험에 빈틈없이 대비하고, 온라인 모의고사에 응시하여 IBT 경험도 해 보세요!

❖ 듣기 영역 음원 안내
1. 도서 내 QR코드로 유튜브에서 바로 듣기
2. 시대에듀 홈페이지에서 다운로드받기
(sdedu.co.kr → 학습 자료실 → MP3)

책 속의 책

제 **1** 회

정답 및 해설

듣기(01번~30번) 점수: (　　)점/**100**점

01	02	03	04	05	06	07	08	09	10
③	②	④	①	①	④	②	③	④	④
11	12	13	14	15	16	17	18	19	20
③	②	④	①	③	②	④	③	②	①
21	22	23	24	25	26	27	28	29	30
④	④	②	③	①	③	④	③	②	④

01 여자: 모자를 사요?

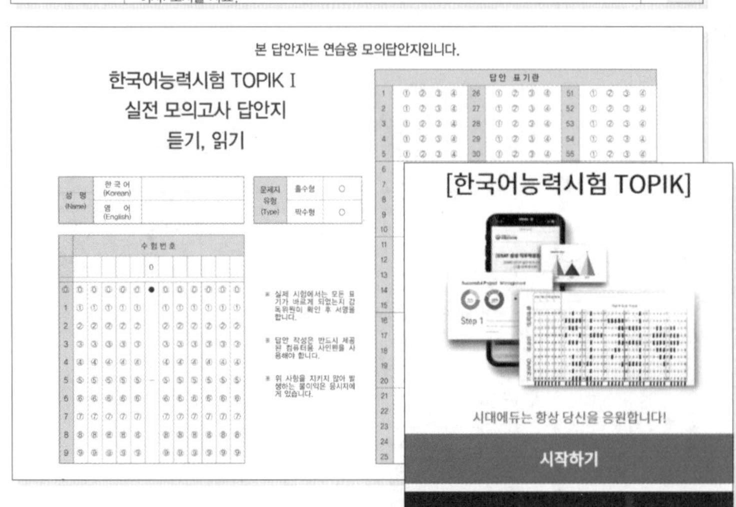

본 답안지는 연습용 모의답안지입니다.
한국어능력시험 TOPIK I
실전 모의고사 답안지
듣기, 읽기
[한국어능력시험 TOPIK]
시대에듀는 항상 당신을 응원합니다!
시작하기
내가 가진 모의고사 전체보기

정답 및 해설

한눈에 보는 정답 박스와 명쾌한 해설로 틀린 이유를 확실히 알고 넘어갈 수 있습니다. 듣기 대본도 수록되어 있어서 들은 내용을 파악하는 데 도움이 될 거예요!

OMR 답안지

실제 시험에 쓰이는 OMR 답안지를 수록하였습니다. 제한된 시간 내에 문제를 풀고 답을 적는 연습을 하면 시간을 관리하는 방법을 익힐 수 있을 거예요!

QR코드를 통한 자동채점

'모바일 OMR 자동채점 서비스'를 이용해 보세요. 쉽고 빠르게 점수와 정답을 확인할 수 있답니다!

(본 서비스는 온라인 모의고사 문제 풀이가 아닌, 정답 확인용 채점 서비스입니다.)

TOPIK Ⅰ
부록 01

빈출 어휘 다시 보기

1회

실전 모의고사에 나온 어휘입니다.
모르는 단어에 표시를 하면서 외워 봅시다.

듣기 영역				
표제어	뜻	영어	중국어	일본어
사다	돈을 주고 어떤 물건이나 권리 등을 자기 것으로 만들다	buy	买	買う
축하하다	남의 좋은 일에 대하여 기쁜 마음으로 인사하다	congratulate	祝贺	祝賀する
가구	침대, 옷장, 식탁 등과 같은 도구	furniture	家具	家具
교실	학교에서 교사가 학생들을 가르치는 방	classroom	教室	教室
예약하다	자리나 방, 물건 등을 사용할 것을 미리 약속하다	reserve	预订	予約する
그림	선이나 색으로 사물의 모양이나 이미지 등을 평면 위에 나타낸 것	picture	画	絵
취미	좋아하여 재미로 자주 하는 일	hobby	爱好	趣味
교통	자동차, 기차, 배, 비행기 등의 탈것을 이용	traffic	交通	交通

빈출 어휘 다시 보기

모의고사에 자주 출제된 어휘를 따로 모아 정리하였습니다. 영 · 중 · 일 번역과 함께 뜻을 읽어 보면서 내가 모르는 단어가 무엇인지 확인하고, 시험 전까지 반드시 외워 두세요!

TOPIK Ⅰ
부록 03

초급 문법 · 표현 · 어휘 목록

※ 출처: 국립국어원(2017), 국제 통용 한국어 표준 교육과정 적용 연구

문법 · 표현 교육내용개발(1-4단계) 기준 – 초급

1. 급수 뒤의 **는 국제통용(2단계) 기준으로 중급을, *는 급수가 따로 부여되지 않음을 의미합니다.
2. 관련형의 ㊜는 유의어, ㊦은 반의어를 의미합니다.

등급	분류	대표형	관련형	의미
1급	조사	이	가	
1급	조사	과	와	
1급	조사	까지		부터/까지
1급	조사	께서		
1급	조사	은1	는1, ㄴ1	대조
1급	조사	도		
1급	조사	을1	를, ㄹ1	
1급	조사	이랑	랑	
1급	조사	으로	로	

초급 문법 · 표현 · 어휘 목록

TOPIK 1, 2급 수준에 해당하는 초급 문법 · 표현과 어휘 1,900여 개를 정리하였습니다. 공부를 하다가 궁금한 것이 생기면 찾아보면서, 틈틈이 반복하여 학습하세요!

02 문항 소개

유형 1 질문에 대답하기

- **수준 및 예상 배점:** 초급 (9점)
- **문제 내용:** 간단한 질문을 듣고 대답하는 문제
  └ 일상생활에서 자주 만나게 되는 상황에 대한 질문
  (자기 자신, 가까운 사람이나 사물, 단순한 일상이나 계획 등)

지시문

질문을 듣고 대답하십시오. 20초 동안 준비하십시오. '삐' 소리가 끝나면 30초 동안 말하십시오.

예시 문항

취미가 뭐예요? 그 취미에 대해 이야기하세요.

모범 답안

말하기 평가

말하기 평가의 출제 유형, 문항 구성, 공부 방법을 압축하여 알려 드립니다. 어떤 내용의 문제가 어떤 형식으로 나올지 미리 확인해 보면, 남들보다 한 걸음 앞서서 준비할 수 있을 거예요!

CONTENTS

이 책의 목차

본책

PART 01 실전 모의고사

책 속의 책

PART 02 정답 및 해설

PART 03 말하기 평가

PART 01
실전 모의고사

한 번에 TIP

TOPIK I, 이렇게 공부하자!

듣기	성우가 듣기 지문을 읽기 전에 먼저 시험지의 지시문과 선택지를 빠르게 읽어 보면서 문제의 유형을 파악하세요. 문제에서 물어보는 것이 무엇인지를 미리 확인하고, 지문을 들을 때는 그 부분에 집중해야 합니다. 특히 25~26번, 27~28번, 29~30번은 하나의 담화를 듣고 두 개의 문제를 푸는 세트 구성입니다. 한 문제를 풀었다고 안심하며 다음 담화가 나오기를 기다리고 있으면 안 됩니다. 두 번째 문제까지 잊지 말고 한 번에 푸는 연습을 미리 해 두세요. ➡ 평소 공부를 할 때, 다양한 유형의 담화를 들어 두세요. 잘 모르는 단어나 표현은 주제별로 단어장을 정리하고, 시간이 날 때마다 소리 내어 읽어 보는 것이 좋습니다.
읽기	모르는 단어가 나오더라도 당황하지 말고 주어진 글의 전체적인 흐름을 파악해 보세요. 문제를 먼저 읽은 후 답을 찾는 데 필요한 정보를 선택적으로 읽는 것도 좋습니다. ➡ 평소 공부를 할 때, 모르는 단어가 나오더라도 사전을 바로 찾지 말고 먼저 앞뒤 말을 통해 뜻을 추리해 보세요. 또한 주어진 시간에 문제를 다 푸는 것이 생각보다 쉽지 않은 일이므로 반드시 실제 시험 시간에 맞추어 전체 문제를 푸는 연습을 해 두세요.

– 홀수형 (Odd Number Type) –

한국어능력시험 I

제1회 실전 모의고사

Test of Proficiency in Korean I

The 1st actual mock test

듣기, 읽기 (Listening, Reading)

모바일 OMR
자동채점

듣기 MP3 유튜브
바로가기

수험번호(Registration No.)		
이름 (Name)	한국어(Korean)	
	영어(English)	

유의 사항

Information

1. 시험 시작 지시가 있을 때까지 문제를 풀지 마십시오.
   Do not open the booklet until you are allowed to start.

2. 수험번호와 이름을 정확하게 적어 주십시오.
   Write your name and registration number on the answer sheet.

3. 답안지를 구기거나 훼손하지 마십시오.
   Do not fold the answer sheet; keep it clean.

4. 답안지의 이름, 수험번호 및 정답의 기입은 배부된 펜을 사용하여 주십시오.
   Use the given pen only.

5. 정답은 답안지에 정확하게 표시하여 주십시오.
   Mark your answer accurately and clearly on the answer sheet.

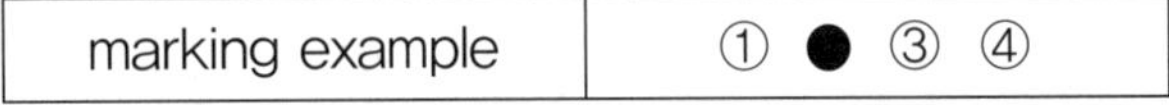

marking example	① ● ③ ④

6. 문제를 읽을 때에는 소리가 나지 않도록 하십시오.
   Keep quiet while answering the questions.

7. 질문이 있을 때에는 손을 들고 감독관이 올 때까지 기다려 주십시오.
   When you have any questions, please raise your hand.

제 1 회 실전 모의고사

듣기(01번~30번)

시험 시간 **40**분 | 정답 및 해설 3쪽

※ [01~04] 다음을 듣고 <보기>와 같이 물음에 맞는 대답을 고르십시오.

보기

가: 가방이에요?
나: ______________________

❶ 네, 가방이에요.　　② 네, 가방이 없어요.
③ 아니요, 가방이 싸요.　　④ 아니요, 가방이 커요.

01 (4점)

① 네, 모자를 해요.　　② 네, 모자가 있어요.
③ 아니요, 모자를 안 사요.　　④ 아니요, 모자가 아니에요.

02 (4점)

① 네, 옷이에요.　　② 네, 옷이 비싸요.
③ 아니요, 옷이 좋아요.　　④ 아니요, 옷을 안 샀어요.

03 (3점)

① 두 번 봤어요.　　② 토요일에 봤어요.
③ 극장에서 봤어요.　　④ 친구하고 봤어요.

04 (3점)

① 한국어를 배워요.　　② 열심히 공부해요.
③ 한국어가 어려워요.　　④ 공부가 재미있어요.

※ [05~06] 다음을 듣고 〈보기〉와 같이 이어지는 말을 고르십시오.

보기

가: 안녕히 가세요.
나: ____________________

① 안녕하세요.
② 어서 오세요.
❸ 안녕히 계세요.
④ 여기 앉으세요.

05 (4점)

① 축하합니다.
② 고맙습니다.
③ 괜찮습니다.
④ 알겠습니다.

06 (3점)

① 잘 부탁합니다.
② 안녕히 주무세요.
③ 만나서 반갑습니다.
④ 잠깐만 기다려 주세요.

※ [07~10] 여기는 어디입니까? 〈보기〉와 같이 알맞은 것을 고르십시오.

보기

가: 무엇을 먹을까요?
나: 비빔밥을 먹읍시다.

① 병원 ❷ 음식점 ③ 편의점 ④ 미용실

07 (3점)

① 배 ② 택시 ③ 지하철 ④ 비행기

08 (3점)

① 은행 ② 병원 ③ 백화점 ④ 미술관

09 (3점)

① 공원 ② 식당 ③ 꽃집 ④ 학교

10 (4점)

① 약국 ② 극장 ③ 서점 ④ 호텔

※ [11~14] 다음은 무엇에 대해 말하고 있습니까? 〈보기〉와 같이 알맞은 것을 고르십시오.

보기

가: 몇 시에 끝나요?
나: 두 시에 끝나요.

❶ 시간 ② 날짜 ③ 나이 ④ 주소

11 (3점)

① 요일 ② 친구 ③ 취미 ④ 쇼핑

12 (3점)

① 교통 ② 장소 ③ 날씨 ④ 기분

13 (4점)

① 소개 ② 약속 ③ 성격 ④ 가족

14 (3점)

① 날짜 ② 수업 ③ 나이 ④ 주소

※ [15~16] 다음 대화를 듣고 가장 알맞은 그림을 고르십시오. (각 4점)

15

①

②

③

④

16

①

②

③

④

※ [17~21] 다음을 듣고 〈보기〉와 같이 대화 내용과 같은 것을 고르십시오. (각 3점)

보기

남자: 토요일에도 회사에 가요?
여자: 아니요, 토요일하고 일요일에는 집에서 쉬어요.

① 남자는 회사원입니다.
❷ 여자는 회사에 다닙니다.
③ 남자는 토요일에 일합니다.
④ 여자는 일요일에 회사에 갑니다.

17 ① 남자는 식당을 예약했습니다.
② 여자는 다음 주에 고향에 갑니다.
③ 남자는 여자와 같이 고향에 갑니다.
④ 여자는 저녁에 비행기를 탈 겁니다.

18 ① 남자는 커피를 싫어합니다.
② 여자는 커피를 주문할 겁니다.
③ 남자는 주스를 마시려고 합니다.
④ 여자는 아침에 케이크를 먹었습니다.

19 ① 남자는 회의에 못 갑니다.
② 여자는 회의 자료를 볼 겁니다.
③ 여자는 지금 회의를 시작하려고 합니다.
④ 남자는 인터넷으로 자료를 찾고 있습니다.

20 ① 여자는 식당에서 일합니다.
② 남자는 식당에 간 적이 있습니다.
③ 여자는 서점의 위치를 잘 모릅니다.
④ 남자는 서점 옆에서 여자를 만날 것입니다.

21 ① 여자는 아르바이트를 하고 있습니다.
② 여자는 놀이공원에 가는 것을 좋아합니다.
③ 남자는 놀이공원에서 일한 적이 있습니다.
④ 남자는 아직 아르바이트할 곳을 못 찾았습니다.

※ [22~24] 다음을 듣고 여자의 중심 생각을 고르십시오. (각 3점)

22 ① 청소는 매일 해야 합니다.
② 일요일에는 푹 쉬어야 합니다.
③ 바쁘면 운동을 하지 않아도 됩니다.
④ 주말에도 운동을 좀 하는 게 좋습니다.

23 ① 기다리려면 이름부터 써 놓아야 합니다.
② 식당 앞에서 오래 기다리고 싶지 않습니다.
③ 점심시간에는 식당을 이용하기가 힘듭니다.
④ 점심 식사는 30분 안에 끝내는 것이 좋습니다.

24 ① 현금을 가지고 다니는 것은 불편합니다.
② 카드를 쓰는 사람이 많아지고 있습니다.
③ 카드를 사용하면 돈을 더 많이 쓰게 됩니다.
④ 현금이 있으면 카드를 안 가지고 다녀도 됩니다.

※ [25~26] 다음을 듣고 물음에 답하십시오.

25 여자가 왜 이 이야기를 하고 있는지 고르십시오. (3점)

① 대회 신청을 더 받으려고
② 대회 날짜를 알려 주려고
③ 신청 방법을 설명해 주려고
④ 대회 장소가 바뀌었기 때문에

26 들은 내용과 같은 것을 고르십시오. (4점)

① 참가 신청을 한 사람이 많습니다.
② 홈페이지에 대회 내용이 없습니다.
③ 내일까지 참가 신청을 할 수 있습니다.
④ 이 대회에는 학생들만 참가할 수 있습니다.

※ [27~28] 다음을 듣고 물음에 답하십시오.

27 두 사람이 무엇에 대해 이야기를 하고 있는지 고르십시오. (3점)

① 좋아하는 색
② 사고 싶은 옷
③ 옷을 살 수 있는 곳
④ 옷을 교환하는 방법

28 들은 내용과 같은 것을 고르십시오. (4점)

① 여자는 회사에서 남자를 만날 겁니다.
② 남자는 다음 주에 옷을 사려고 합니다.
③ 남자는 다른 색의 옷으로 바꾸고 싶어 합니다.
④ 여자는 우체국에 가서 남자에게 옷을 보낼 겁니다.

※ [29~30] 다음을 듣고 물음에 답하십시오.

29 **남자가 힘들게 영화를 찍은 이유를 고르십시오. (3점)**

① 영화가 너무 길어서
② 춥고 눈도 많이 와서
③ 구경하는 사람이 많아서
④ 영화제가 끝난 지 얼마 안 돼서

30 **들은 내용과 같은 것을 고르십시오. (4점)**

① 남자는 겨울을 좋아하지 않습니다.
② 남자는 극장에 가서 영화를 봤습니다.
③ 남자는 다른 배우들과 함께 상을 받았습니다.
④ 남자는 앞으로 산에서 영화를 찍게 될 것입니다.

읽기(31번~70번)

시험 시간 60분 | 정답 및 해설 10쪽

※ [31~33] 무엇에 대한 이야기입니까? 〈보기〉와 같이 알맞은 것을 고르십시오. (각 2점)

보기

저는 한국 사람입니다. 제임스 씨는 미국 사람입니다.

❶ 나라 ② 이름
③ 친구 ④ 나이

31

저는 바지를 자주 입습니다. 치마는 불편합니다.

① 일 ② 값
③ 옷 ④ 맛

32

어머니와 아버지는 부산에 계십니다. 두 분은 선생님입니다.

① 약속 ② 여행
③ 방학 ④ 부모님

33

비빔밥이 아주 맛있습니다. 불고기도 맛있습니다.

① 취미 ② 음식
③ 쇼핑 ④ 직업

※ [34~39] 〈보기〉와 같이 (　　　　)에 들어갈 가장 알맞은 것을 고르십시오.

보기

과일을 좋아합니다. 그래서 (　　　　)을 샀습니다.

① 바람　　② 연필
❸ 수박　　④ 냉면

34 (2점)

지금 (　　　　)에 갑니다. 오늘 비행기를 탑니다.

① 집　　② 극장
③ 공항　　④ 여행사

35 (2점)

저는 밤 열한 시에 (　　　　). 아침 여섯 시에 일어납니다.

① 옵니다　　② 봅니다
③ 잡니다　　④ 만납니다

36 (2점)

집에서 회사가 좀 (　　　　). 한 시간쯤 걸립니다.

① 멉니다　　② 큽니다
③ 많습니다　　④ 넓습니다

37 (3점)

오늘은 바쁩니다. (　　　) 점심을 못 먹었습니다.

① 보통　　② 아직
③ 가끔　　④ 아마

38 (3점)

백화점에서 가방을 샀습니다. 구두(　　　) 샀습니다.

① 는　　② 도
③ 만　　④ 와

39 (2점)

저는 그림을 좋아합니다. 어제는 공원에서 그림을 (　　　).

① 썼습니다　　② 했습니다
③ 찍었습니다　　④ 그렸습니다

※ [40~42] 다음을 읽고 맞지 않는 것을 고르십시오. (각 3점)

40

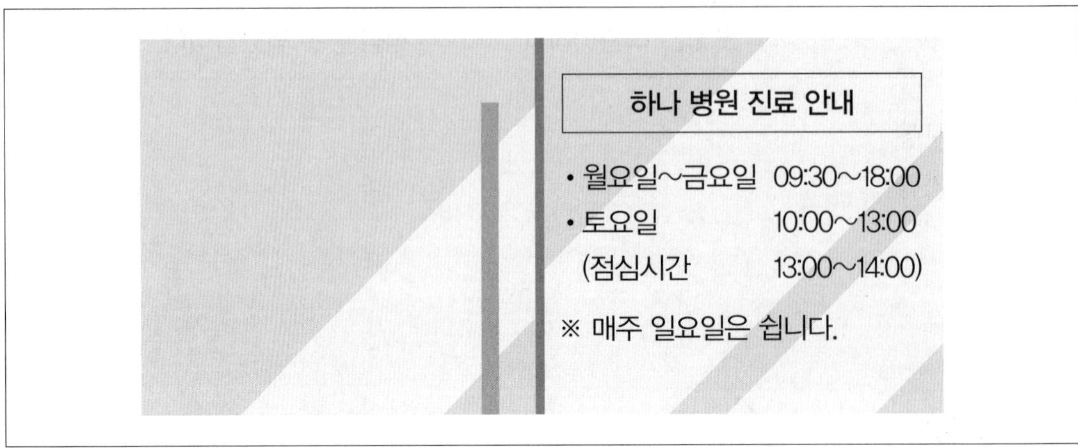

① 일요일에 문을 안 엽니다.
② 평일은 여섯 시에 끝납니다.
③ 점심시간은 한 시까지입니다.
④ 토요일은 30분 늦게 시작합니다.

41

강아지를 찾습니다.
한국마트 근처에서 잃어버렸습니다.
사람들을 아주 좋아합니다.
10년 동안 같이 산 강아지입니다.
강아지를 보신 분은 꼭 연락 주세요.
※ 02)123-4567 (24시간)

① 마트에서 강아지를 잃어버렸습니다.
② 강아지는 사람들을 보면 좋아합니다.
③ 강아지와 오랫동안 같이 살았습니다.
④ 밤에 강아지 주인에게 연락해도 됩니다.

42

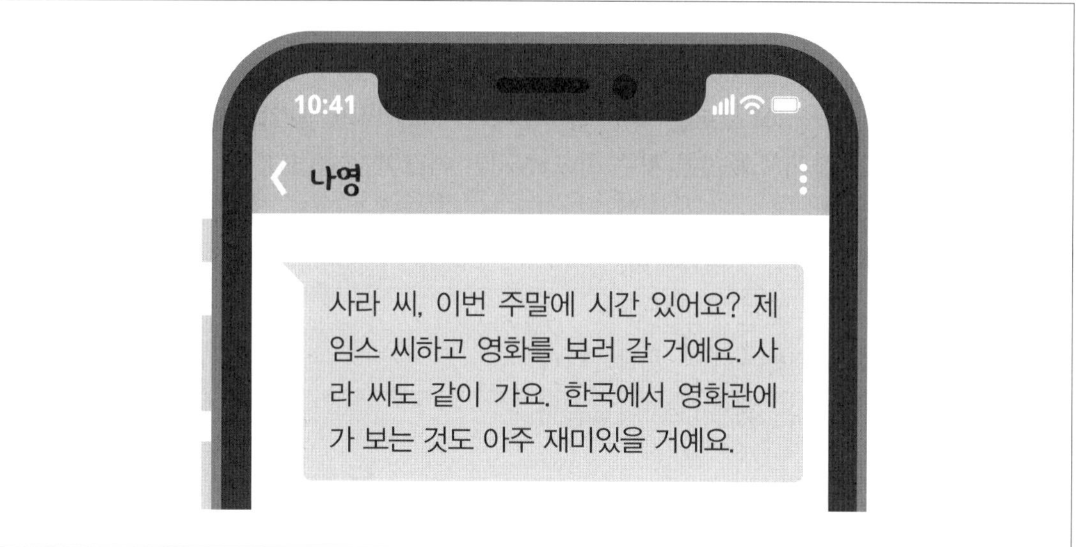

① 사라 씨가 문자 메시지를 받았습니다.
② 나영 씨는 극장에서 영화를 볼 겁니다.
③ 나영 씨는 주말에 제임스 씨를 만납니다.
④ 사라 씨는 지금 나영 씨와 함께 있습니다.

※ [43~45] 다음의 내용과 같은 것을 고르십시오.

43 **(3점)**

남편과 저는 모두 회사에 다닙니다. 그래서 집안일도 같이 합니다. 저녁에 집에 오면 남편은 청소를 하고 저는 식사 준비를 합니다.

① 저는 요리를 잘합니다.
② 저는 집에서 저녁을 먹습니다.
③ 남편은 집에서 회사 일을 합니다.
④ 남편은 집안일에 관심이 없습니다.

44 (2점)

저는 혼자 산에 오르는 것을 좋아합니다. 산에 가면 생각을 많이 할 수 있고 기분도 좋아집니다. 그래서 등산을 자주 하고 싶지만 시간이 없습니다.

① 저는 요즘 시간이 많습니다.
② 혼자 등산을 하면 위험합니다.
③ 저는 등산을 하는 것이 즐겁습니다.
④ 산에 올라가는 것은 너무 어렵습니다.

45 (3점)

오늘도 서울은 비가 많이 오겠습니다. 오후까지 내린 비는 밤이 되면 그치겠습니다. 그 후 내일부터 주말까지는 날씨가 맑겠습니다.

① 내일은 비가 오지 않을 겁니다.
② 오늘 밤에 비가 많이 올 겁니다.
③ 오늘 오후에는 날씨가 맑을 겁니다.
④ 서울에 오랜만에 비가 내릴 겁니다.

※ [46~48] 다음을 읽고 중심 내용을 고르십시오.

46 (3점)

저는 지난주에 새집으로 이사를 했습니다. 새집은 넓고 깨끗합니다. 지하철역과 시장도 가까워서 아주 편리합니다.

① 저는 지난주에 바빴습니다.
② 저는 새집이 마음에 듭니다.
③ 저는 지하철을 자주 이용합니다.
④ 저는 시장에 가는 것을 좋아합니다.

47 (3점)

제 고향은 제주도입니다. 열다섯 살 때까지 가족들과 함께 제주도에서 살았습니다. 지금은 서울에 혼자 있으니까 가족들도 보고 싶고 제주도 음식도 먹고 싶습니다.

① 저는 혼자 살고 싶습니다.
② 저는 제주도가 그립습니다.
③ 저는 가족들과 자주 만납니다.
④ 저는 서울 음식을 안 좋아합니다.

48 (2점)

저는 프랑스 사람입니다. 지금 한국어를 배우고 있는데 아주 재미있습니다. 시간이 있으면 중국어, 일본어, 베트남어 등도 배워 보고 싶습니다.

① 한국어 공부가 재미있습니다.
② 저는 여러 나라의 말을 배웁니다.
③ 한국어가 중국어보다 어렵습니다.
④ 저는 외국어 공부에 관심이 많습니다.

※ [49~50] 다음을 읽고 물음에 답하십시오. (각 2점)

저는 운전하는 것을 좋아합니다. 보통 퇴근 후나 주말에 운전을 해서 여기저기를 다닙니다. 다니면서 예쁜 경치가 (㉠) 내려서 구경도 합니다. 하지만 요즘에는 바빠서 그렇게 할 시간이 거의 없었습니다. 이번 주말에는 한가하니까 오랜만에 운전을 해서 좀 멀리 갔다 오려고 합니다.

49 ㉠에 들어갈 말로 가장 알맞은 것을 고르십시오.

① 보이면
② 보여도
③ 보이거나
④ 보이지만

50 윗글의 내용과 같은 것을 고르십시오.

① 저는 운전을 잘합니다.
② 저는 요즘 여행을 자주 합니다.
③ 저는 일이 끝난 후에 운전을 합니다.
④ 저는 운전을 하면서 경치도 구경합니다.

※ [51~52] 다음을 읽고 물음에 답하십시오.

세탁을 할 때는 보통 빨래의 종류에 맞추어 세제를 씁니다. (㉠) 너무 세제만 사용하면 옷감이 상할 수 있고 물도 많이 쓰게 됩니다. 그래서 가끔은 세탁기에 세제 대신 소금을 넣는 게 좋습니다. 소금을 조금 넣으면 옷의 색깔을 보호할 수 있고 더러워진 옷도 깨끗하게 만들 수 있습니다.

51 ㉠에 들어갈 말로 가장 알맞은 것을 고르십시오. (3점)

① 그러면
② 그리고
③ 그러나
④ 그러니까

52 무엇에 대한 내용인지 맞는 것을 고르십시오. (2점)

① 소금을 만드는 방법
② 소금을 먹어야 하는 이유
③ 빨래에 소금을 사용하는 순서
④ 빨래에 소금을 사용했을 때의 효과

※ [53~54] 다음을 읽고 물음에 답하십시오.

저는 얼마 전부터 화장품을 (㉠) 쓰고 있습니다. 제 피부에 좀 더 잘 맞는 화장품을 쓰고 싶었기 때문입니다. 인터넷을 보고 화장품을 만들어 봤는데 별로 어렵지 않았습니다. 또 이렇게 과일이나 채소 같은 자연 재료로 화장품을 만들어 쓰면 환경에도 도움이 된다고 합니다. 그래서 친구들한테도 화장품 만드는 것을 가르쳐 주려고 합니다.

53 **㉠에 들어갈 말로 가장 알맞은 것을 고르십시오. (2점)**

① 잘 골라서
② 직접 만들어서
③ 다양하게 사서
④ 친구하고 바꿔서

54 **윗글의 내용과 같은 것을 고르십시오. (3점)**

① 저는 요즘 피부가 나빠졌습니다.
② 저는 화장품을 사용하지 않습니다.
③ 저는 과일이나 채소를 자주 먹습니다.
④ 저는 친구들과 함께 화장품을 만들어 볼 겁니다.

※ [55~56] 다음을 읽고 물음에 답하십시오.

요즘 집 안에서도 자연을 느끼고 싶어 하는 사람이 많아졌습니다. 그래서 집 안에 작은 정원을 만드는 게 유행이 됐습니다. 저도 거실 한쪽에 작은 정원을 만들었습니다. 거기에 여러 가지 화분들을 놓고 (㉠). 집 안에 정원이 있으니까 분위기가 밝아진 것 같습니다. 그리고 집 안의 공기도 더 맑아져서 가족들이 아주 좋아합니다.

55 ㉠에 들어갈 말로 가장 알맞은 것을 고르십시오. (2점)

① 키우고 있습니다
② 키우려고 합니다
③ 키우면 안 됩니다
④ 키운 적이 있습니다

56 윗글의 내용과 같은 것을 고르십시오. (3점)

① 우리 집 거실은 아주 작습니다.
② 저는 정원을 만드는 일을 합니다.
③ 집 안에는 큰 화분들을 놓기가 힘듭니다.
④ 정원으로 집의 분위기를 바꿀 수 있습니다.

※ [57~58] 다음을 순서대로 맞게 나열한 것을 고르십시오.

57 (3점)

(가) 저는 커피를 아주 좋아합니다.
(나) 보통 하루에 다섯 잔 정도를 마십니다.
(다) 그래서 저녁을 먹은 후에는 커피를 마시지 않습니다.
(라) 그런데 밤에 커피를 마시면 잠을 자기 힘들 때가 있습니다.

① (가)-(나)-(라)-(다)
② (가)-(라)-(나)-(다)
③ (나)-(가)-(다)-(라)
④ (나)-(다)-(가)-(라)

58 (2점)

(가) 내복을 입으면 피부에도 좋습니다.
(나) 그래서 가장 좋은 것은 내복을 입는 것입니다.
(다) 겨울에는 몸을 따뜻하게 하기 위해 옷을 여러 개 입습니다.
(라) 하지만 너무 덥게 입으면 땀이 나서 몸의 온도가 내려갈 수 있습니다.

① (가)-(나)-(다)-(라)
② (가)-(다)-(라)-(나)
③ (다)-(라)-(나)-(가)
④ (다)-(나)-(라)-(가)

※ [59~60] 다음을 읽고 물음에 답하십시오.

요즘은 늦은 밤까지 경복궁을 구경할 수 있습니다. (㉠) 경복궁은 밤에도 산책을 하기가 편하고 밤에 가면 아름다운 야경도 즐길 수 있습니다. (㉡) 야경이 아름다운 곳에서 한복을 입고 있으면 더 예쁘게 보이기 때문입니다. (㉢) 한복은 경복궁 근처에서 빌릴 수 있는데 한복을 입으면 경복궁에 무료로 들어갈 수 있습니다. (㉣) 그래서 밤에 한복을 입고 경복궁에서 데이트를 하거나 예쁜 사진을 찍는 사람을 많이 볼 수 있습니다.

59 다음 문장이 들어갈 곳으로 가장 알맞은 것을 고르십시오. (2점)

관광객들은 특히 한복을 입고 경복궁의 야경을 즐기는 것을 좋아합니다.

① ㉠ ② ㉡
③ ㉢ ④ ㉣

60 윗글의 내용과 같은 것을 고르십시오. (3점)

① 밤에만 경복궁을 구경할 수 있습니다.
② 한복을 입으면 입장료를 내지 않아도 됩니다.
③ 관광객들은 모두 한복을 입고 경복궁에 갑니다.
④ 경복궁 근처에 가면 예쁜 사진을 찍을 수 있습니다.

※ [61~62] 다음을 읽고 물음에 답하십시오. (각 2점)

저는 친구가 많습니다. 하지만 전에는 친구가 별로 없었습니다. 집 밖에 나가거나 사람들을 만나는 것을 싫어했기 때문입니다. 그런데 대학교에 들어간 후에 점점 다른 사람들과 함께 하는 재미를 알게 되었습니다. 어떤 것을 혼자 할 때보다 더 (㉠) 결과도 좋았습니다. 요즘은 집에서 혼자 보내는 시간이 많이 줄었습니다.

61 **㉠에 들어갈 말로 가장 알맞은 것을 고르십시오.**

① 반갑고
② 즐겁고
③ 중요하고
④ 복잡하고

62 **윗글의 내용과 같은 것을 고르십시오.**

① 저는 친구들과 함께 삽니다.
② 친구들이 우리 집에 자주 옵니다.
③ 저는 대학교에서 처음 친구를 사귀었습니다.
④ 이제는 친구들과 어울리는 것이 아주 좋습니다.

※ [63~64] 다음을 읽고 물음에 답하십시오.

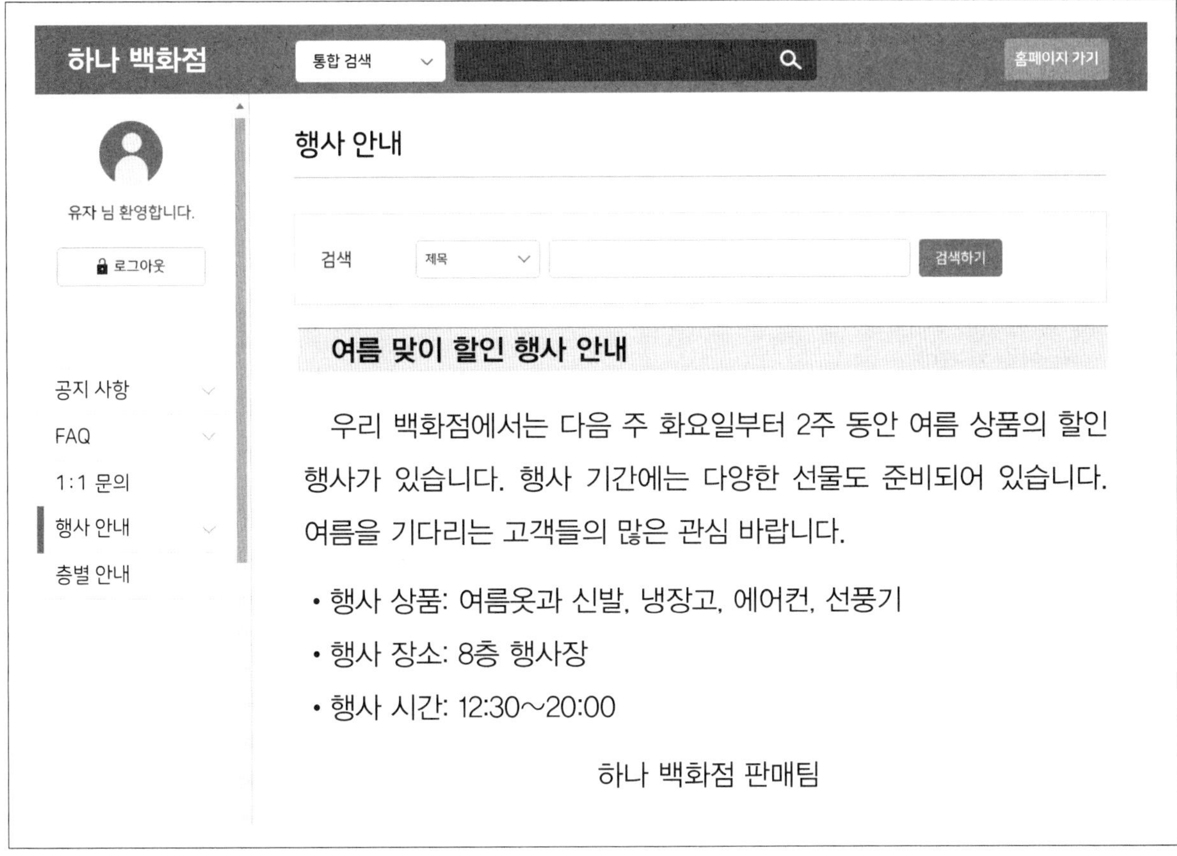

63 왜 윗글을 썼는지 맞는 것을 고르십시오. (2점)

① 행사 장소를 바꾸려고
② 행사 계획을 물어보려고
③ 행사 이유를 설명하려고
④ 행사 일정과 내용을 알리려고

64 윗글의 내용과 같은 것을 고르십시오. (3점)

① 일주일 동안 할인 행사를 할 겁니다.
② 할인 행사는 월요일에 시작할 겁니다.
③ 오전에는 할인 상품을 살 수 없습니다.
④ 행사 기간에는 가구도 싸게 살 수 있습니다.

※ [65~66] 다음을 읽고 물음에 답하십시오.

> 셔츠를 세탁하고 나서 다림질을 할 수 없거나 하기 귀찮을 때, 쉽게 해결할 수 있는 방법이 있습니다. 샤워를 한 뒤 셔츠를 욕실에 걸어 두는 것입니다. 이것은 여행 중이나 출장 중에도 사용할 수 있는 방법입니다. 또 셔츠를 욕실에 걸어 두면 냄새도 (㉠) 좋습니다. 다림질을 해야 할 치마나 바지 등에도 이 방법을 사용할 수 있습니다.

65 ㉠에 들어갈 말로 가장 알맞은 것을 고르십시오. (2점)

① 없어지지만
② 없어지려면
③ 없어지기 전에
④ 없어지기 때문에

66 윗글의 내용과 같은 것을 고르십시오. (3점)

① 샤워를 할 때 셔츠를 세탁하면 편리합니다.
② 셔츠는 세탁하기 전에 다림질을 하는 게 좋습니다.
③ 셔츠를 욕실에 걸어 두면 다림질을 안 해도 됩니다.
④ 여행이나 출장을 갈 때는 치마보다 바지가 편합니다.

※ [67~68] 다음을 읽고 물음에 답하십시오. (각 3점)

요즘 오래된 한옥에 서점이나 카페 등을 만드는 것을 많이 볼 수 있습니다. 한옥은 (㉠) 낡았지만 모양과 색이 아름다워서 인기가 많습니다. 그래서 사람들은 오래된 건물 안에서 책을 읽거나 차를 마시면서 특별한 분위기를 느끼고 싶어 하는 것 같습니다. 특히 그런 곳에는 한옥에 잘 어울리는 요즘 물건이나 가구들도 있습니다. 그래서 예쁜 사진을 찍으려고 찾아가는 사람도 많습니다.

67 ㉠에 들어갈 말로 가장 알맞은 것을 고르십시오.

① 옛날하고 달라서
② 지은 지 오래돼서
③ 수리를 자주 해서
④ 사람들이 많이 찾아가서

68 윗글의 내용과 같은 것을 고르십시오.

① 사람들은 한옥에서 특별한 분위기를 느낍니다.
② 한옥 서점이나 카페에는 옛날 물건만 있습니다.
③ 오래된 건물은 사람들한테 별로 인기가 없습니다.
④ 한옥 카페에 가면 예쁜 사진들을 볼 수 있습니다.

※ [69~70] 다음을 읽고 물음에 답하십시오. (각 3점)

저는 5년 전에 한국에 왔습니다. 처음에는 모든 게 새롭고 힘들었습니다. 하지만 지금은 제 고향처럼 한국이 편안해졌습니다. 한국 음식에도 대부분 익숙해졌습니다. 저는 특히 한국의 사계절이 아주 좋습니다. 이제 한국에서 지낼 수 있는 시간이 조금밖에 없는데 프랑스에 가면 꽃이 피는 봄과 단풍을 볼 수 있는 (㉠). 그런데 최근에는 이런 봄과 가을이 짧아지고 있는 것 같습니다. 물론 여름과 겨울도 좋지만 계절이 변하는 것을 느끼기 힘들어지는 것이 매우 아쉽습니다.

69 **㉠에 들어갈 말로 가장 알맞은 것을 고르십시오.**

① 가을이 그리울 겁니다
② 시간이 부족할 겁니다
③ 사계절을 볼 수 없습니다
④ 장소에 가 보려고 합니다

70 **윗글의 내용으로 알 수 있는 것을 고르십시오.**

① 제 고향은 한국하고 비슷합니다.
② 저는 곧 프랑스로 돌아가야 합니다.
③ 프랑스에서는 한국 음식을 먹을 수 없습니다.
④ 저는 한국의 여름과 겨울을 좋아하지 않습니다.

– 홀수형 (Odd Number Type) –

한국어능력시험 I

제2회 실전 모의고사

Test of Proficiency in Korean I

The 2nd actual mock test

듣기, 읽기 (Listening, Reading)

모바일 OMR
자동채점

듣기 MP3 유튜브
바로가기

<table>
<tr><td colspan="2">수험번호(Registration No.)</td><td></td></tr>
<tr><td rowspan="2">이름
(Name)</td><td>한국어(Korean)</td><td></td></tr>
<tr><td>영어(English)</td><td></td></tr>
</table>

유의 사항

Information

1. 시험 시작 지시가 있을 때까지 문제를 풀지 마십시오.
   Do not open the booklet until you are allowed to start.

2. 수험번호와 이름을 정확하게 적어 주십시오.
   Write your name and registration number on the answer sheet.

3. 답안지를 구기거나 훼손하지 마십시오.
   Do not fold the answer sheet; keep it clean.

4. 답안지의 이름, 수험번호 및 정답의 기입은 배부된 펜을 사용하여 주십시오.
   Use the given pen only.

5. 정답은 답안지에 정확하게 표시하여 주십시오.
   Mark your answer accurately and clearly on the answer sheet.

marking example	① ● ③ ④

6. 문제를 읽을 때에는 소리가 나지 않도록 하십시오.
   Keep quiet while answering the questions.

7. 질문이 있을 때에는 손을 들고 감독관이 올 때까지 기다려 주십시오.
   When you have any questions, please raise your hand.

제 2 회

실전 모의고사

듣기(01번~30번)

시험 시간 40분 | 정답 및 해설 14쪽

※ [01~04] 다음을 듣고 〈보기〉와 같이 물음에 맞는 대답을 고르십시오.

보기

가: 친구를 만나요?
나: ____________________

❶ 네, 친구를 만나요. ② 네, 친구가 아니에요.
③ 아니요, 친구예요. ④ 아니요, 친구를 좋아해요.

01 (4점)

① 네, 구두가 있어요. ② 네, 구두가 작아요.
③ 아니요, 구두가 많아요. ④ 아니요, 구두가 비싸요.

02 (4점)

① 네, 커피예요. ② 네, 커피가 없어요.
③ 아니요, 커피가 좋아요. ④ 아니요, 커피를 안 마셔요.

03 (3점)

① 자주 만나요. ② 주말에 만나요.
③ 식당에서 만나요. ④ 친구하고 쇼핑을 해요.

04 (3점)

① 책을 읽어요. ② 집에서 해요.
③ 저녁에 먹어요. ④ 정말 좋아해요.

※ [05~06] 다음을 듣고 〈보기〉와 같이 이어지는 말을 고르십시오.

보기

가: 처음 뵙겠습니다.
나: ______________________

① 괜찮습니다.
② 알겠습니다.
③ 고맙습니다.
❹ 반갑습니다.

05 (4점)

① 여기 있어요.
② 천천히 드세요.
③ 잘 먹겠습니다.
④ 처음 뵙겠습니다.

06 (3점)

① 고마워요.
② 괜찮아요.
③ 반가워요.
④ 좋겠어요.

※ [07~10] 여기는 어디입니까? 〈보기〉와 같이 알맞은 것을 고르십시오.

보기

가: 어떻게 오셨어요?
나: 비행기표를 사려고 하는데요.

① 가게 ② 은행 ❸ 여행사 ④ 신문사

07 (3점)

① 교실 ② 가게 ③ 병원 ④ 서점

08 (3점)

① 회사 ② 호텔 ③ 택시 ④ 극장

09 (3점)

① 편의점 ② 지하철 ③ 운동장 ④ 백화점

10 (4점)

① 도서관 ② 미술관 ③ 정류장 ④ 우체국

※ [11~14] 다음은 무엇에 대해 말하고 있습니까? 〈보기〉와 같이 알맞은 것을 고르십시오.

보기

가: 그거 매워요?
나: 네, 조금 매워요. 그렇지만 맛있어요.

① 집 ❷ 맛 ③ 가격 ④ 성격

11 (3점)

① 장소 ② 요일 ③ 직업 ④ 운동

12 (3점)

① 집 ② 일 ③ 약속 ④ 가족

13 (4점)

① 계절 ② 이름 ③ 계획 ④ 취미

14 (3점)

① 값 ② 맛 ③ 선물 ④ 나라

※ [15~16] 다음 대화를 듣고 가장 알맞은 그림을 고르십시오. (각 4점)

15

①

②

③

④

16

①

②

③

④

※ [17~21] 다음을 듣고 〈보기〉와 같이 대화 내용과 같은 것을 고르십시오. (각 3점)

보기

남자: 바지를 샀어요?
여자: 아니요, 파란색 치마를 샀어요.

① 남자는 바지를 샀습니다.
❷ 여자는 치마를 샀습니다.
③ 남자는 파란색을 좋아합니다.
④ 여자는 남자한테 바지를 선물했습니다.

17 ① 여자는 일찍 식당에 갑니다.
② 남자는 식당을 예약할 겁니다.
③ 남자는 집에서 요리를 합니다.
④ 여자는 오늘 집에서 쉴 겁니다.

18 ① 남자는 15일 후에 이사할 겁니다.
② 여자는 지하철역 근처에 살고 있습니다.
③ 여자는 남자의 이사를 도와주려고 합니다.
④ 남자는 집을 못 구해서 걱정하고 있습니다.

19 ① 남자는 병원에서 일합니다.
② 여자는 계속 몸이 좋지 않습니다.
③ 남자는 여자와 함께 퇴근할 겁니다.
④ 여자는 배가 아파서 약을 먹었습니다.

20 ① 여자는 오전에 빵을 먹었습니다.
② 남자는 여자에게 빵을 줬습니다.
③ 남자는 오늘 빵을 두 개 팔았습니다.
④ 여자는 두 시쯤 새 빵을 살 수 있습니다.

21 ① 여자는 자동차를 사려고 합니다.
② 남자는 운전 학원의 선생님입니다.
③ 여자는 요즘 운전 연습을 하고 있습니다.
④ 남자는 주말에 여자에게 차를 빌릴 것입니다.

※ [22~24] 다음을 듣고 여자의 중심 생각을 고르십시오. (각 3점)

22 ① 옷 색깔이 기분에도 영향을 줍니다.
② 어머니들은 옷 선물을 제일 좋아합니다.
③ 옷을 고를 때에는 색깔부터 봐야 됩니다.
④ 요즘은 옷을 잘 입는 사람이 인기가 많습니다.

23 ① 결혼식을 빨리 끝내고 싶습니다.
② 남자가 식사를 하고 가면 좋겠습니다.
③ 남자에게 결혼 소식을 꼭 전해야 됩니다.
④ 결혼식에 손님을 많이 초대할 필요는 없습니다.

24 ① 필통은 사서 쓸 필요가 없습니다.
② 상자는 여러 가지로 사용할 수 있습니다.
③ 선물로 받은 것을 그냥 버리면 안 됩니다.
④ 물건을 안 버리고 다시 쓰는 게 좋습니다.

※ [25~26] 다음을 듣고 물음에 답하십시오.

25 **여자가 왜 이 이야기를 하고 있는지 고르십시오. (3점)**

① 열차의 시설들을 소개하려고
② 열차 이용 방법을 안내하려고
③ 현재 열차의 위치를 설명하려고
④ 열차의 수리 상황을 알려 주려고

26 **들은 내용과 같은 것을 고르십시오. (4점)**

① 오늘은 열차를 이용할 수 없습니다.
② 수리가 끝나면 열차표를 다시 사야 합니다.
③ 열차는 문을 수리한 후에 출발할 것입니다.
④ 승객들이 전화를 하려면 열차에서 내려야 합니다.

※ [27~28] 다음을 듣고 물음에 답하십시오.

27 **두 사람이 무엇에 대해 이야기를 하고 있는지 고르십시오. (3점)**

① 사진을 잘 찍는 방법
② 겨울 등산 때 준비해야 할 것
③ 겨울에 등산을 하면 좋은 이유
④ 등산을 좋아하는 사람들의 특징

28 **들은 내용과 같은 것을 고르십시오. (4점)**

① 남자는 날씨가 추울 때에도 산에 갑니다.
② 여자는 겨울에 등산하는 것을 좋아합니다.
③ 남자는 눈을 보려고 겨울에 등산을 합니다.
④ 여자는 오늘 등산할 때 입을 옷을 살 겁니다.

※ [29~30] 다음을 듣고 물음에 답하십시오.

29 **남자가 영화에 전통 놀이를 넣은 이유를 고르십시오. (3점)**

① 평소에도 전통 놀이에 관심이 많았기 때문에
② 영화의 주인공들이 전통 놀이를 좋아하기 때문에
③ 한국의 다양한 전통 문화를 알리고 싶었기 때문에
④ 다른 영화에 안 나오는 것을 보여 주고 싶었기 때문에

30 **들은 내용과 같은 것을 고르십시오. (4점)**

① 남자는 요즘 전통 놀이를 자주 합니다.
② 남자는 새로운 영화를 준비하고 있습니다.
③ 남자는 전통 놀이가 많이 알려져서 기분이 좋습니다.
④ 남자는 젊은 사람들과 함께 영화를 만들고 싶어 합니다.

읽기(31번~70번)

시험 시간 60분 | 정답 및 해설 22쪽

※ [31~33] 무엇에 대한 이야기입니까? 〈보기〉와 같이 알맞은 것을 고르십시오. (각 2점)

보기

저는 중국에서 왔습니다. 중국 사람입니다.

① 가족 ② 이름
❸ 나라 ④ 나이

31 지금은 밤입니다. 11시입니다.

① 나이 ② 시간
③ 주말 ④ 계절

32 집 앞에 은행이 있습니다. 병원도 있습니다.

① 장소 ② 쇼핑
③ 직업 ④ 여행

33 생일에 가방을 받았습니다. 가방이 아주 예뻤습니다.

① 계획 ② 휴일
③ 취미 ④ 선물

※ [34~39] 〈보기〉와 같이 (   )에 들어갈 가장 알맞은 것을 고르십시오.

보기

오늘은 바쁩니다. (   )이 없습니다.

① 일 ❷ 시간
③ 사람 ④ 계획

34 (2점)

극장에 갑니다. 영화를 (   ).

① 씁니다 ② 봅니다
③ 앉습니다 ④ 만납니다

35 (2점)

배가 아픕니다. 그래서 (   )을 먹습니다.

① 책 ② 컵
③ 약 ④ 밥

36 (2점)

저는 치마는 안 입습니다. 바지(   ) 입습니다.

① 만 ② 의
③ 도 ④ 와

37 (3점)

저는 산책을 좋아합니다. 그래서 공원에 (　　　) 갑니다.

① 늦게　　② 아주
③ 제일　　④ 자주

38 (3점)

시험 점수가 나쁩니다. 시험이 (　　　).

① 컸습니다　　② 작았습니다
③ 어려웠습니다　　④ 재미없었습니다

39 (2점)

언니의 결혼식입니다. 가족들과 함께 사진을 (　　　).

① 배웁니다　　② 찍습니다
③ 보냅니다　　④ 만듭니다

※ [40~42] 다음을 읽고 맞지 않는 것을 고르십시오. (각 3점)

40

① 박물관에서 공연을 봅니다.
② 한 달 동안 공연을 합니다.
③ 일요일에도 공연이 있습니다.
④ 오전에는 공연을 볼 수 없습니다.

41

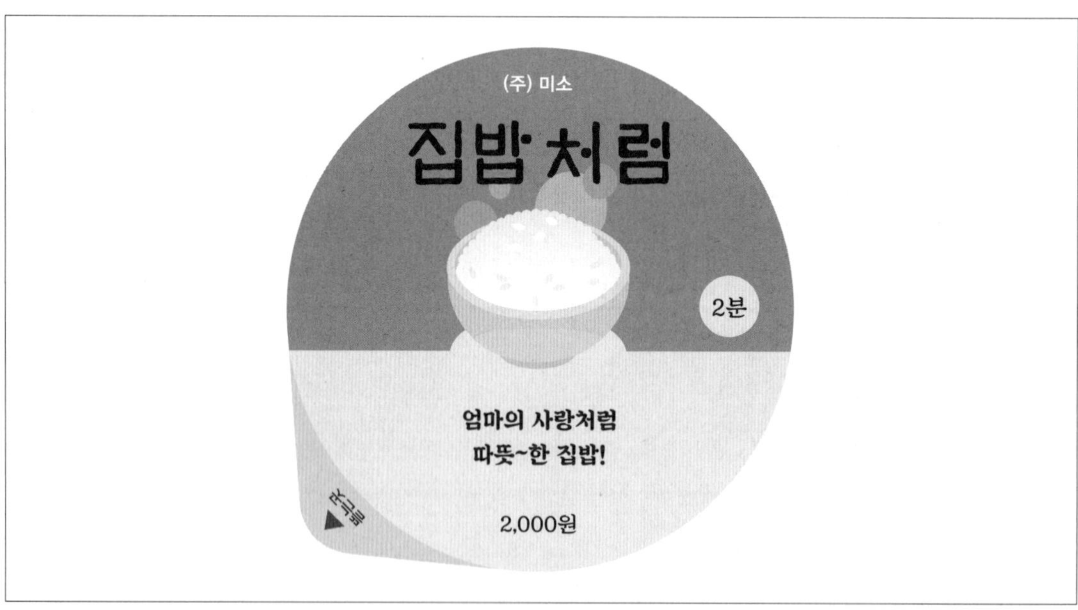

① 가격은 이천 원입니다.
② 어머니가 만들었습니다.
③ 2분 동안 데워서 먹습니다.
④ 따뜻하게 먹을 수 있습니다.

42

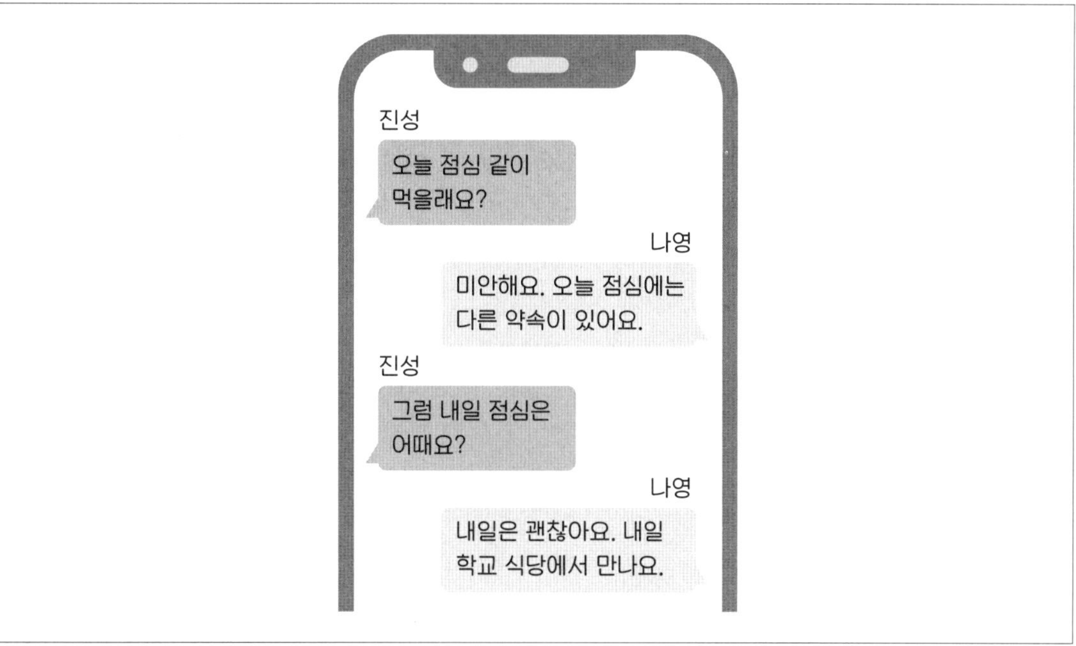

① 진성 씨가 먼저 메시지를 보냈습니다.
② 진성 씨와 나영 씨는 내일 만날 겁니다.
③ 나영 씨는 오늘 점심을 안 먹을 겁니다.
④ 나영 씨는 진성 씨를 식당에서 만나려고 합니다.

※ [43~45] 다음의 내용과 같은 것을 고르십시오.

43 (3점)

친구가 어제 이사를 했습니다. 저는 친구의 이사를 도와주었습니다. 이사가 끝나고 친구와 함께 한국 음식을 먹었습니다.

① 저는 어제 친구 집에 갔습니다.
② 저는 친구에게 새집을 소개했습니다.
③ 저는 친구에게 이사 선물을 주었습니다.
④ 저는 친구와 한국 음식을 만들었습니다.

44 (2점)

백화점에서 카드를 만들었습니다. 이 카드가 있으면 5% 싸게 살 수 있습니다. 이 카드로 10만 원 이상 사면 비누와 휴지 등도 받을 수 있습니다.

① 백화점에서 카드를 샀습니다.
② 백화점 카드로 사면 싸게 살 수 있습니다.
③ 백화점에서는 꼭 카드를 사용해야 합니다.
④ 백화점 카드를 만들려면 10만 원이 필요합니다.

45 (3점)

저는 한 시간쯤 걸어서 출근을 합니다. 좀 힘들지만 회사에 도착하면 기분이 좋습니다. 또 걸으면서 건물들을 구경하는 것도 재미있습니다.

① 저는 걷는 것을 좋아하지 않습니다.
② 걷기 전에는 기분이 아주 좋습니다.
③ 회사까지 버스로 한 시간쯤 걸립니다.
④ 걷는 동안 여러 건물을 구경할 수 있습니다.

※ [46~48] 다음을 읽고 중심 내용을 고르십시오.

46 (3점)

저는 오늘 시장에 갔습니다. 시장에 가면 아주머니들과 이야기도 할 수 있고 맛있는 음식도 먹을 수 있습니다. 그래서 저는 시장에 자주 갑니다.

① 저는 매일 시장에 갑니다.
② 저는 시장에 가는 것을 좋아합니다.
③ 저는 아주머니들과 자주 이야기를 합니다.
④ 저는 맛있는 음식을 먹으러 시장에 갑니다.

47 (3점)

저는 가구 회사에서 일하고 있습니다. 가구를 만드는 일이 아주 재미있습니다. 회사 사람들도 친절해서 저는 이 회사에서 오랫동안 일하고 싶습니다.

① 저는 가구에 관심이 많습니다.
② 저는 오랫동안 가구를 만들었습니다.
③ 저는 이 회사에 계속 다니면 좋겠습니다.
④ 저는 친절한 사람들과 일을 해 보고 싶습니다.

48 (2점)

저는 운동을 아주 좋아합니다. 고향에서도 매일 운동을 했습니다. 운동을 하면 몸도 건강해지고 걱정도 없어지는 것 같습니다.

① 저는 잘하는 운동이 많습니다.
② 빨리 고향에 돌아가고 싶습니다.
③ 매일 운동을 하는 것은 힘든 일입니다.
④ 운동을 하면 여러 가지로 도움이 됩니다.

※ [49~50] 다음을 읽고 물음에 답하십시오. (각 2점)

기차를 타고 여행을 하는 것은 정말 재미있습니다. 특히 기차역에 내리면 그곳 사람들의 생활 모습을 볼 수 있어서 좋습니다. 또 그곳의 유명한 음식을 파는 가게도 있습니다. 기차 여행을 할 때에는 (　　㉠　　) 책을 준비하는 것도 좋습니다. 그러면 더 즐거운 여행이 될 겁니다.

49 ㉠에 들어갈 말로 가장 알맞은 것을 고르십시오.

① 내용이 쉬운
② 기차 이야기가 있는
③ 기차 안에서 읽을 수 있는
④ 다른 사람에게 줄 수 있는

50 윗글의 내용과 같은 것을 고르십시오.

① 기차역에서 음식을 먹을 수 있습니다.
② 여행을 할 때에는 기차를 타야 합니다.
③ 책이 없으면 기차 여행도 즐겁지 않습니다.
④ 기차역에서 유명한 사람도 만날 수 있습니다.

※ [51~52] 다음을 읽고 물음에 답하십시오.

냉면에 식초를 넣으면 더 맛있게 먹을 수 있습니다. (㉠) 식당에서 냉면을 주문하면 항상 식초를 같이 줍니다. 그런데 식초는 많은 곳에 도움이 됩니다. 식초는 옷을 빨 때에도 사용할 수 있습니다. 특히 하얀색 옷을 빨 때 마지막에 식초를 조금 넣으면 옷의 색이 변하지 않습니다.

51 ㉠에 들어갈 말로 가장 알맞은 것을 고르십시오. (3점)

① 그러나
② 그래서
③ 그러면
④ 그렇지만

52 무엇에 대한 내용인지 맞는 것을 고르십시오. (2점)

① 식초의 종류
② 식초를 만드는 방법
③ 식초가 필요한 음식
④ 식초를 사용할 수 있는 곳

※ [53~54] 다음을 읽고 물음에 답하십시오.

혼자 사는 사람들은 음식 재료를 살 때 불편한 게 많습니다. 포장되어 있는 음식 재료의 양이 너무 많기 때문입니다. 혼자 살면 많은 양이 필요 없습니다. 그런데 보통 마트에 가면 과일이나 채소 등을 한두 개만 살 수는 없습니다. 많이 사면 사 놓은 재료가 남아서 버릴 때가 많으니까 (　　㉠　　) 양도 포장해서 팔았으면 좋겠습니다.

53 **㉠에 들어갈 말로 가장 알맞은 것을 고르십시오. (2점)**

① 적은
② 짧은
③ 건강한
④ 신선한

54 **윗글의 내용과 같은 것을 고르십시오. (3점)**

① 요리를 못 하면 혼자 살 수 없습니다.
② 포장되어 있는 음식 재료는 사면 안 됩니다.
③ 혼자 사는 사람들은 마트에 갈 시간이 없습니다.
④ 마트에서는 과일을 한두 개씩 포장해 놓지 않습니다.

※ [55~56] 다음을 읽고 물음에 답하십시오.

저는 집에서 고양이를 키웁니다. 처음에는 한 마리만 키웠는데 지금은 세 마리를 키우고 있습니다. 고양이를 키우니까 집안일이 더 많아진 것 같습니다. 그래서 어머니는 고양이 키우는 것을 별로 좋아하지 않으십니다. 하지만 저는 고양이 때문에 힘들 때보다 (㉠) 고양이를 계속 키우고 싶습니다.

55 **㉠에 들어갈 말로 가장 알맞은 것을 고르십시오. (2점)**

① 바쁜 때가 생겨서
② 함께 놀고 싶어서
③ 기쁠 때가 많아서
④ 조용한 것이 좋아서

56 **윗글의 내용과 같은 것을 고르십시오. (3점)**

① 저는 집안일을 많이 합니다.
② 고양이가 있으면 할 일이 더 많습니다.
③ 고양이는 오랫동안 키우기가 어렵습니다.
④ 어머니는 고양이를 키우고 싶어 하십니다.

※ [57~58] 다음을 순서대로 맞게 나열한 것을 고르십시오.

57 (3점)

(가) 그래서 우산을 그냥 계속 손에 들고 다녔습니다.
(나) 아침에 비가 올 것 같아서 우산을 가지고 나왔습니다.
(다) 우산을 들고 다니니까 여러 가지 불편한 것이 많았습니다.
(라) 하지만 저녁때까지 비가 안 와서 우산이 필요 없었습니다.

① (나)-(다)-(라)-(가)
② (나)-(라)-(가)-(다)
③ (다)-(가)-(라)-(나)
④ (다)-(나)-(가)-(라)

58 (2점)

(가) 그런데 한 시간 이상 앉아 있는 것은 좋지 않습니다.
(나) 허리와 다리 건강에 문제가 생길 수 있기 때문입니다.
(다) 회사에서 일을 할 때 보통 긴 시간 의자에 앉아 있게 됩니다.
(라) 건강을 지키려면 한 시간에 한 번씩 일어나서 움직여야 됩니다.

① (가)-(나)-(다)-(라)
② (가)-(다)-(라)-(나)
③ (다)-(가)-(나)-(라)
④ (다)-(라)-(가)-(나)

※ [59~60] 다음을 읽고 물음에 답하십시오.

우리 동네는 겨울에 눈이 아주 많이 옵니다. (㉠) 집밖에 나가기가 힘들 정도로 눈이 많이 올 때도 있습니다. (㉡) 그래서 일주일 정도는 학교에도 못 가고 집에서 인터넷으로 수업을 들었습니다. (㉢) 눈이 오는 풍경은 정말 아름답지만 눈 때문에 생활이 불편해지는 것은 싫습니다. (㉣)

59 **다음 문장이 들어갈 곳으로 가장 알맞은 것을 고르십시오. (2점)**

작년에도 한 달 동안 계속 눈이 왔습니다.

① ㉠　　② ㉡
③ ㉢　　④ ㉣

60 **윗글의 내용과 같은 것을 고르십시오. (3점)**

① 저는 눈이 오는 풍경을 좋아합니다.
② 저는 눈이 오면 밖에 나가지 않습니다.
③ 눈이 많이 오면 인터넷을 사용할 수 없습니다.
④ 눈이 많이 올 때에도 생활에는 문제가 없습니다.

※ [61~62] 다음을 읽고 물음에 답하십시오. (각 2점)

저는 사람들 앞에서 말할 때 긴장을 많이 하는 편입니다. 말을 하는 동안 땀이 너무 많이 나서 옷이 다 젖은 적도 있습니다. 그런데 친구가 가르쳐 준 방법 덕분에 요즘은 그런 일이 점점 (㉠) 있습니다. 말을 하기 전에 몇 번 숨을 크게 쉰 후 가볍게 몸을 움직이면서 입 운동도 좀 합니다. 그러면 말을 할 때 긴장이 많이 되지는 않습니다.

61 **㉠에 들어갈 말로 가장 알맞은 것을 고르십시오.**

① 좋아지고
② 빨라지고
③ 적어지고
④ 어려워지고

62 **윗글의 내용과 같은 것을 고르십시오.**

① 저는 말하기 연습을 할 때 긴장합니다.
② 저는 사람들 앞에서 말하기 연습을 했습니다.
③ 저는 사람들 앞에서 말할 때 옷에 신경을 씁니다.
④ 저는 요즘 좀 더 편하게 말할 수 있게 되었습니다.

※ [63~64] 다음을 읽고 물음에 답하십시오.

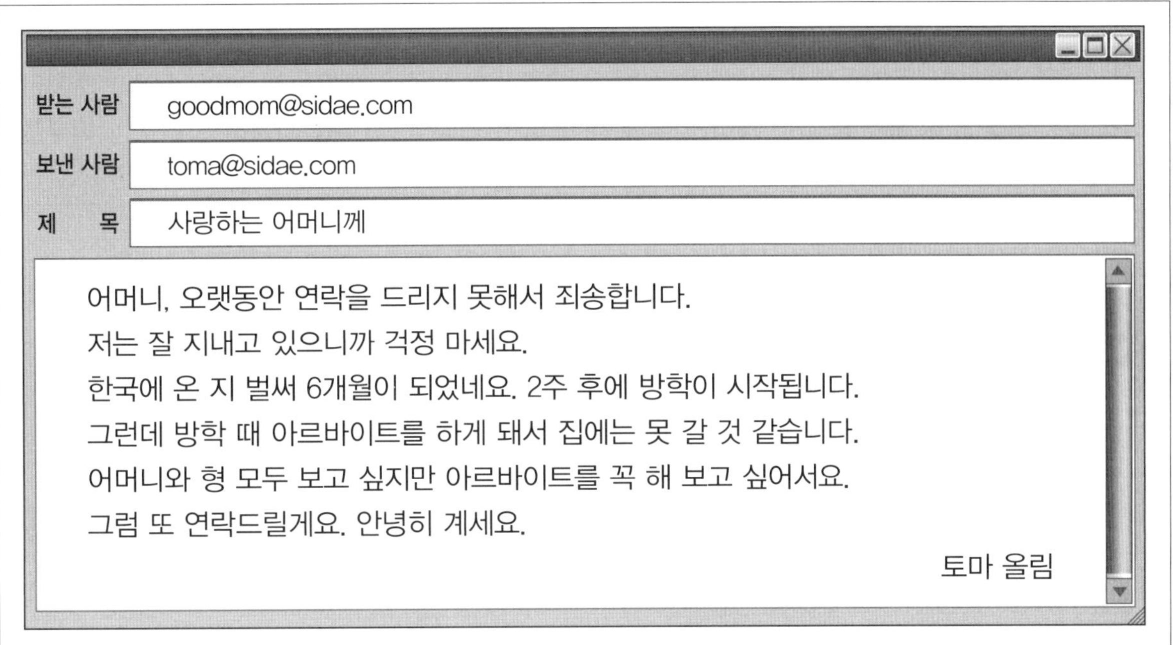
받는 사람 goodmom@sidae.com
보낸 사람 toma@sidae.com
제 목 사랑하는 어머니께

어머니, 오랫동안 연락을 드리지 못해서 죄송합니다.
저는 잘 지내고 있으니까 걱정 마세요.
한국에 온 지 벌써 6개월이 되었네요. 2주 후에 방학이 시작됩니다.
그런데 방학 때 아르바이트를 하게 돼서 집에는 못 갈 것 같습니다.
어머니와 형 모두 보고 싶지만 아르바이트를 꼭 해 보고 싶어서요.
그럼 또 연락드릴게요. 안녕히 계세요.

토마 올림

63 왜 윗글을 썼는지 맞는 것을 고르십시오. (2점)

① 어머니를 한국에 초대하고 싶어서
② 형의 유학 생활에 대해 알고 싶어서
③ 형에게 아르바이트를 부탁하고 싶어서
④ 어머니에게 방학 계획을 이야기하고 싶어서

64 윗글의 내용과 같은 것을 고르십시오. (3점)

① 형은 토마 씨와 함께 지내고 있습니다.
② 토마 씨는 반 년 전에 한국에 왔습니다.
③ 토마 씨는 요즘 아르바이트를 하고 있습니다.
④ 어머니는 방학 때 토마 씨를 만나러 올 겁니다.

※ [65~66] 다음을 읽고 물음에 답하십시오.

보통 세수를 할 때에는 비누를 사용합니다. 그런데 피부가 건조한 사람이라면 매번 비누를 사용하는 것은 좋지 않습니다. 물론 저녁에는 비누를 사용해서 얼굴을 깨끗하게 씻어 주어야 하지만 아침에는 비누 없이 세수를 하는 것이 피부에 더 도움이 됩니다. 비누를 사용하면 건조한 피부를 더 건조하게 만들 수 있기 때문입니다. 그리고 세수를 (㉠) 얼굴에 남아 있는 물도 수건으로 그냥 가볍게 닦아 주는 것이 좋습니다.

65 ㉠에 들어갈 말로 가장 알맞은 것을 고르십시오. (2점)

① 하려고
② 하거나
③ 하고 나서
④ 하는 동안에

66 윗글의 내용과 같은 것을 고르십시오. (3점)

① 아침에는 세수를 하지 않는 것이 좋습니다.
② 피부가 건조한 사람은 수건을 사용하면 안 됩니다.
③ 피부에 도움이 되는 비누를 잘 골라서 써야 합니다.
④ 피부가 건조하다면 저녁에만 비누를 쓰는 것이 좋습니다.

※ [67~68] 다음을 읽고 물음에 답하십시오. (각 3점)

보통 학교나 회사 등에서 가장 더러운 곳은 화장실입니다. 자기 책상이나 방은 깨끗하게 사용하는 사람들도 화장실에 가면 (　　㉠　　). 특히 학교나 회사의 화장실은 자신이 직접 청소를 하지 않아도 됩니다. 또 더러우면 다른 화장실을 사용해도 됩니다. 그래서 쓰레기통이 아닌 곳에 쓰레기를 버리고 화장실 문이나 벽에 그림을 그리는 사람도 있습니다.

67 ㉠에 들어갈 말로 가장 알맞은 것을 고르십시오.

① 나오려고 합니다
② 달라지기 쉽습니다
③ 바꾸기로 했습니다
④ 버리기 시작했습니다

68 윗글의 내용과 같은 것을 고르십시오.

① 보통 학교나 회사의 화장실은 자신이 청소를 합니다.
② 학교나 회사에서는 여러 화장실을 사용하면 안 됩니다.
③ 화장실 문이나 벽에 그림이 있으면 더 깨끗해 보입니다.
④ 화장실은 매일 사용하는 장소 중에 가장 더러운 곳입니다.

※ [69~70] 다음을 읽고 물음에 답하십시오. (각 3점)

우리 부부는 일 년 전에 제주도로 이사를 왔습니다. 제주도에 오기 전에 저와 아내는 서울에서 회사에 다녔습니다. 둘 다 (㉠) 회사를 그만둘 때에는 아쉬운 마음도 많았습니다. 하지만 일 년이 지난 지금 우리 가족은 모두 아주 행복합니다. 저와 아내는 아이들의 학교 근처에서 서점을 하고 있는데 아이들과 함께 하는 시간도 더 많아져서 좋습니다. 그래서 제주도로 온 것을 후회하지 않습니다.

69 ㉠에 들어갈 말로 가장 알맞은 것을 고르십시오.

① 오랫동안 다녀서
② 동료들과 싸워서
③ 일이 너무 많아서
④ 새로운 일이 좋아서

70 윗글의 내용으로 알 수 있는 것을 고르십시오.

① 저와 아내는 책을 많이 읽습니다.
② 우리 가족은 여행하는 것을 좋아합니다.
③ 저는 가족들과 함께 제주도에 살고 있습니다.
④ 저는 제주도에 오기 전에 서점에서 일했습니다.

– 홀수형 (Odd Number Type) –

한국어능력시험 I

제3회 실전 모의고사

Test of Proficiency in Korean I

The 3rd actual mock test

듣기, 읽기 (Listening, Reading)

모바일 OMR
자동채점

듣기 MP3 유튜브
바로가기

수험번호(Registration No.)		
이름 (Name)	한국어(Korean)	
	영어(English)	

유의 사항
Information

1. 시험 시작 지시가 있을 때까지 문제를 풀지 마십시오.
   Do not open the booklet until you are allowed to start.

2. 수험번호와 이름을 정확하게 적어 주십시오.
   Write your name and registration number on the answer sheet.

3. 답안지를 구기거나 훼손하지 마십시오.
   Do not fold the answer sheet; keep it clean.

4. 답안지의 이름, 수험번호 및 정답의 기입은 배부된 펜을 사용하여 주십시오.
   Use the given pen only.

5. 정답은 답안지에 정확하게 표시하여 주십시오.
   Mark your answer accurately and clearly on the answer sheet.

6. 문제를 읽을 때에는 소리가 나지 않도록 하십시오.
   Keep quiet while answering the questions.

7. 질문이 있을 때에는 손을 들고 감독관이 올 때까지 기다려 주십시오.
   When you have any questions, please raise your hand.

제 3 회

실전 모의고사

듣기(01번~30번)

시험 시간 40분 | 정답 및 해설 26쪽

※ [01~04] 다음을 듣고 〈보기〉와 같이 물음에 맞는 대답을 고르십시오.

보기

가: 가방이에요?
나: ______________________

❶ 네, 가방이에요.
② 네, 가방이 없어요.
③ 아니요, 가방이 싸요.
④ 아니요, 가방이 커요.

01 (4점)

① 네, 불고기가 없어요.
② 네, 불고기를 먹어요.
③ 아니요, 불고기예요.
④ 아니요, 불고기가 좋아요.

02 (4점)

① 네, 친구를 싫어해요.
② 네, 친구가 아니에요.
③ 아니요, 친구가 있어요.
④ 아니요, 친구를 안 만나요.

03 (3점)

① 많이 먹어요.
② 한 시에 먹어요.
③ 비빔밥을 먹어요.
④ 식당에서 먹어요.

04 (3점)

① 자주 갔어요.
② 기차로 갔어요.
③ 지난주에 갔어요.
④ 동생하고 갔어요.

※ [05~06] 다음을 듣고 〈보기〉와 같이 이어지는 말을 고르십시오.

보기

가: 안녕히 가세요.
나: ____________________

① 안녕하세요.
② 어서 오세요.
❸ 안녕히 계세요.
④ 여기 앉으세요.

05 (4점)

① 네, 잘 자요.
② 여기 있어요.
③ 잘 부탁해요.
④ 네, 알겠습니다.

06 (3점)

① 모릅니다.
② 축하합니다.
③ 그렇습니다.
④ 괜찮습니다.

※ [07~10] 여기는 어디입니까? 〈보기〉와 같이 알맞은 것을 고르십시오.

보기

가: 무엇을 먹을까요?
나: 비빔밥을 먹읍시다.

① 병원 ❷ 음식점 ③ 편의점 ④ 미용실

07 (3점)

① 시장 ② 학교 ③ 꽃집 ④ 영화관

08 (3점)

① 식당 ② 은행 ③ 우체국 ④ 도서관

09 (3점)

① 여행사 ② 문구점 ③ 박물관 ④ 백화점

10 (4점)

① 서점 ② 병원 ③ 사진관 ④ 미용실

※ [11~14] 다음은 무엇에 대해 말하고 있습니까? 〈보기〉와 같이 알맞은 것을 고르십시오.

보기

가: 몇 시에 끝나요?
나: 두 시에 끝나요.

❶ 시간 ② 날짜 ③ 나이 ④ 주소

11 (3점)

① 집 ② 옷 ③ 음식 ④ 수업

12 (3점)

① 쇼핑 ② 취미 ③ 시간 ④ 날씨

13 (4점)

① 운동 ② 나라 ③ 가족 ④ 날짜

14 (3점)

① 여행 ② 계절 ③ 교통 ④ 직업

※ [15~16] 다음 대화를 듣고 가장 알맞은 그림을 고르십시오. (각 4점)

15

①

②

③

④

16

①

②

③

④

※ [17~21] 다음을 듣고 〈보기〉와 같이 대화 내용과 같은 것을 고르십시오. (각 3점)

보기

남자: 토요일에도 회사에 가요?
여자: 아니요, 토요일하고 일요일에는 집에서 쉬어요.

① 남자는 회사원입니다.
❷ 여자는 회사에 다닙니다.
③ 남자는 토요일에 일합니다.
④ 여자는 일요일에 회사에 갑니다.

17 ① 남자는 곧 결혼을 합니다.
② 여자는 한국에서 결혼을 합니다.
③ 남자는 친구의 결혼식에 갈 겁니다.
④ 여자는 한국에서 결혼식에 간 적이 있습니다.

18 ① 남자는 요리사입니다.
② 여자는 라면을 먹을 것입니다.
③ 여자는 채소와 두부를 좋아합니다.
④ 남자는 라면에 여러 가지 재료를 넣었습니다.

19 ① 여자는 할인을 받을 수 있습니다.
② 여자는 큰 세탁기를 사려고 합니다.
③ 남자는 여자에게 세탁기를 선물할 겁니다.
④ 남자는 여자와 같이 쇼핑을 하고 있습니다.

20 ① 남자는 편의점에서 일합니다.
② 여자는 사거리에 서 있습니다.
③ 여자는 편의점을 찾고 있습니다.
④ 남자는 지하철역으로 갈 겁니다.

21 ① 남자는 다리가 아픕니다.
② 남자는 병원에 왔습니다.
③ 여자는 아이와 함께 있습니다.
④ 여자는 자리에 앉으려고 합니다.

※ [22~24] 다음을 듣고 여자의 중심 생각을 고르십시오. (각 3점)

22 ① 길이 막힐 때는 운전하기가 힘듭니다.
② 운전을 할 때는 누구나 조심해야 합니다.
③ 길을 잘 찾으려면 천천히 운전하는 게 좋습니다.
④ 운전 연습을 많이 하면 사고를 막을 수 있습니다.

23 ① 공연을 자주 보고 싶습니다.
② 평일에 하는 공연은 재미가 없습니다.
③ 평일 공연이 더 많았으면 좋겠습니다.
④ 주말에 공연을 보려면 예매를 해야 합니다.

24 ① 일 때문에 공부할 시간이 부족합니다.
② 자신이 하고 싶은 일을 하는 게 중요합니다.
③ 한국어를 못하면 아르바이트를 할 수 없습니다.
④ 아르바이트를 하면 한국어 능력도 좋아질 것입니다.

※ [25~26] 다음을 듣고 물음에 답하십시오.

25 **여자가 왜 이 이야기를 하고 있는지 고르십시오. (3점)**

① 할인 날짜를 알려 주려고
② 할인 상품을 안내하려고
③ 손님들에게 감사 인사를 하려고
④ 행사 시간이 바뀐 것을 알려 주려고

26 **들은 내용과 같은 것을 고르십시오. (4점)**

① 마트는 7시에 문을 닫습니다.
② 모든 과일을 똑같은 가격에 팝니다.
③ 7시부터 과일들을 싸게 살 수 있습니다.
④ 마트는 여름에 할인 행사를 많이 합니다.

※ [27~28] 다음을 듣고 물음에 답하십시오.

27 **두 사람이 무엇에 대해 이야기를 하고 있는지 고르십시오. (3점)**

① 축구 경기의 규칙
② 퇴근하기 좋은 시간
③ 일을 빨리 하는 방법
④ 축구 경기를 보는 장소

28 **들은 내용과 같은 것을 고르십시오. (4점)**

① 여자는 남자와 함께 퇴근하려고 합니다.
② 남자는 오늘 친구 집에 가기로 했습니다.
③ 여자는 집에 가서 일을 계속해야 합니다.
④ 남자는 텔레비전 보는 것을 안 좋아합니다.

※ [29~30] 다음을 듣고 물음에 답하십시오.

29 남자가 냉장고와 세탁기를 모두 사려고 하는 이유를 고르십시오. (3점)

① 둘 다 모두 마음에 들기 때문에
② 냉장고가 세탁기보다 싸기 때문에
③ 함께 사면 좀 더 싸게 살 수 있어서
④ 한 가지 디자인만 고르기가 힘들어서

30 들은 내용과 같은 것을 고르십시오. (4점)

① 남자는 하얀색을 좋아합니다.
② 남자는 지금 세탁을 하고 있습니다.
③ 남자는 큰 냉장고를 사려고 합니다.
④ 남자는 원하는 세탁기를 찾지 못했습니다.

읽기(31번~70번)

시험 시간 **60**분 | 정답 및 해설 33쪽

※ [31~33] 무엇에 대한 이야기입니까? 〈보기〉와 같이 알맞은 것을 고르십시오. (각 2점)

보기

저는 한국 사람입니다. 제임스 씨는 미국 사람입니다.

❶ 나라 ② 이름
③ 친구 ④ 나이

31

매일 축구를 합니다. 주말에 수영도 배웁니다.

① 날짜 ② 계획
③ 운동 ④ 수업

32

백화점에 갑니다. 옷을 삽니다.

① 약속 ② 취미
③ 위치 ④ 쇼핑

33

일요일에는 집에서 쉽니다. 회사에 안 갑니다.

① 휴일 ② 장소
③ 직업 ④ 시간

※ [34~39] 〈보기〉와 같이 (　　　　)에 들어갈 가장 알맞은 것을 고르십시오.

보기

과일을 좋아합니다. (　　　　)을 샀습니다.

① 바람　　② 연필
❸ 수박　　④ 냉면

34 (2점)

친구의 생일입니다. 선물을 (　　　　).

① 씁니다　　② 줍니다
③ 만납니다　　④ 읽습니다

35 (2점)

(　　　　)을 씻습니다. 밥을 먹습니다.

① 손　　② 공
③ 물　　④ 약

36 (2점)

기차를 (　　　　). 여행을 갑니다.

① 봅니다　　② 삽니다
③ 탑니다　　④ 엽니다

37 (3점)

방이 ( ). 청소를 합니다.

① 넓습니다 ② 작습니다
③ 조용합니다 ④ 더럽습니다

38 (3점)

저는 음악을 좋아합니다. ( ) 듣습니다.

① 처음 ② 제일
③ 함께 ④ 자주

39 (2점)

제 방에는 침대가 없습니다. 옷장( ) 있습니다.

① 만 ② 도
③ 에 ④ 과

※ [40~42] 다음을 읽고 맞지 않는 것을 고르십시오. (각 3점)

40

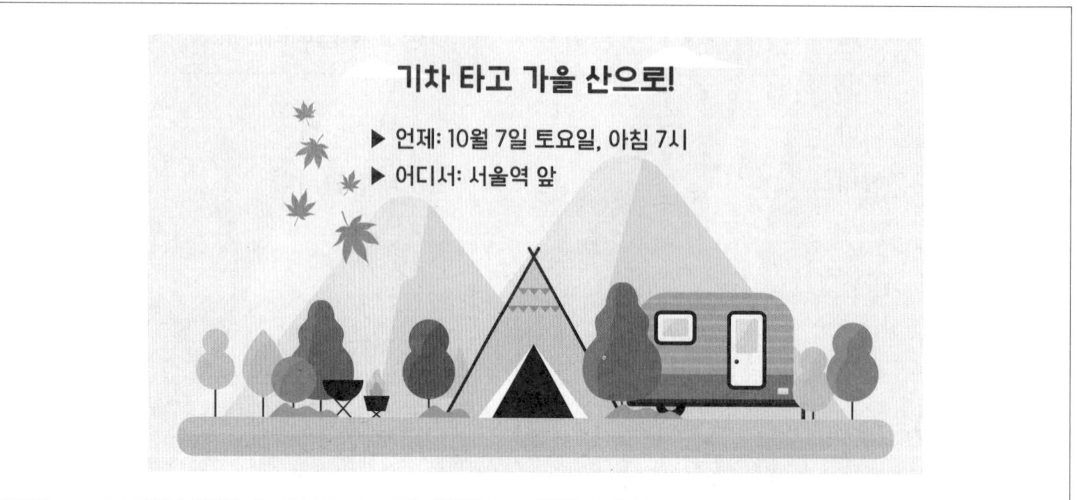

① 토요일에 만납니다.
② 같이 등산을 합니다.
③ 기차역 안에서 모입니다.
④ 모임은 오전에 있습니다.

41

① 한 달 동안 사용할 수 있습니다.
② 맛나 식당에서는 식사를 할 수 있습니다.
③ 음료수 한 잔을 무료로 마실 수 있습니다.
④ 이만 원 이상 주문할 때 사용할 수 있습니다.

42

① 지수 씨는 제주도에 있습니다.
② 지수 씨는 혼자 여행을 갔습니다.
③ 요즘 제주도는 날씨가 아주 좋습니다.
④ 사라 씨는 주말에 지수 씨를 만날 겁니다.

※ [43~45] 다음의 내용과 같은 것을 고르십시오.

43 (3점)

저는 매일 점심 식사 후에 산책을 합니다. 회사 근처에 있는 공원을 30분 정도 걷습니다. 천천히 공원을 걸으면 땀도 좀 나고 기분도 좋아집니다.

① 저는 공원에서 점심을 먹습니다.
② 저는 30분 동안 점심을 먹습니다.
③ 저는 기분이 좋으면 공원에 갑니다.
④ 저는 매일 회사 근처에서 산책을 합니다.

44 (2점)

저는 어제 친구하고 백화점에 갔습니다. 저는 모자를 사고 친구는 바지를 샀습니다. 그런데 친구의 바지가 작아서 내일 같이 바꾸러 갈 겁니다.

① 친구는 모자를 샀습니다.
② 저는 내일 백화점에 갈 겁니다.
③ 저는 친구에게 선물을 했습니다.
④ 친구는 내일 쇼핑을 하려고 합니다.

45 (3점)

8월에는 사람들이 휴가를 많이 갑니다. 날씨가 더우니까 보통 바다가 있는 곳으로 휴가를 갑니다. 사람들은 바다에서 수영도 하고 여러 행사도 구경하면서 휴가를 보냅니다.

① 8월에는 모두 휴가를 갑니다.
② 바다 근처에서는 행사도 많이 합니다.
③ 날씨가 더우면 수영을 하기가 힘듭니다.
④ 수영장이 있는 곳으로 휴가를 가야 합니다.

※ [46~48] 다음을 읽고 중심 내용을 고르십시오.

46 (3점)

우리 언니는 요리를 잘합니다. 언니가 만든 음식은 정말 맛있습니다. 저도 요리를 배우고 싶습니다.

① 저는 맛있는 음식을 만들고 싶습니다.
② 저는 식당에서 일을 해 보고 싶습니다.
③ 저는 언니와 함께 식사를 하고 싶습니다.
④ 저는 언니의 요리를 먹어 보고 싶습니다.

47 (3점)

저는 영화를 자주 봅니다. 영화를 보면 다양한 것을 배울 수 있습니다. 그리고 영화에 나오는 음악도 좋은 것이 아주 많습니다.

① 저는 음악을 자주 듣습니다.
② 저는 영화 공부를 하고 싶습니다.
③ 저는 영화 보는 것을 좋아합니다.
④ 저는 음악을 들으려고 영화를 봅니다.

48 (2점)

집 근처에 예쁜 카페가 새로 문을 열었습니다. 그 카페에는 강아지도 데리고 갈 수 있어서 참 좋습니다. 거기에 우리 강아지를 데리고 가서 재미있는 시간을 보내고 싶습니다.

① 저는 강아지를 키우고 싶습니다.
② 저는 재미있는 카페에 가고 싶습니다.
③ 저는 강아지와 노는 것을 좋아합니다.
④ 저는 새로 생긴 카페가 마음에 듭니다.

※ [49~50] 다음을 읽고 물음에 답하십시오. (각 2점)

저는 호텔에서 일합니다. 사람을 만나는 것을 좋아해서 호텔에서 일하게 되었습니다. (㉠) 호텔에서 일하면 외국어를 사용할 수 있는 기회가 많아서 좋습니다. 저는 외국어를 오랫동안 공부했습니다. 나중에 다른 나라에 있는 호텔에서도 일해 보고 싶습니다.

49 ㉠에 들어갈 말로 가장 알맞은 것을 고르십시오.

① 그러나
② 그리고
③ 그래서
④ 그러면

50 윗글의 내용과 같은 것을 고르십시오.

① 저는 보통 호텔에서 친구를 만납니다.
② 저는 오랫동안 호텔에서 일을 했습니다.
③ 저는 외국어를 자주 사용하고 있습니다.
④ 저는 나중에 외국어를 공부하고 싶습니다.

※ [51~52] 다음을 읽고 물음에 답하십시오.

저는 요즘 텔레비전의 쇼핑 방송을 보면서 물건을 사는 일이 자주 있습니다. 그렇게 쇼핑을 하면 아주 편리하게 물건을 살 수 있습니다. 하지만 가끔 필요 없는 것을 (㉠) 계획보다 많은 양을 사서 후회할 때도 있습니다. 그러니까 쇼핑 방송에서 물건을 살 때는 더 잘 생각해서 주문해야 합니다.

51 ㉠에 들어갈 말로 가장 알맞은 것을 고르십시오. (3점)

① 사거나
② 사니까
③ 사는데
④ 사려고

52 무엇에 대한 내용인지 맞는 것을 고르십시오. (2점)

① 쇼핑 방송을 보는 이유
② 쇼핑 방송과 다른 방송의 차이
③ 쇼핑 방송에서 물건을 파는 방법
④ 쇼핑 방송에서 물건을 살 때 주의할 점

※ [53~54] 다음을 읽고 물음에 답하십시오.

키우면서 상처가 난 사과는 비싼 가격에 팔기가 힘듭니다. 그런데 요즘 과일값이 많이 (㉠) 저는 보통 그런 사과를 사 먹습니다. 물론 사과에 크고 작은 상처들이 있으면 보기에는 좀 안 좋을 때도 있습니다. 하지만 제가 먹어 보니까 대부분 맛에는 아무 문제가 없었습니다. 또 상처가 난 사과는 음료로 만들어 먹기에도 더 좋은 것 같습니다.

53 ㉠에 들어갈 말로 가장 알맞은 것을 고르십시오. (2점)

① 남아서
② 올라서
③ 생겨서
④ 같아서

54 윗글의 내용과 같은 것을 고르십시오. (3점)

① 저는 과일을 키우고 있습니다.
② 저는 과일을 좋아하지 않습니다.
③ 저는 상처가 있는 과일을 삽니다.
④ 저는 과일로 만든 주스를 자주 마십니다.

※ [55~56] 다음을 읽고 물음에 답하십시오.

얼마 전 국내에서는 처음으로 자전거 박물관이 문을 열었습니다. 이 박물관에 가면 200년의 자전거 역사를 확인할 수 있습니다. 또 두 시간 정도 자전거를 무료로 (㉠) 박물관 근처에 있는 강을 따라 자전거를 탈 수도 있습니다. 그래서 특히 주말이 되면 여기에 아이들을 데리고 와서 자전거 타는 방법을 가르쳐 주는 부모도 많이 있습니다.

55 **㉠에 들어갈 말로 가장 알맞은 것을 고르십시오. (2점)**

① 나눠주기 때문에
② 빌려주기 때문에
③ 고쳐 주기 때문에
④ 만들어 주기 때문에

56 **윗글의 내용과 같은 것을 고르십시오. (3점)**

① 이 박물관은 주말에만 문을 엽니다.
② 이 박물관은 200년 전에 지은 것입니다.
③ 이 박물관 근처에서 강을 볼 수 있습니다.
④ 이 박물관에서는 자전거 타는 방법을 가르쳐 줍니다.

※ [57~58] 다음을 순서대로 맞게 나열한 것을 고르십시오.

57 (3점)

(가) 그런 후에 짐을 넣을 상자와 포장 도구를 준비합니다.
(나) 그리고 이사를 떠나기 전에 짐을 싸면서 생긴 쓰레기를 모두 정리합니다.
(다) 짐을 싸기 시작하면 상자마다 그 안에 넣은 물건의 이름을 써 두는 게 좋습니다.
(라) 이삿짐을 직접 싸려면 먼저 짐을 싸는 순서와 방법에 대한 계획을 세워야 합니다.

① (나)-(다)-(가)-(라)
② (나)-(가)-(라)-(다)
③ (라)-(가)-(나)-(다)
④ (라)-(가)-(다)-(나)

58 (2점)

(가) 수박은 여름에 제일 많이 먹는 과일입니다.
(나) 신선하고 맛있는 수박을 고를 수 있는 방법이 있습니다.
(다) 그런데 수박을 살 때 잘못 골라서 후회한 적이 있을 것입니다.
(라) 수박을 손으로 두드렸을 때 맑은 소리가 나면 맛있는 수박입니다.

① (가)-(다)-(나)-(라)
② (가)-(다)-(라)-(나)
③ (나)-(다)-(가)-(라)
④ (나)-(가)-(라)-(다)

※ [59~60] 다음을 읽고 물음에 답하십시오.

저는 이번 휴가 때 바다에 갔습니다. (㉠) 저는 여름에 바다에 가서 수영하는 것을 좋아합니다. (㉡) 오랜만에 하는 수영이니까 준비 운동도 천천히 하고 바다에 들어갔습니다. (㉢) 햇빛을 받은 바다가 아름다워서 제 기분도 더 좋아졌습니다. (㉣)

59 **다음 문장이 들어갈 곳으로 가장 알맞은 것을 고르십시오. (2점)**

하지만 최근에는 바빠서 가지 못했습니다.

① ㉠
② ㉡
③ ㉢
④ ㉣

60 **윗글의 내용과 같은 것을 고르십시오. (3점)**

① 저는 휴가 때마다 바다에 갑니다.
② 저는 햇빛이 있을 때 수영을 합니다.
③ 저는 천천히 수영하는 것을 좋아합니다.
④ 저는 수영을 한 후에 기분이 좋아졌습니다.

※ [61~62] 다음을 읽고 물음에 답하십시오. (각 2점)

저는 보통 회사에 출근하지 않고 집에서 일합니다. 회사에는 일주일에 하루만 출근하면 됩니다. 수요일에만 회사에 가서 중요한 회의를 하거나 사람을 만나고 대부분의 일은 집에서 합니다. 물론 이렇게 혼자 (㉠) 일의 속도가 느려질 때도 있습니다. 그래서 저는 집에서도 정해 놓은 시간을 잘 지키면서 일을 하려고 합니다.

61 **㉠에 들어갈 말로 가장 알맞은 것을 고르십시오.**

① 바쁘게 지내면
② 즐겁게 생활하면
③ 자유롭게 일하면
④ 다양하게 경험하면

62 **윗글의 내용과 같은 것을 고르십시오.**

① 저는 매일 집에서 일합니다.
② 저는 회사 직원들을 만날 기회가 없습니다.
③ 저는 다른 사람보다 일의 속도가 빠릅니다.
④ 저는 정해 놓은 시간에 맞춰 일하고 있습니다.

※ [63~64] 다음을 읽고 물음에 답하십시오.

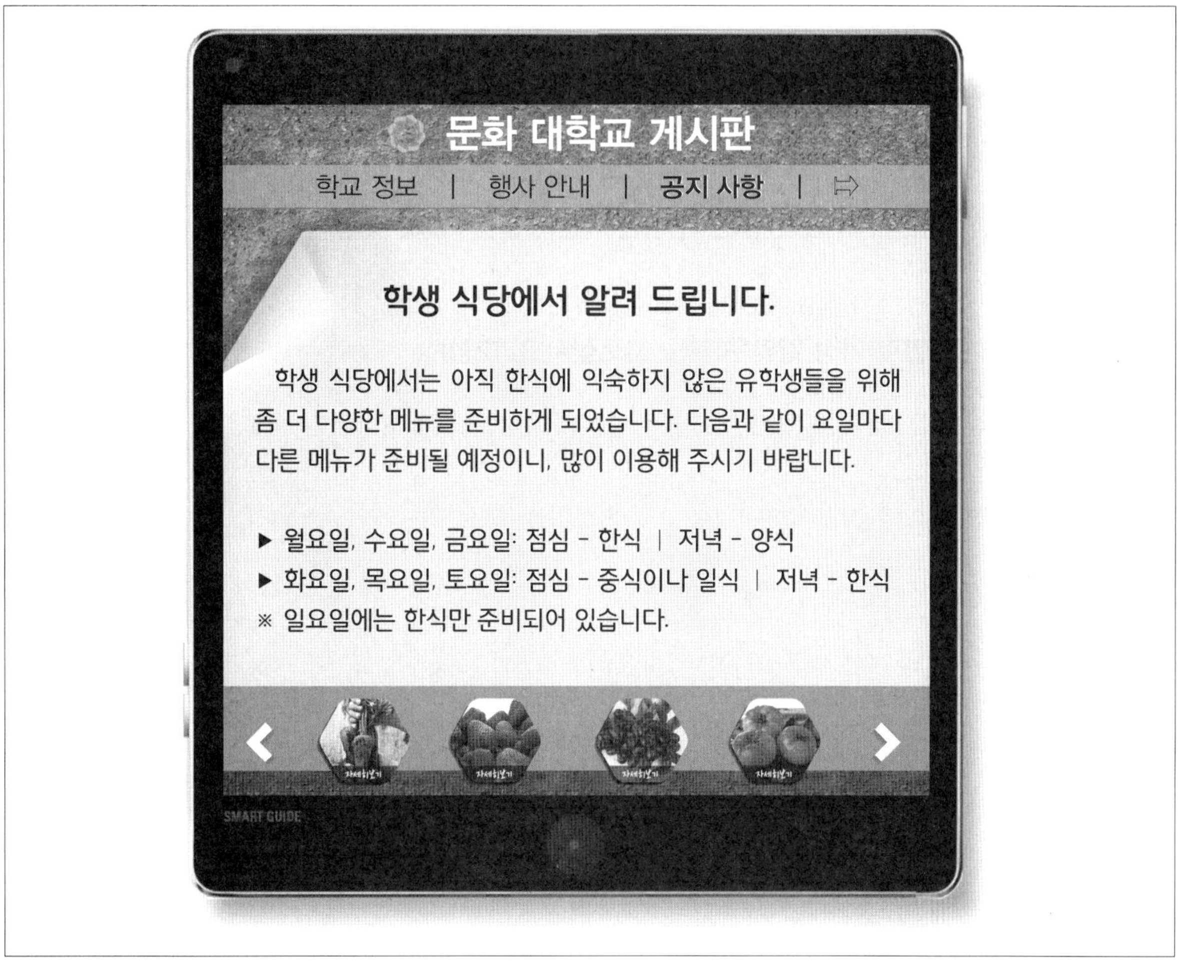

63 왜 윗글을 썼는지 맞는 것을 고르십시오. (2점)

① 새 메뉴를 소개하려고
② 식당의 위치를 안내하려고
③ 원하는 메뉴를 알아보려고
④ 새로 생긴 식당을 광고하려고

64 윗글의 내용과 같은 것을 고르십시오. (3점)

① 유학생들은 한식을 안 좋아합니다.
② 저녁에는 한식만 먹을 수 있습니다.
③ 주말에도 식당을 이용할 수 있습니다.
④ 토요일과 일요일은 메뉴가 똑같습니다.

※ [65~66] 다음을 읽고 물음에 답하십시오.

한국 사람들 중에는 스트레스를 (㉠) 기분이 안 좋으면 매운 음식을 먹는 사람이 많습니다. 매운 음식을 먹으면 기분이 좀 나아지기 때문입니다. 매운 음식을 먹으면 운동을 한 것처럼 땀이 나기 때문에 그렇게 느끼게 됩니다. 그래서 매운 음식을 먹은 후에는 기분 나쁜 일도 잊어버리고 다시 즐겁게 일을 할 수 있습니다. 하지만 스트레스를 받을 때마다 매운 음식을 먹는 것은 좋지 않습니다. 그렇게 되면 우리 몸은 점점 더 강한 매운 맛을 찾게 될 것입니다.

65 ㉠에 들어갈 말로 가장 알맞은 것을 고르십시오. (2점)

① 받는데
② 받지만
③ 받으면
④ 받거나

66 윗글의 내용과 같은 것을 고르십시오. (3점)

① 한국 사람들은 스트레스를 많이 받습니다.
② 매운 음식을 먹고 나면 기분이 좋아집니다.
③ 운동을 한 후에는 매운 음식을 먹어야 합니다.
④ 매운맛은 우리 몸을 더 강하게 만들어 줍니다.

※ [67~68] 다음을 읽고 물음에 답하십시오. (각 3점)

계절이 바뀔 때 우리의 몸도 변화를 경험하게 됩니다. 특히 가을에서 겨울로 바뀔 때 우리 몸의 온도나 피부 등에도 큰 변화가 생깁니다. 날씨가 추워지면 우리의 몸은 더 많은 열을 만들기 위해 노력합니다. 그 결과 배고픔을 더 자주 느끼게 됩니다. 또 몸 안에 있는 열을 지키려면 반대로 피부 온도는 좀 (　㉠　). 그래서 햇빛이 있을 때는 밖에 나가서 피부 온도를 올리는 활동을 하는 것이 좋습니다.

67 ㉠에 들어갈 말로 가장 알맞은 것을 고르십시오.

① 적당해집니다
② 변화가 심해집니다
③ 떨어지기도 합니다
④ 차이가 나기도 합니다

68 윗글의 내용과 같은 것을 고르십시오.

① 햇빛은 피부 건강에 좋지 않습니다.
② 겨울에는 다른 계절보다 자주 배가 고픕니다.
③ 계절이 바뀔 때 우리 몸의 온도는 내려갑니다.
④ 음식을 많이 먹으면 몸의 온도를 지킬 수 있습니다.

※ [69~70] 다음을 읽고 물음에 답하십시오. (각 3점)

우리 형제는 이름이 좀 특별합니다. 제 이름은 김바다, 동생 이름은 김나무입니다. 그래서 우리 형제의 이름을 한번 들은 사람들은 (㉠). 그리고 다른 사람들과 쉽게 친구가 될 수도 있습니다. 할아버지께서는 우리 형제가 바다와 나무처럼 살기를 바라셨습니다. 바다와 나무는 자신이 가지고 있는 것을 항상 다른 사람들에게 나누어 주기 때문입니다. 지금 할아버지는 안 계시지만 다른 사람이 우리 이름을 부를 때마다 할아버지 생각이 납니다.

69 ㉠에 들어갈 말로 가장 알맞은 것을 고르십시오.

① 별로 관심이 없습니다
② 다시 만나기 어렵습니다
③ 잘 잊어버리지 않습니다
④ 쉽게 이해할 수 없습니다

70 윗글의 내용으로 알 수 있는 것을 고르십시오.

① 할아버지께서 우리 이름을 지어 주셨습니다.
② 우리는 어렸을 때 할아버지와 함께 살았습니다.
③ 다른 사람이 우리 이름을 부르면 부끄럽습니다.
④ 할아버지의 집 근처에 바다와 나무가 있었습니다.

– 홀수형 (Odd Number Type) –

한국어능력시험 I

제4회 실전 모의고사

Test of Proficiency in Korean I

The 4th actual mock test

듣기, 읽기 (Listening, Reading)

모바일 OMR
자동채점

듣기 MP3 유튜브
바로가기

<table>
<tr><td colspan="2">수험번호(Registration No.)</td><td></td></tr>
<tr><td rowspan="2">이름
(Name)</td><td>한국어(Korean)</td><td></td></tr>
<tr><td>영어(English)</td><td></td></tr>
</table>

유의 사항

Information

1. 시험 시작 지시가 있을 때까지 문제를 풀지 마십시오.
   Do not open the booklet until you are allowed to start.

2. 수험번호와 이름을 정확하게 적어 주십시오.
   Write your name and registration number on the answer sheet.

3. 답안지를 구기거나 훼손하지 마십시오.
   Do not fold the answer sheet; keep it clean.

4. 답안지의 이름, 수험번호 및 정답의 기입은 배부된 펜을 사용하여 주십시오.
   Use the given pen only.

5. 정답은 답안지에 정확하게 표시하여 주십시오.
   Mark your answer accurately and clearly on the answer sheet.

marking example	① ● ③ ④

6. 문제를 읽을 때에는 소리가 나지 않도록 하십시오.
   Keep quiet while answering the questions.

7. 질문이 있을 때에는 손을 들고 감독관이 올 때까지 기다려 주십시오.
   When you have any questions, please raise your hand.

제 4 회 실전 모의고사

듣기(01번~30번)

시험 시간 **40**분 | 정답 및 해설 37쪽

※ [01~04] 다음을 듣고 <보기>와 같이 물음에 맞는 대답을 고르십시오.

보기

가: 친구를 만나요?
나: ________________

❶ 네, 친구를 만나요.
② 네, 친구가 아니에요.
③ 아니요, 친구예요.
④ 아니요, 친구를 좋아해요.

01 (4점)

① 네, 책이 없어요.
② 네, 책을 읽어요.
③ 아니요, 책이 비싸요.
④ 아니요, 책을 좋아해요.

02 (4점)

① 네, 숙제를 해요.
② 네, 숙제가 어려워요.
③ 아니요, 숙제가 적어요.
④ 아니요, 숙제가 있어요.

03 (3점)

① 영화를 봐요.
② 집에서 봐요.
③ 저녁에 봐요.
④ 친구하고 봐요.

04 (3점)

① 자주 해요.
② 학교에 가요.
③ 정말 좋아해요.
④ 아홉 시에 시작해요.

※ [05~06] 다음을 듣고 〈보기〉와 같이 이어지는 말을 고르십시오.

보기

가: 처음 뵙겠습니다.
나: ____________________

① 괜찮습니다.
② 알겠습니다.
③ 고맙습니다.
❹ 반갑습니다.

05 (4점)

① 부탁해요.
② 괜찮아요.
③ 잘 지냈어요.
④ 여기 있어요.

06 (3점)

① 미안해요.
② 좋겠어요.
③ 아니에요.
④ 고마워요.

※ [07~10] 여기는 어디입니까? 〈보기〉와 같이 알맞은 것을 고르십시오.

보기

가: 어떻게 오셨어요?
나: 비행기표를 사려고 하는데요.

① 가게 ② 은행 ❸ 여행사 ④ 신문사

07 (3점)

① 은행 ② 약국 ③ 시장 ④ 학교

08 (3점)

① 택시 ② 지하철 ③ 여행사 ④ 우체국

09 (3점)

① 공항 ② 극장 ③ 호텔 ④ 서점

10 (4점)

① 백화점 ② 사진관 ③ 정류장 ④ 도서관

※ [11~14] 다음은 무엇에 대해 말하고 있습니까? 〈보기〉와 같이 알맞은 것을 고르십시오.

보기

가: 그거 매워요?
나: 네, 조금 매워요. 그렇지만 맛있어요.

① 집 ❷ 맛 ③ 가격 ④ 성격

11 (3점)

① 운동 ② 장소 ③ 직업 ④ 취미

12 (3점)

① 소개 ② 위치 ③ 약속 ④ 교통

13 (4점)

① 휴일 ② 계절 ③ 시간 ④ 수업

14 (3점)

① 친구 ② 계획 ③ 고향 ④ 이름

※ [15~16] 다음 대화를 듣고 가장 알맞은 그림을 고르십시오. (각 4점)

15

①

②

③

④

16

①

②

③

④

※ [17~21] 다음을 듣고 〈보기〉와 같이 대화 내용과 같은 것을 고르십시오. (각 3점)

보기

남자: 바지를 샀어요?
여자: 아니요, 파란색 치마를 샀어요.

① 남자는 바지를 샀습니다.
❷ 여자는 치마를 샀습니다.
③ 남자는 파란색을 좋아합니다.
④ 여자는 남자한테 바지를 선물했습니다.

17 ① 남자는 인기가 많습니다.
② 여자는 모자를 써 봤습니다.
③ 남자는 큰 모자를 살 겁니다.
④ 여자는 남자에게 선물을 합니다.

18 ① 여자는 우산 가게를 하고 있습니다.
② 남자는 우산이 한 개밖에 없습니다.
③ 여자는 남자에게 우산을 빌려주려고 합니다.
④ 남자는 비가 와서 친구를 기다리고 있습니다

19 ① 남자는 내일 공항에 갈 겁니다.
② 여자는 내일 늦게 출근할 겁니다.
③ 여자는 내일 혼자 회사에 갈 겁니다.
④ 남자는 공항에서 여자를 만날 겁니다.

20 ① 여자는 행사에 관심이 없습니다.
② 남자는 축구 선수를 좋아합니다.
③ 남자는 축구를 가르치려고 합니다.
④ 여자는 행사에 티셔츠를 입고 갈 겁니다.

21 ① 남자는 여자와 함께 일합니다.
② 여자는 편의점에서 일하고 있습니다.
③ 남자는 편의점에서 일을 해 봤습니다.
④ 여자는 아르바이트를 안 하려고 합니다.

※ [22~24] 다음을 듣고 여자의 중심 생각을 고르십시오. (각 3점)

22 ① 영화는 가족들하고 같이 봐야 합니다.
② 재미있는 영화는 여러 번 봐도 됩니다.
③ 영화는 끝부분을 미리 알고 보면 재미없습니다.
④ 영화를 볼 때 시끄럽게 이야기를 하면 안 됩니다.

23 ① 걸으면서 물을 마시면 안 됩니다.
② 물을 많이 마시는 것이 건강에 좋습니다.
③ 목이 마를 때에는 물을 많이 마셔야 합니다.
④ 건강한 사람은 물을 자주 마실 필요가 없습니다.

24 ① 요즘 유럽 여행을 가는 주부들이 많습니다.
② 이 책을 읽으면 한국의 역사를 알 수 있습니다.
③ 여행을 가기 전에 먼저 여행 책을 읽어야 합니다.
④ 이 책에는 유럽에 대한 다양한 정보가 있어서 좋습니다.

※ [25~26] 다음을 듣고 물음에 답하십시오.

25 **여자가 왜 이 이야기를 하고 있는지 고르십시오. (3점)**

① 라디오 사용 방법에 대해 설명하려고
② 라디오를 들으면서 할 수 있는 일을 알려 주려고
③ 라디오에 노래를 신청하는 방법에 대해 안내하려고
④ 라디오를 듣는 사람들에게 보낼 선물을 소개하려고

26 **들은 내용과 같은 것을 고르십시오. (4점)**

① 이나영 씨는 노래를 잘 부릅니다.
② 오전에도 노래 신청을 할 수 있습니다.
③ 라디오를 들으면 그리운 사람이 생각납니다.
④ 라디오에 노래를 신청하면 선물을 받을 수 있습니다.

※ [27~28] 다음을 듣고 물음에 답하십시오.

27 **두 사람이 무엇에 대해 이야기를 하고 있는지 고르십시오. (3점)**

① 고장 난 에어컨
② 사고 싶은 에어컨
③ 서비스 센터의 위치
④ 서비스 센터 이용 시간

28 **들은 내용과 같은 것을 고르십시오. (4점)**

① 여자는 내일 남자의 집에 갈 것입니다.
② 남자는 에어컨을 수리하고 싶어 합니다.
③ 남자는 서비스 센터에서 일하고 있습니다.
④ 여자는 남자에게 새 에어컨을 보내려고 합니다.

※ [29~30] 다음을 듣고 물음에 답하십시오.

29 **남자가 의사 일을 그만둔 이유를 고르십시오. (3점)**

① 콘서트를 보러 가고 싶어서
② 기타와 피아노를 배우고 싶어서
③ 취미 활동을 할 시간이 부족해서
④ 가수로서 새로운 도전을 해 보고 싶어서

30 **들은 내용과 같은 것을 고르십시오. (4점)**

① 남자는 매달 콘서트를 합니다.
② 남자는 10년 전에 가수가 되었습니다.
③ 남자는 취미로 악기 연주를 계속했습니다.
④ 남자는 가족들과 함께 노래를 부르기로 했습니다.

읽기(31번~70번)

시험 시간 60분 | 정답 및 해설 44쪽

※ [31~33] 무엇에 대한 이야기입니까? 〈보기〉와 같이 알맞은 것을 고르십시오. (각 2점)

보기

저는 중국에서 왔습니다. 중국 사람입니다.

① 가족 ② 이름
❸ 나라 ④ 나이

31

냉장고에 포도가 있습니다. 수박도 있습니다.

① 시간 ② 과일
③ 쇼핑 ④ 날씨

32

저는 식당에서 일합니다. 요리를 합니다.

① 공부 ② 음식
③ 여행 ④ 직업

33

거실은 좀 작습니다. 방은 작지 않습니다.

① 집 ② 값
③ 선물 ④ 취미

※ [34~39] 〈보기〉와 같이 (　　　)에 들어갈 가장 알맞은 것을 고르십시오.

보기

오늘은 바쁩니다. (　　　)이 없습니다.

① 일　　❷ 시간
③ 사람　　④ 계획

34 (2점)

저는 (　　　)에 갑니다. 책을 삽니다.

① 은행　　② 병원
③ 서점　　④ 식당

35 (2점)

비가 옵니다. 우산을 (　　　).

① 봅니다　　② 씁니다
③ 마십니다　　④ 앉습니다

36 (2점)

매일 청소를 합니다. 방이 아주 (　　　).

① 많습니다　　② 넓습니다
③ 조용합니다　　④ 깨끗합니다

37 (3점)

저는 학생입니다. (　　　) 고등학교를 졸업합니다.

① 먼저　　② 항상
③ 이제　　④ 아마

38 (3점)

오늘은 언니의 생일입니다. 언니(　　　) 선물을 보냈습니다.

① 에게　　② 까지
③ 에서　　④ 하고

39 (2점)

9시부터 수업이 있습니다. 아침에 일찍 (　　　).

① 압니다　　② 부릅니다
③ 기다립니다　　④ 일어납니다

※ [40~42] 다음을 읽고 맞지 않는 것을 고르십시오. (각 3점)

40

① 이번 달은 8월입니다.
② 모임은 오후에 시작합니다.
③ 학교 체육관에서 만납니다.
④ 매주 목요일에 모임이 있습니다.

41

① 아이들이 사용합니다.
② 한 개에 이천 원입니다.
③ 이 마스크는 하얀색입니다.
④ 이 마스크는 약국에서 삽니다.

42

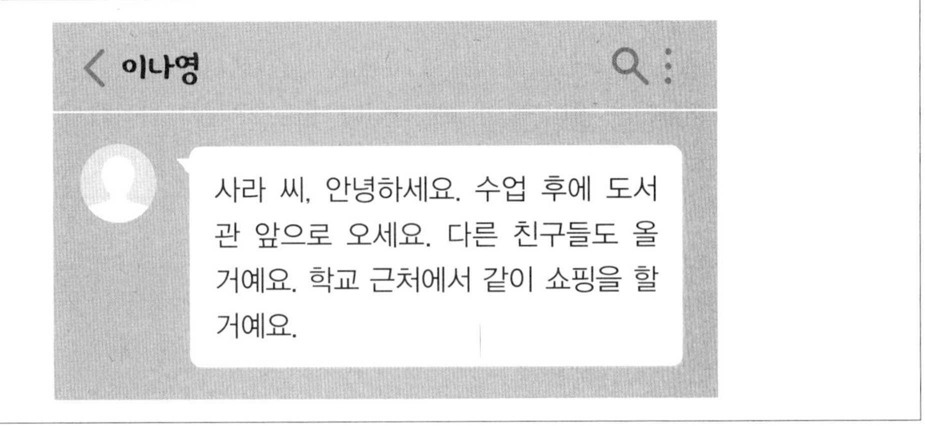

① 사라 씨는 도서관 앞에 있습니다.
② 나영 씨는 오늘 쇼핑을 할 겁니다.
③ 사라 씨가 문자 메시지를 받았습니다.
④ 나영 씨는 오늘 친구들을 만날 겁니다.

※ [43~45] 다음의 내용과 같은 것을 고르십시오.

43 (3점)

저는 여행을 자주 갑니다. 보통 주말에 혼자 여행을 갑니다. 산과 바다 근처에 가서 사진을 많이 찍습니다.

① 저는 수영을 좋아합니다.
② 저는 주말에 등산을 합니다.
③ 저는 여행을 가서 사진을 찍습니다.
④ 저는 친구들과 함께 여행을 갑니다.

44 (2점)

> 내일 서울에는 눈이 많이 오겠습니다. 눈은 오전에 시작해서 오후까지 내리겠습니다. 밤에는 눈이 오지 않겠습니다.

① 오늘도 눈이 내릴 겁니다.
② 눈은 내일 오전부터 올 겁니다.
③ 내일 밤에 눈이 많이 내릴 겁니다.
④ 내일 오후에는 눈이 안 올 겁니다.

45 (3점)

> 우리 학교는 10월마다 축제를 합니다. 여러 공연도 볼 수 있어서 학교 축제는 인기가 있습니다. 학생들은 공연 중에서 가수들의 무대를 제일 좋아합니다.

① 축제는 매년 봄에 합니다.
② 가수들은 학교 축제를 좋아합니다.
③ 학생들은 축제에서 공연을 합니다.
④ 학생들은 가수들의 공연을 많이 봅니다.

※ [46~48] 다음을 읽고 중심 내용을 고르십시오.

46 (3점)

저는 항상 집에서 운동을 합니다. 집 근처에도 운동장이 있지만 사람이 많은 장소가 싫습니다. 그래서 집에서 음악을 들으면서 운동을 합니다.

① 저는 혼자 운동하는 것을 좋아합니다.
② 저는 항상 운동장에 가서 음악을 듣습니다.
③ 저는 음악을 안 들으면 운동을 할 수 없습니다.
④ 저는 집 근처에 있는 운동장에 가보고 싶습니다.

47 (3점)

저는 김치를 만들어 보고 싶었습니다. 그래서 이번 여름 휴가 때 한국 요리 교실에 갈 겁니다. 김치를 만들어서 다른 친구들한테도 선물할 겁니다.

① 요즘 한국 요리 교실에 다닙니다.
② 휴가 때 친구들을 만나면 좋겠습니다.
③ 여름 휴가 때 김치를 만들어 볼 겁니다.
④ 친구들한테 좋은 선물을 하고 싶습니다.

48 (2점)

회사 안에 도서관이 새로 생겼습니다. 요즘은 보통 점심을 먹고 거기에 갑니다. 도서관에 재미있는 책이 많고 컴퓨터도 있습니다.

① 요즘은 점심을 먹지 않습니다.
② 회사 일이 아주 재미있습니다.
③ 회사에 도서관이 생겨서 좋습니다.
④ 도서관에는 컴퓨터가 많이 있습니다.

※ [49~50] 다음을 읽고 물음에 답하십시오. (각 2점)

제 취미는 영화 감상입니다. 시간이 있을 때마다 영화를 봅니다. 하지만 요즘 바빠서 영화를 거의 (㉠). 오늘은 일이 빨리 끝나니까 친구와 같이 저녁에 영화를 보려고 합니다. 오랜만에 친구와 영화도 보고 맛있는 식당에도 같이 갈 겁니다.

49 ㉠에 들어갈 말로 가장 알맞은 것을 고르십시오.

① 볼 수 있습니다
② 보지 못했습니다
③ 보기 시작했습니다
④ 보고 싶지 않습니다

50 윗글의 내용과 같은 것을 고르십시오.

① 저는 오늘 일을 쉽니다.
② 저는 요즘 시간이 많습니다.
③ 저는 보통 혼자서 영화를 봅니다.
④ 저는 친구와 저녁을 같이 먹을 겁니다.

※ [51~52] 다음을 읽고 물음에 답하십시오.

이제는 휴대 전화로 많은 것을 할 수 있습니다. 휴대 전화만 있으면 은행에 가지 않고 다른 사람의 통장으로 돈을 보낼 수 있습니다. (㉠) 쇼핑도 아주 쉽게 할 수 있습니다. 최근에는 회사나 학교에 가지 않고 휴대 전화로 일을 하거나 공부를 하는 사람도 많아졌습니다. 미래에는 아마 휴대 전화로 더 복잡한 일도 할 수 있을 것입니다.

51 ㉠에 들어갈 말로 가장 알맞은 것을 고르십시오. (3점)

① 그리고
② 그러면
③ 그러나
④ 그래서

52 무엇에 대한 내용인지 맞는 것을 고르십시오. (2점)

① 휴대 전화의 역사
② 휴대 전화 사용 방법의 변화
③ 휴대 전화를 잘 고르는 방법
④ 휴대 전화를 싸게 사는 방법

※ [53~54] 다음을 읽고 물음에 답하십시오.

저는 감기에 잘 걸립니다. 그래서 날씨가 (㉠) 다른 사람보다 더 조심해야 합니다. 특히 겨울에는 두꺼운 옷을 입고, 밖에도 많이 나가지 않습니다. 하지만 그렇게 하니까 피부에는 좋지 않은 것 같습니다. 겨울에는 실내가 아주 건조하기 때문입니다.

53 **㉠에 들어갈 말로 가장 알맞은 것을 고르십시오. (2점)**

① 추워져도
② 추워지면
③ 추워지거나
④ 추워졌지만

54 **윗글의 내용과 같은 것을 고르십시오. (3점)**

① 저는 피부가 약합니다.
② 저는 두꺼운 옷을 많이 샀습니다.
③ 저는 겨울에 보통 실내에서 지냅니다.
④ 저는 다른 사람들을 별로 안 만납니다.

※ [55~56] 다음을 읽고 물음에 답하십시오.

이 마을은 작고 조용한 시골 마을이었습니다. 그런데 이곳으로 여행을 온 대학생들이 마을 벽에 (㉠) 지금은 인기있는 마을이 되었습니다. 많은 사람이 그림을 보러 이 마을로 여행을 옵니다. 여행 온 사람들은 그림 앞에서 사진을 찍으면서 좋은 추억을 만듭니다. 마을 사람들은 여행 온 사람들을 위해 마을 길을 정리하고 음식도 준비합니다.

55 ㉠에 들어갈 말로 가장 알맞은 것을 고르십시오. (2점)

① 쓴 말이 좋아서
② 붙인 사진이 멋있어서
③ 그린 그림이 없어져서
④ 그린 그림이 유명해져서

56 윗글의 내용과 같은 것을 고르십시오. (3점)

① 이 마을은 여행하기에 좋습니다.
② 이 마을에는 대학생들이 많습니다.
③ 사람들은 시골 마을에서 살고 싶어 합니다.
④ 사람들은 여행을 와서 음식을 만들어 봅니다.

※ [57~58] 다음을 순서대로 맞게 나열한 것을 고르십시오.

57 (3점)

(가) 그러나 중요한 것은 대화의 방법과 내용입니다.
(나) 다른 사람과 빨리 친해지려면 대화를 많이 해야 합니다.
(다) 그런 방법으로는 대화를 많이 한 후에도 가까워지기 힘듭니다.
(라) 어떤 사람은 상대방의 말은 듣지 않고 자신의 이야기만 하려고 합니다.

① (가)-(다)-(라)-(나)
② (가)-(라)-(다)-(나)
③ (나)-(가)-(라)-(다)
④ (나)-(가)-(다)-(라)

58 (2점)

(가) 최근 자전거를 타고 출퇴근하는 사람이 많이 늘었습니다.
(나) 그런데 자전거로 출퇴근할 때에는 밝은색의 옷을 입는 게 좋습니다.
(다) 그렇게 하면 자동차를 운전하는 사람들이 자전거를 잘 볼 수 있습니다.
(라) 자전거를 타면 사람들과 거리를 두고 이동할 수 있고 운동도 되기 때문입니다.

① (가)-(다)-(나)-(라)
② (가)-(라)-(나)-(다)
③ (나)-(다)-(가)-(라)
④ (나)-(가)-(라)-(다)

※ [59~60] 다음을 읽고 물음에 답하십시오.

저는 요가를 시작한 지 1년이 되었습니다. (㉠) 일주일에 두 번 학원에 가서 요가를 배우고 있습니다. (㉡) 그렇지만 이제는 집에서 혼자서도 요가를 할 수 있을 정도가 되었습니다. (㉢) 요가를 하는 것이 정말 좋습니다. (㉣)

59 다음 문장이 들어갈 곳으로 가장 알맞은 것을 고르십시오. (2점)

처음에는 선생님을 따라 하기가 아주 힘들었습니다.

① ㉠ ② ㉡
③ ㉢ ④ ㉣

60 윗글의 내용과 같은 것을 고르십시오. (3점)

① 저는 학원에서 요가를 가르칩니다.
② 저는 요가 학원을 그만두고 싶습니다.
③ 저는 혼자서 운동하는 것을 좋아합니다.
④ 저는 1년 전부터 요가를 배우고 있습니다.

※ [61~62] 다음을 읽고 물음에 답하십시오. (각 2점)

우리 할아버지는 택시 기사입니다. 연세가 70살이 (㉠) 지금도 택시 운전을 하고 계십니다. 그래서 저는 비나 눈이 오는 날에는 마음이 좀 불안합니다. 할아버지가 걱정되기 때문입니다. 그런 날에는 운전을 하시지 말고 집에서 쉬셨으면 좋겠습니다.

61 ㉠에 들어갈 말로 가장 알맞은 것을 고르십시오.

① 오셨지만
② 사셨지만
③ 넘으셨지만
④ 끝나셨지만

62 윗글의 내용과 같은 것을 고르십시오.

① 할아버지는 아직 일을 하고 계십니다.
② 저는 할아버지의 택시를 자주 탑니다.
③ 비나 눈이 오면 택시를 운전할 수 없습니다.
④ 할아버지는 마음이 불안하면 운전을 안 하십니다.

※ [63~64] 다음을 읽고 물음에 답하십시오.

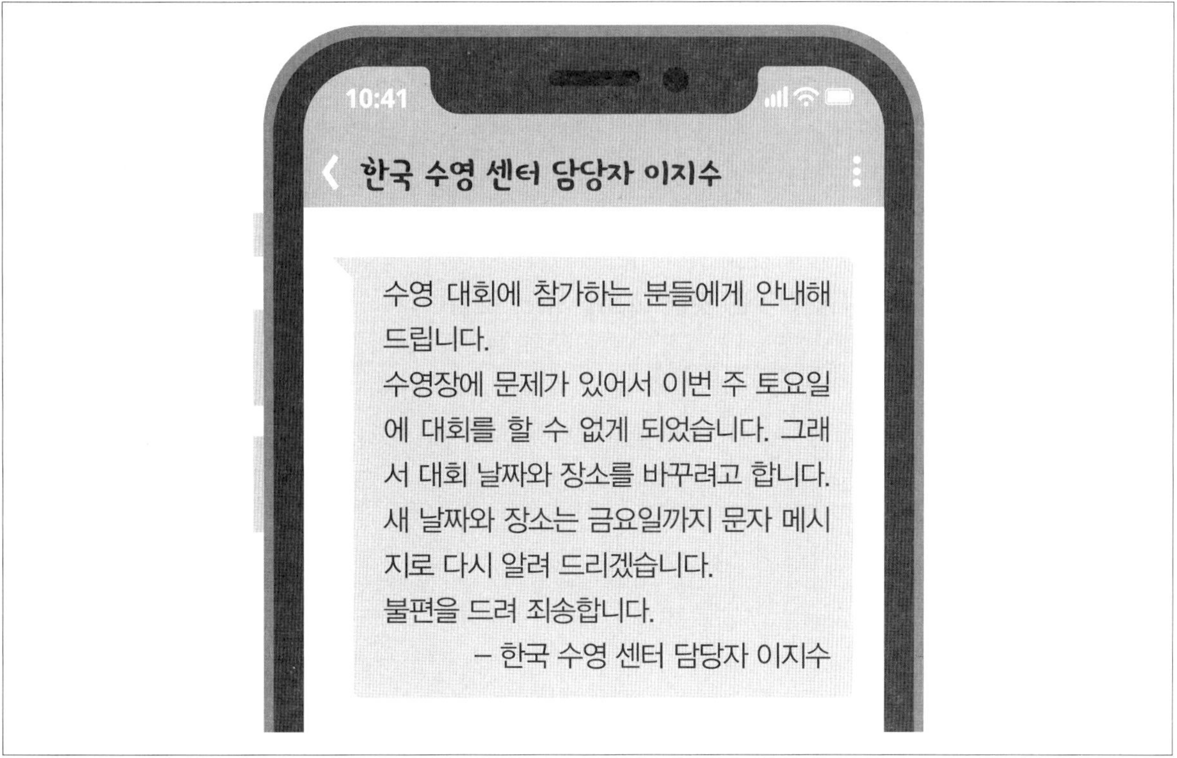

63 왜 윗글을 썼는지 맞는 것을 고르십시오. (2점)

① 수영 대회에 신청을 받으려고
② 대회 변경 사실을 알려 주려고
③ 수영장의 위치를 안내해 주려고
④ 참가자들에게 연락처를 물어보려고

64 윗글의 내용과 같은 것을 고르십시오. (3점)

① 수영 대회 날짜만 바꾸려고 합니다.
② 수영 대회는 다음 주 토요일에 있습니다.
③ 이번 주 토요일에는 수영장을 사용할 수 없습니다.
④ 수영 대회에 참가하려면 문자 메시지를 보내야 합니다.

※ [65~66] 다음을 읽고 물음에 답하십시오.

우리 집 근처에는 문을 연 지 100년이 된 전통 시장이 있습니다. 그런데 요즘 사람들은 장을 볼 때 보통 큰 마트를 이용하고 이렇게 오래된 시장은 별로 찾지 않습니다. 그래서 가게 주인들은 다시 손님들이 많이 찾는 시장을 (㉠) 가게도 예쁘게 꾸미고 상품 포장도 더 깨끗하게 바꾸었습니다. 가게 주인들의 이런 노력으로 최근 사람들이 다시 시장을 찾아오기 시작했습니다.

65 ㉠에 들어갈 말로 가장 알맞은 것을 고르십시오. (2점)

① 만들지만
② 만들거나
③ 만든 후에
④ 만들기 위해

66 윗글의 내용과 같은 것을 고르십시오. (3점)

① 요즘 사람들은 전통 시장을 좋아합니다.
② 오래된 시장은 보통 큰 마트 옆에 있습니다.
③ 시장을 바꾸고 나서 시장에 손님이 늘었습니다.
④ 큰 마트의 상품들은 포장이 깨끗하지 않습니다.

※ [67~68] 다음을 읽고 물음에 답하십시오. (각 3점)

옛날부터 결혼식이나 생일잔치 등에 오는 손님들에게 국수를 준비해 대접했습니다. 길이가 아주 긴 국수에는 (㉠   ) 마음이 들어 있기 때문입니다. 그래서 한국 사람들은 "국수 언제 먹을 수 있어요?"라는 질문으로 결혼 계획을 물어보기도 합니다. 최근에는 결혼식 때 나오는 음식이 훨씬 더 다양해졌습니다. 그렇지만 그런 음식들 중에도 국수는 빠지지 않을 정도로 국수의 의미는 중요합니다.

67 ㉠에 들어갈 말로 가장 알맞은 것을 고르십시오.

① 빨리 결혼하려고 하는
② 좋은 선물을 기대하는
③ 오랫동안 잘 살기를 바라는
④ 결혼의 의미를 알고 싶어 하는

68 윗글의 내용과 같은 것을 고르십시오.

① 한국 사람들은 국수를 제일 좋아합니다.
② 국수는 특별한 날에만 먹는 음식입니다.
③ 옛날에는 국수가 비싸서 먹기 힘들었습니다.
④ 요즘도 결혼식에 가면 국수를 먹을 수 있습니다.

※ [69~70] 다음을 읽고 물음에 답하십시오. (각 3점)

몇 달 전부터 집 안에 있는 화분에서 토마토를 키우기 시작했습니다. 처음에는 작은 화분에 심어서 키우기 시작했습니다. 그런데 생각보다 토마토가 빨리 자라고 (㉠) 금방 더 큰 화분으로 옮겨 주었습니다. 이렇게 열매가 생기는 식물은 처음 키워 보았는데 생각보다 재미있습니다. 또 직접 키워서 먹어 보니까 토마토가 더 맛있는 것 같습니다. 그래서 앞으로 고추나 상추 같은 것도 화분에서 키워 보려고 합니다.

69 ㉠에 들어갈 말로 가장 알맞은 것을 고르십시오.

① 열매도 많이 생겨서
② 색도 점점 진해져서
③ 다른 식물보다 약해서
④ 키우는 과정이 복잡해서

70 윗글의 내용으로 알 수 있는 것을 고르십시오.

① 저는 요리를 잘합니다.
② 저는 여러 식물을 키우고 있습니다.
③ 저는 집 안에 있는 것을 좋아합니다.
④ 저는 전에 토마토를 키워 본 적이 없습니다.

– 홀수형 (Odd Number Type) –

한국어능력시험 I

제5회 실전 모의고사

Test of Proficiency in Korean I

The 5th actual mock test

듣기, 읽기 (Listening, Reading)

모바일 OMR
자동채점

듣기 MP3 유튜브
바로가기

수험번호(Registration No.)		
이름 (Name)	한국어(Korean)	
	영어(English)	

유의 사항
Information

1. 시험 시작 지시가 있을 때까지 문제를 풀지 마십시오.
   Do not open the booklet until you are allowed to start.

2. 수험번호와 이름을 정확하게 적어 주십시오.
   Write your name and registration number on the answer sheet.

3. 답안지를 구기거나 훼손하지 마십시오.
   Do not fold the answer sheet; keep it clean.

4. 답안지의 이름, 수험번호 및 정답의 기입은 배부된 펜을 사용하여 주십시오.
   Use the given pen only.

5. 정답은 답안지에 정확하게 표시하여 주십시오.
   Mark your answer accurately and clearly on the answer sheet.

marking example	① ● ③ ④

6. 문제를 읽을 때에는 소리가 나지 않도록 하십시오.
   Keep quiet while answering the questions.

7. 질문이 있을 때에는 손을 들고 감독관이 올 때까지 기다려 주십시오.
   When you have any questions, please raise your hand.

제 5 회

실전 모의고사

듣기(01번~30번)

시험 시간 **40**분 | 정답 및 해설 48쪽

※ [01~04] 다음을 듣고 〈보기〉와 같이 물음에 맞는 대답을 고르십시오.

보기

가: 가방이에요?
나: ______________________

❶ 네, 가방이에요.
② 네, 가방이 없어요.
③ 아니요, 가방이 싸요.
④ 아니요, 가방이 커요.

01 (4점)

① 네, 회사원이에요.
② 네, 회사원이 있어요.
③ 아니요, 회사원이 가요.
④ 아니요, 회사원이 좋아요.

02 (4점)

① 네, 김밥이 비싸요.
② 네, 김밥이 아니에요.
③ 아니요, 김밥을 먹어요.
④ 아니요, 김밥을 안 좋아해요.

03 (3점)

① 오늘 봐요.
② 집에서 봐요.
③ 친구하고 봐요.
④ 한국 영화를 봐요.

04 (3점)

① 내일 만나요.
② 우리가 만나요.
③ 열 시에 만나요.
④ 학교에서 만나요.

※ [05~06] 다음을 듣고 〈보기〉와 같이 이어지는 말을 고르십시오.

보기

가: 안녕히 가세요.
나: ________________

① 안녕하세요.
② 어서 오세요.
❸ 안녕히 계세요.
④ 여기 앉으세요.

05 (4점)

① 실례합니다.
② 고맙습니다.
③ 미안합니다.
④ 반갑습니다.

06 (3점)

① 네, 알겠습니다.
② 네, 먼저 하세요.
③ 네, 저도 좋습니다.
④ 네, 바꿔 드릴게요.

※ [07~10] 여기는 어디입니까? 〈보기〉와 같이 알맞은 것을 고르십시오.

보기

가: 무엇을 먹을까요?
나: 비빔밥을 먹읍시다.

① 병원 ❷ 음식점 ③ 편의점 ④ 미용실

07 (3점)

① 병원 ② 호텔 ③ 공항 ④ 은행

08 (3점)

① 꽃집 ② 약국 ③ 시장 ④ 극장

09 (3점)

① 백화점 ② 사진관 ③ 우체국 ④ 미용실

10 (4점)

① 문구점 ② 도서관 ③ 박물관 ④ 여행사

※ [11~14] 다음은 무엇에 대해 말하고 있습니까? 〈보기〉와 같이 알맞은 것을 고르십시오.

보기

가: 몇 시에 끝나요?
나: 두 시에 끝나요.

❶ 시간 ② 날짜 ③ 나이 ④ 주소

11 (3점)

① 값 ② 일 ③ 여행 ④ 주말

12 (3점)

① 음식 ② 이름 ③ 취미 ④ 장소

13 (4점)

① 계획 ② 날씨 ③ 약속 ④ 고향

14 (3점)

① 운동 ② 요일 ③ 위치 ④ 시간

※ [15~16] 다음 대화를 듣고 가장 알맞은 그림을 고르십시오. (각 4점)

15 ①

②

③

④

16 ①

②

③

④

※ [17~21] 다음을 듣고 〈보기〉와 같이 대화 내용과 같은 것을 고르십시오. (각 3점)

보기

남자: 토요일에도 회사에 가요?
여자: 아니요, 토요일하고 일요일에는 집에서 쉬어요.

① 남자는 회사원입니다.
❷ 여자는 회사에 다닙니다.
③ 남자는 토요일에 일합니다.
④ 여자는 일요일에 회사에 갑니다.

17 ① 남자는 요즘 시간이 없습니다.
② 여자는 수영을 배우고 있습니다.
③ 남자는 요즘 운동을 자주 합니다.
④ 여자는 아르바이트를 시작할 겁니다.

18 ① 여자는 경주에 갈 겁니다.
② 남자는 혼자 여행을 했습니다.
③ 여자는 경주에 가 본 적이 있습니다.
④ 남자는 여자에게 기차표를 주었습니다.

19 ① 여자는 오늘 생일 파티를 합니다.
② 남자는 여자와 함께 식당에 갈 겁니다.
③ 여자는 회사 앞에 있는 식당에 자주 갑니다.
④ 남자는 어머니의 선물을 준비하려고 합니다.

20 ① 여자는 요리하는 것을 좋아합니다.
② 남자는 요리를 배운 적이 없습니다.
③ 여자는 남자와 같이 라면을 먹었습니다.
④ 남자는 여자에게 요리를 배우려고 합니다.

21 ① 남자는 새 바지를 살 겁니다.
② 남자는 내일 오후에 올 수 있습니다.
③ 남자는 여자에게 바지를 선물했습니다.
④ 남자는 바지의 길이를 줄이려고 합니다.

※ [22~24] 다음을 듣고 여자의 중심 생각을 고르십시오. (각 3점)

22 ① 날씨가 추우면 코트가 필요합니다.
② 날씨에 맞게 옷을 잘 선택해야 합니다.
③ 날씨가 추울 때는 얇은 옷을 여러 벌 입는 게 좋습니다.
④ 날씨가 추워지기 전에 얇은 옷을 많이 사면 좋겠습니다.

23 ① 식당에 전화를 해 봐야 합니다.
② 옆집과 음식을 나눠 먹고 싶습니다.
③ 주문한 음식이 빨리 도착하면 좋겠습니다.
④ 옆집으로 배달된 음식을 확인해 줬으면 좋겠습니다.

24 ① 이사 문제에 대해 알아봐야 합니다.
② 이사 준비에는 많은 시간이 걸립니다.
③ 다른 사람과 함께 발표 준비를 하고 싶습니다.
④ 발표를 잘해서 좋은 성적을 받으면 좋겠습니다.

※ [25~26] 다음을 듣고 물음에 답하십시오.

25 여자가 왜 이야기를 하고 있는지 고르십시오. (3점)

① 식당의 위치를 알려 주려고
② 학생들에게 감사 인사를 하려고
③ 식당에서 하는 행사를 안내하려고
④ 행사에 참가하는 방법을 설명하려고

26 들은 내용과 같은 것을 고르십시오. (4점)

① 저녁까지 신선한 음식이 준비됩니다.
② 한 달 동안 이 행사를 할 예정입니다.
③ 학생들이 이 행사를 준비하고 있습니다.
④ 오늘부터 천 원에 식사를 할 수 있습니다.

※ [27~28] 다음을 듣고 물음에 답하십시오.

27 **두 사람이 무엇에 대해 이야기를 하고 있는지 고르십시오. (3점)**

① 한옥 카페의 이용 요금
② 한옥 카페에서 만난 사람
③ 한옥 카페를 찾아가는 방법
④ 한옥 카페에서 할 수 있는 일

28 **들은 내용과 같은 것을 고르십시오. (4점)**

① 여자는 이 카페에 가 본 적이 있습니다.
② 남자는 이 카페에서 동전 지갑을 샀습니다.
③ 남자는 여자와 함께 이 카페에 가 보려고 합니다.
④ 여자는 이 카페에서 파는 손수건을 가지고 있습니다.

※ [29~30] 다음을 듣고 물음에 답하십시오.

29 여자가 이 책을 쓴 이유를 고르십시오. (3점)

① 한국어를 가르치는 즐거움을 알리고 싶어서
② 세계 여러 나라에 한국어에 대해 소개하고 싶어서
③ 한국어 교사가 되려는 사람들에게 도움이 되고 싶어서
④ 한국어를 배우는 학생들에게 공부 방법을 알려 주고 싶어서

30 들은 내용과 같은 것을 고르십시오. (4점)

① 여자는 20년 이상 한국어를 가르쳤습니다.
② 여자는 한국어 교사들의 경험을 모아 책을 썼습니다.
③ 여자는 여러 나라에서 한국어를 가르친 적이 있습니다.
④ 여자는 한국 문화를 소개할 수 있는 책을 쓰고 있습니다.

읽기(31번~70번)

시험 시간 60분 | 정답 및 해설 56쪽

※ [31~33] 무엇에 대한 이야기입니까? 〈보기〉와 같이 알맞은 것을 고르십시오. (각 2점)

보기

저는 한국 사람입니다. 제임스 씨는 미국 사람입니다.

❶ 나라 ② 이름
③ 친구 ④ 나이

31 형이 있습니다. 누나도 있습니다.

① 시간 ② 운동
③ 장소 ④ 가족

32 저는 책을 좋아합니다. 매일 책을 읽습니다.

① 계획 ② 쇼핑
③ 취미 ④ 직업

33 학교가 가깝습니다. 집 근처에 있습니다.

① 위치 ② 여행
③ 약속 ④ 계절

※ [34~39] 〈보기〉와 같이 (   )에 들어갈 말로 가장 알맞은 것을 고르십시오.

보기

과일을 좋아합니다. (   )을 샀습니다.

① 바람 ② 연필
❸ 수박 ④ 냉면

34 (2점)

버스를 탑니다. (   )에서 버스를 기다립니다.

① 호텔 ② 정류장
③ 운동장 ④ 백화점

35 (2점)

친구가 시험에 합격했습니다. 친구(   ) 선물을 줍니다.

① 도 ② 가
③ 한테 ④ 하고

36 (2점)

날씨가 (   ). 에어컨을 켭니다.

① 큽니다 ② 덥습니다
③ 작습니다 ④ 조용합니다

37 (3점)

저는 ( ) 아침을 안 먹습니다. 오늘도 안 먹었습니다.

① 보통 ② 제일
③ 아까 ④ 처음

38 (3점)

우리는 아주 친합니다. 그래서 자주 ( ).

① 옵니다 ② 씁니다
③ 듣습니다 ④ 만납니다

39 (2점)

오늘 미용실에 갑니다. 머리를 ( ).

① 쉽니다 ② 삽니다
③ 자릅니다 ④ 찾습니다

※ [40~42] 다음을 읽고 맞지 않는 것을 고르십시오. (각 3점)

40

① 주스입니다.
② 과일 맛입니다.
③ 시월까지 팝니다.
④ 이천팔백 원입니다.

41

① 매일 일합니다.
② 오후에는 쉽니다.
③ 학교에서 가깝습니다.
④ 하루에 다섯 시간 일합니다.

42

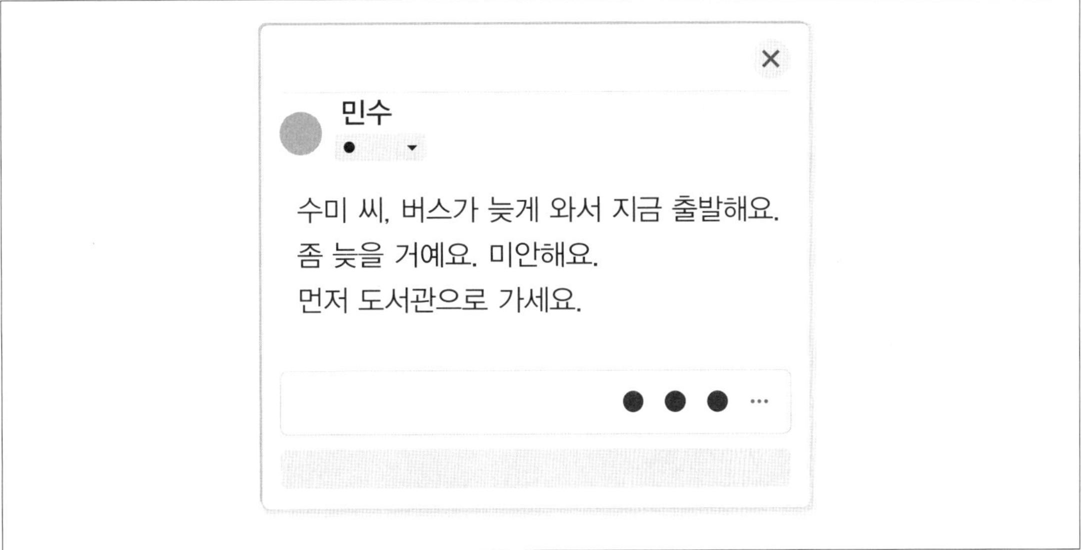

① 민수 씨는 버스를 못 탔습니다.
② 민수 씨는 약속 시간에 늦을 겁니다.
③ 민수 씨는 오늘 수미 씨를 만납니다.
④ 민수 씨는 도서관으로 가려고 합니다.

※ [43~45] 다음을 읽고 내용이 같은 것을 고르십시오.

43 (3점)

어제 친구와 같이 한강 공원에 처음 갔습니다. 거기에서 자전거를 타고 라면도 먹었습니다. 친구가 공원을 아주 좋아해서 이번 주말에 다시 한번 같이 가려고 합니다.

① 저는 한강 공원에 자주 갑니다.
② 친구는 라면을 아주 좋아합니다.
③ 저는 오늘 친구를 만나려고 합니다.
④ 우리는 한강 공원에 다시 갈 겁니다.

44 (2점)

> 매년 가을에 학교에서 소풍을 갑니다. 소풍을 가면 맛있는 김밥도 먹고 게임도 합니다. 올해는 음식을 많이 준비해서 친구들하고 나눠 먹을 겁니다.

① 올해 소풍을 처음 갑니다.
② 부모님들도 소풍을 같이 갑니다.
③ 소풍을 가서 김밥을 만들 겁니다.
④ 올해는 친구들의 음식도 준비할 겁니다.

45 (3점)

> 저는 한국 노래를 좋아하지만 잘 못 부릅니다. 그래서 저는 주말마다 한국 친구를 만나서 노래방에 갑니다. 많이 연습해서 나중에 한국 노래를 잘 부르고 싶습니다.

① 저는 한국 노래를 잘 부릅니다.
② 저는 매일 노래 연습을 합니다.
③ 저는 친구와 같이 노래방에 갑니다.
④ 저는 한국 노래를 가르치고 싶습니다.

※ [46~48] 다음을 읽고 중심 내용을 고르십시오.

46 (3점)

저는 일이 힘들면 바다를 보러 갑니다. 지난주에도 부산에 가서 바다를 봤습니다. 바다를 보고 있으면 힘든 일도 잊어버릴 수 있습니다.

① 저는 부산에서 살 겁니다.
② 저는 여행을 자주 가려고 합니다.
③ 저는 힘들 때 바다를 보러 갑니다.
④ 저는 바다를 보면서 일하고 싶습니다.

47 (3점)

저는 시장에서 바지를 하나 샀습니다. 값이 싸서 샀는데 예쁘고 아주 편합니다. 저는 요즘 그 바지를 집에서도 입고 친구를 만날 때도 입습니다.

① 저는 바지가 마음에 듭니다.
② 저는 새 바지를 사야 합니다.
③ 저는 시장 구경이 재미있습니다.
④ 저는 친구에게 바지를 선물할 겁니다.

48 (2점)

저는 내일 고향 친구를 만납니다. 저는 고등학생 때부터 그 친구를 좋아했지만 말하지 못했습니다. 내일은 친구한테 제 마음을 알려 주려고 합니다.

① 저는 고향 친구가 보고 싶습니다.
② 저는 친구한테 제 마음을 말할 겁니다.
③ 저는 고등학생 때가 제일 즐거웠습니다.
④ 저는 고향 친구를 자주 만나면 좋겠습니다.

※ [49~50] 다음을 읽고 물음에 답하십시오. (각 2점)

> 수미 씨는 제 회사 친구인데 지난달에 이사를 했습니다. 그래서 오늘 수미 씨가 우리 부부를 집으로 초대했습니다. 우리는 이사 선물로 예쁜 그림을 가지고 갔습니다. 수미 씨 부부는 그림을 아주 좋아했습니다. 우리는 수미 씨 부부가 직접 (㉠) 음식들도 맛있게 먹고 아주 즐거운 시간을 보냈습니다.

49 ㉠에 들어갈 말로 가장 알맞은 것을 고르십시오.

① 만든
② 만들러
③ 만드는데
④ 만들어도

50 윗글의 내용과 같은 것을 고르십시오.

① 저는 수미 씨 부부를 초대했습니다.
② 수미 씨는 혼자서 음식을 준비했습니다.
③ 수미 씨는 지난달에 회사를 그만두었습니다.
④ 저는 수미 씨 부부에게 그림을 선물했습니다.

※ [51~52] 다음을 읽고 물음에 답하십시오.

서울문화센터에서는 기타나 피아노와 같은 악기를 빌려주는 일을 시작했습니다. 시민들이 자신이 사용하지 않는 악기를 가져다주면 악기가 필요한 다른 사람에게 그것을 빌려주는 것입니다. 만약 시민들이 가져온 악기에 문제가 있으면 악기 가게에서 고쳐서 빌려줍니다. (　㉠　) 고장이 심해서 고칠 수 없는 악기는 다시 돌려주는 일도 있습니다.

51 ㉠에 들어갈 말로 가장 알맞은 것을 고르십시오. (3점)

① 그리고
② 그러면
③ 그렇지만
④ 그러니까

52 무엇에 대한 내용인지 맞는 것을 고르십시오. (2점)

① 악기가 필요한 이유
② 악기를 잘 고르는 방법
③ 악기를 빌릴 수 있는 시간
④ 악기를 빌려주는 서비스의 내용

※ [53~54] 다음을 읽고 물음에 답하십시오.

저는 토요일마다 카페에서 독서 모임을 합니다. 오전 10시에 모여서 일주일 동안 읽은 책에 대해 이야기합니다. 처음에는 모두 일주일 동안 책 한 권을 다 읽기가 (㉠) 이제는 일주일에 두세 권을 읽는 사람도 있습니다. 모임이 끝나면 점심도 같이 먹습니다. 매주 토요일이 빨리 왔으면 좋겠습니다.

53 ㉠에 들어갈 말로 가장 알맞은 것을 고르십시오. (2점)

① 힘들었고
② 힘들었지만
③ 힘들었거나
④ 힘들었으면

54 윗글의 내용과 같은 것을 고르십시오. (3점)

① 저는 매주 토요일을 기다립니다.
② 저는 토요일에 혼자 점심을 먹습니다.
③ 독서 모임은 한 달에 한 번 있습니다.
④ 독서 모임은 오후 열 시에 시작합니다.

※ [55~56] 다음을 읽고 물음에 답하십시오.

사람들은 다양한 종류의 소리를 듣습니다. 그중에서 (　　㉠　　) 때 들으면 좋은 소리가 있습니다. 긴장될 때 바람 소리나 새소리를 들으면 도움이 됩니다. 또 빗소리는 불안을 느낄 때 들으면 마음이 편안해집니다. 이런 자연의 소리는 걱정을 줄여 주고 안 좋은 생각들을 마음에서 멀리 보내 줍니다.

55 ㉠에 들어갈 말로 가장 알맞은 것을 고르십시오. (2점)

① 혼자 있을
② 날씨가 나쁠
③ 마음이 불편할
④ 중요한 일을 할

56 윗글의 내용과 같은 것을 고르십시오. (3점)

① 바람 소리를 들으면 긴장이 됩니다.
② 새소리를 들으면 걱정이 완전히 없어집니다.
③ 불안할 때 다양한 소리를 들으면 도움이 됩니다.
④ 안 좋은 생각이 날 때 자연의 소리를 들으면 좋습니다.

※ [57~58] 다음을 순서에 맞게 배열한 것을 고르십시오.

57 (3점)

(가) 서울의 명동에는 우표 박물관이 있습니다.
(나) 또 우표와 우체통의 역사도 배울 수 있습니다.
(다) 박물관 구경을 마치고 나갈 때 선물로 예쁜 엽서도 줍니다.
(라) 여기에 가면 세계 여러 나라의 우표를 구경할 수 있습니다.

① (가)-(나)-(라)-(다)
② (가)-(라)-(나)-(다)
③ (라)-(가)-(나)-(다)
④ (라)-(나)-(가)-(다)

58 (2점)

(가) 그리고 옷을 잘 접는 방법을 알아야 합니다.
(나) 짐을 잘 싸려면 먼저 적당한 크기의 가방을 선택해야 합니다.
(다) 여행을 떠날 때 짐을 잘 싸면 더 편안한 여행을 할 수 있습니다.
(라) 가방에 옷을 잘 넣으면 그 사이에 다른 물건들도 넣을 수 있습니다.

① (가)-(나)-(라)-(다)
② (가)-(라)-(다)-(나)
③ (다)-(나)-(가)-(라)
④ (다)-(라)-(가)-(나)

※ [59~60] 다음을 읽고 물음에 답하십시오.

저는 수요일에 미국 친구하고 태권도 박물관에 갔습니다. (㉠) 박물관에서는 태권도의 역사를 배울 수 있고 공연도 볼 수 있습니다. (㉡) 저는 태권도 공연을 꼭 보고 싶었습니다. (㉢) 하지만 태권도 공연은 주말에만 있어서 우리는 공연을 보지 못했습니다. (㉣) 다음에는 주말에 가서 공연을 보고 오려고 합니다.

59 다음 문장이 들어갈 곳으로 가장 알맞은 것을 고르십시오. (2점)

친구도 태권도를 배운 적이 있기 때문에 공연을 보고 싶어 했습니다.

① ㉠ ② ㉡
③ ㉢ ④ ㉣

60 윗글의 내용과 같은 것을 고르십시오. (3점)

① 제 친구는 역사 공부를 좋아합니다.
② 다음에는 태권도를 배우러 갈 겁니다.
③ 저는 요즘 태권도 박물관에서 일합니다.
④ 태권도 공연은 주말에만 볼 수 있습니다.

※ [61~62] 다음을 읽고 물음에 답하십시오. (각 2점)

회사 건물 1층에 꽃집이 문을 열었습니다. 그 꽃집에서는 꽃을 사는 손님들에게 여러 가지 꽃 그림이 있는 카드를 함께 줍니다. 꽃 그림은 꽃집의 사장님이 직접 그린 것입니다. 카드에는 손님들에게 전하는 감사 인사도 있습니다. 꽃도 예쁘지만 그 인사를 읽으면 기분이 좋아집니다. 그래서 저도 이제 다른 사람에게 마음을 전할 때 예쁜 카드를 (　㉠　).

61 ㉠에 들어갈 말로 가장 알맞은 것을 고르십시오.

① 준비해 봤습니다
② 준비한 것 같습니다
③ 준비할 수 없습니다
④ 준비하기로 했습니다

62 윗글의 내용과 같은 것을 고르십시오.

① 회사 앞에 꽃집이 생겼습니다.
② 이 꽃집의 사장님은 취미가 많습니다.
③ 저는 꽃집에서 주는 카드가 좋습니다.
④ 이 꽃집에서는 카드를 살 수 있습니다.

※ [63~64] 다음을 읽고 물음에 답하십시오.

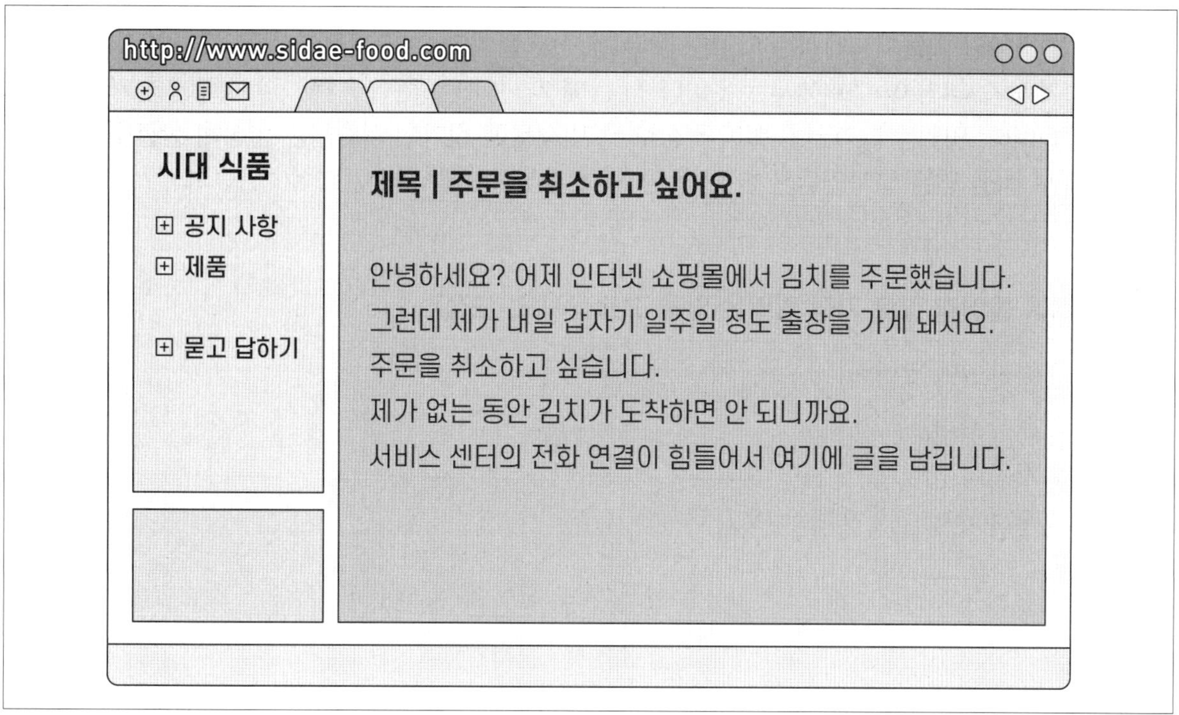

63 왜 윗글을 썼는지 맞는 것을 고르십시오. (2점)

① 김치 주문을 취소하려고
② 김치의 종류를 확인하려고
③ 김치 도착 날짜를 물어보려고
④ 김치의 요리 방법을 알아보려고

64 윗글의 내용과 같은 것을 고르십시오. (3점)

① 저는 내일 여행을 갑니다.
② 저는 지난주에 김치를 주문했습니다.
③ 저는 식품 가게에 가서 김치를 샀습니다.
④ 저는 먼저 서비스 센터에 전화를 해 봤습니다.

※ [65~66] 다음을 읽고 물음에 답하십시오.

매년 10월 9일 서울시청에서는 다양한 한글 행사를 합니다. 그중에서도 한글 디자인 대회가 가장 인기가 높습니다. 이 대회에서는 옷이나 컵 등에 자신이 원하는 (　㉠　) 대회에 참가하는 사람이 많습니다. 멋있는 디자인을 뽑아서 상도 주기 때문에 참가한 사람들은 열심히 한글을 디자인합니다. 또 상을 받은 디자인들은 한 달 동안 시청 홈페이지에서 다시 볼 수 있습니다.

65 ㉠에 들어갈 말로 가장 알맞은 말을 고르십시오. (2점)

① 디자인이 있어서
② 말을 쓸 수 있어서
③ 사진이 많이 들어 있어서
④ 한글 모양을 넣을 수 있어서

66 윗글의 내용과 같은 것을 고르십시오. (3점)

① 이 행사는 시청에서 한 달 동안 합니다.
② 이 행사의 내용은 한글과 관계가 있습니다.
③ 이 행사에서는 디자인을 배울 수 있습니다.
④ 이 행사에 참가한 모든 사람에게 상을 줍니다.

※ [67~68] 다음을 읽고 물음에 답하십시오. (각 3점)

식사와 관련된 생활 습관 중 좋지 않은 것들이 있습니다. 먼저 식사 후에 우유를 마시는 습관은 건강에 좋지 않습니다. 마시고 싶으면 식사 전에 마시는 것이 좋습니다. 식사 전에 우유를 마시면 음식물의 소화에 도움이 됩니다. 또 식사 후 바로 뜨거운 물로 샤워를 하는 것도 좋지 않습니다. 뜨거운 물 때문에 음식이 소화되는 (㉠) 소화에 오랜 시간이 걸릴 수 있기 때문입니다.

67 ㉠에 들어갈 말로 가장 알맞은 것을 고르십시오.

① 일이 간단해져서
② 방법이 달려져서
③ 속도가 많이 느려져서
④ 행동이 크게 불편해져서

68 윗글의 내용과 같은 것을 고르십시오.

① 식사 후에는 따뜻한 우유를 마시는 게 좋습니다.
② 식사 전에 우유를 마시면 건강에 도움이 됩니다.
③ 식사 후 바로 샤워를 하면 소화 시간이 짧아집니다.
④ 식사 후 뜨거운 물로 샤워를 하는 것이 몸에 좋습니다.

※ [69~70] 다음을 읽고 물음에 답하십시오. (각 3점)

> 저는 어렸을 때 1년 정도 시골에서 산 적이 있습니다. 직장에 다니시는 부모님이 너무 바쁘셔서 저를 잠깐 시골에 있는 할머니 댁으로 보냈습니다. 처음에는 부모님이 너무 보고 싶어서 매일 울었습니다. 할머니는 그런 저를 위해 매일매일 (㉠). 강아지들에게 밥을 주는 방법, 떨어진 밤을 줍는 방법, 별들의 이름을 외우는 방법 등. 지금 생각해 보면 정말 많은 것을 그때 할머니에게 배운 것 같습니다. 할머니는 제가 어떤 것을 처음 할 때마다 "걱정하지 말고 그냥 하면 돼."라고 말씀하셨습니다. 저는 지금도 새로운 일을 할 때면 항상 할머니의 말씀을 생각합니다.

69 ㉠에 들어갈 말로 가장 알맞은 것을 고르십시오.

① 새 친구를 소개해 주셨습니다
② 맛있는 음식을 해 주셨습니다
③ 새로운 것을 가르쳐 주셨습니다
④ 부모님의 이야기를 해 주셨습니다

70 윗글의 내용으로 알 수 있는 것을 고르십시오.

① 저는 부모님과 헤어져 있는 것이 슬펐습니다.
② 저는 시골 생활을 배울 수 있어서 기뻤습니다.
③ 할머니는 저와 같이 사는 것을 불편해하셨습니다.
④ 할머니는 부모님의 부탁을 받고 기분 나빠하셨습니다.

좋은 책을 만드는 길, 독자님과 함께하겠습니다.

2025 한국어능력시험 TOPIK I 실전 모의고사

개정12판2쇄 발행	2025년 04월 25일(인쇄 2025년 02월 27일)
초 판 발 행	2014년 06월 10일(인쇄 2014년 05월 15일)
발 행 인	박영일
책 임 편 집	이해욱
저 자	정은화
편 집 진 행	구설희 · 김지수
표지디자인	조혜령
편집디자인	홍영란 · 김휘주
그 림	전성연 · 기도연
발 행 처	(주)시대고시기획
출 판 등 록	제10-1521호
주 소	서울시 마포구 큰우물로 75 [도화동 538 성지 B/D] 9F
전 화	1600-3600
팩 스	02-701-8823
홈 페 이 지	www.sdedu.co.kr
I S B N	979-11-383-8299-1(14710) 979-11-383-8297-7(세트)
정 가	19,000원

2025

중국, 대만, 베트남 현지 번역 출간

● 한국어능력시험

TOPIK I

15년 연속 시리즈 1위

IBT 시행 확대! 온라인 모의고사 쿠폰 제공

실전 모의고사

Mock tests 全真模拟试题

저자 정은화

토픽 I

⊕ 온라인 시험

정답 및 해설

시대에듀

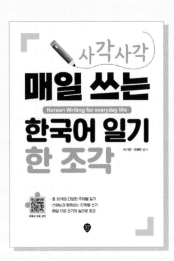

PART 02
정답 및 해설

한 번에 TIP

출제 유형, 한눈에 보기!

듣기	맞는 대답 고르기
	이어지는 말 고르기
	담화 장소 고르기
	화제 고르기
	일치하는 그림 고르기
	일치하는 내용 고르기
	중심 생각 고르기
	(화자의) 의도/목적/이유 고르기
읽기	화제 고르기
	빈칸에 알맞은 말 고르기
	일치하지 않는 내용 고르기
	일치하는 내용 고르기
	중심 내용 고르기
	빈칸에 알맞은 말 고르기
	알맞은 순서로 배열한 것 고르기
	문장이 들어갈 위치 고르기
	필자의 의도/목적 고르기

제 1 회 정답 및 해설

듣기(01번~30번)

점수: (　　)점/100점

01	02	03	04	05	06	07	08	09	10
③	②	④	①	①	④	②	③	④	④
11	12	13	14	15	16	17	18	19	20
③	②	④	①	③	②	④	③	②	①
21	22	23	24	25	26	27	28	29	30
④	④	②	③	①	③	④	③	②	④

01

여자: 모자를 사요?
남자: ______________________________

'네, 아니요'를 묻는 질문입니다. '네, (모자를) 사요.'나 '아니요, (모자를) 안 사요.'라고 대답합니다.

02

남자: 옷이 비싸요?
여자: ______________________________

옷이 비싸면 '네, (옷이) 비싸요.', 비싸지 않으면 '아니요, (옷이) 안 비싸요.'나 '아니요, (옷이) 비싸지 않아요.'라고 대답합니다.

03

여자: 누구와 영화를 봤어요?
남자: ______________________________

'누구'는 행위의 대상이 되는 사람을 묻는 말입니다. '친구하고 봤어요.'나 '친구와 봤어요.'와 같이 대답합니다.

04

남자: 무슨 공부를 해요?
여자: ______________________________

'무슨'은 종류, 분야 등을 묻는 말입니다. '한국어를 배워요.'와 같이 대답합니다.

05

남자: 내일이 제 생일이에요.
여자: ______________________

내일이 상대방의 생일이라는 말을 들었으니까, '축하합니다'라고 대답하는 것이 좋습니다.

06

여자: 김진수 씨 좀 바꿔 주세요.
남자: ______________________

상대방이 김진수 씨와 통화하려고 전화를 한 것이기 때문에 '잠깐만 기다려 주세요.'나 '네, 바꿔 드릴게요.'라고 대답하는 것이 좋습니다.

07

여자: 저 앞에서 내릴게요.
남자: 네, 알겠습니다.

여자가 눈앞의 장소를 보면서 거기에서 '내릴게요.'라고 했습니다. 여기는 '택시'입니다.

08

남자: 사람이 정말 많네요.
여자: 네, 가구는 몇 층에 있을까요?

사람이 많은 장소이고 가구를 판매하고 있는 층을 물었습니다. 여기는 '백화점'입니다.

09

여자: 여기도 교실이에요?
남자: 아니요. 여기는 학생들의 휴게실이에요.

학생들의 교실과 휴게실에 대해 이야기하고 있습니다. 여기는 '학교'입니다.

10

남자: 인터넷으로 예약하셨군요. 방은 402호입니다.
여자: 네, 알겠습니다.

인터넷으로 방을 예약했고 방이 어디인지 이야기하고 있습니다. 여기는 '호텔'입니다.

11

여자: 주말에는 보통 뭐 해요?
남자: 그림을 그려요. 저는 그림을 아주 좋아해요.

남자가 '주말에 그림을 그려요. 그림을 아주 좋아해요.'라고 했습니다. 두 사람은 '취미'에 대해 말하고 있습니다.

12

> 남자: 여기는 뭐 하는 곳이에요? 좀 시끄럽네요.
> 여자: 그럼 안으로 들어갈까요?

남자가 지금 있는 장소가 시끄럽다고 말했고 여자가 '안으로 들어갈까요?'라고 했습니다. 두 사람은 '장소'에 대해 말하고 있습니다.

13

> 여자: 진수 씨, 누나도 있어요?
> 남자: 아니요. 저는 형만 한 명 있어요.

남자가 '누나는 없고 형만 한 명 있어요.'라고 했습니다. 두 사람은 '가족'에 대해 말하고 있습니다.

14

> 남자: 며칠에 출발해요?
> 여자: 5월 3일에 출발해요.

남자가 출발이 '며칠'이냐고 물었고, 여자가 '5월 3일'이라고 대답했습니다. 두 사람은 '날짜'에 대해 말하고 있습니다.

15

> 여자: 어제부터 머리가 계속 아픈데요.
> 남자: 그럼 이 약을 먹어 보세요.

'머리가 아파요.'라는 여자의 말을 듣고 남자가 '이 약을 먹어 보세요.'라고 했으니까, 여자가 약국에서 약을 사고 있는 상황입니다.

16

> 남자: 이 꽃 참 예쁘네요. 얼마예요?
> 여자: 그건 이만 원이에요.

남자가 꽃을 보면서 예쁘다고 말하고 있고 여자가 꽃값을 말해 주고 있으니까, 남자가 꽃가게에서 꽃을 사고 있는 상황입니다.

17

> 남자: 사라 씨, 다음 주에 고향으로 돌아가지요?
> 여자: 아니요. 이번 주 토요일 저녁 비행기로 가요.
> 남자: 그래요? 그럼 오늘 저녁 같이 먹어요.

두 사람은 여자가 고향에 돌아가는 것에 대해 이야기하고 있습니다.
① 남자는 식당을 예약했습니다. → 나오지 않는 내용입니다.
② 여자는 다음 주에 고향에 갑니다. → 여자는 이번 주 토요일에 고향에 갑니다.
③ 남자는 여자와 같이 고향에 갑니다. → 여자만 고향으로 돌아갑니다.

18

> 여자: 커피를 마실까요?
> 남자: 저는 주스를 마실게요. 커피는 아침에 마셨어요.
> 여자: 그럼 저도 주스를 마실게요. 케이크도 하나 먹을까요?
> 남자: 네, 좋아요.

두 사람은 주문할 음료에 대해 이야기하고 있습니다.
① 남자는 커피를 싫어합니다. → 나오지 않는 내용입니다.
② 여자는 커피를 주문할 겁니다. → 여자도 남자와 같이 주스를 주문할 겁니다.
④ 여자는 아침에 케이크를 먹었습니다. → 두 사람은 여기에서 케이크를 먹으려고 합니다.

19

> 남자: 지금 회의를 시작하기가 힘들 것 같아요.
> 여자: 무슨 문제가 있어요?
> 남자: 여기 인터넷이 잘 안 돼서요. 시간이 좀 걸릴 것 같은데요.
> 여자: 알겠어요. 그럼 회의 자료를 보면서 기다려야겠네요.

두 사람은 인터넷을 이용해서 하는 회의에 대해 이야기하고 있습니다.
① 남자는 회의에 못 갑니다. → 남자는 지금 회의 장소에 와 있습니다.
③ 여자는 지금 회의를 시작하려고 합니다. → 여자는 회의 자료를 보면서 기다릴 것입니다.
④ 남자는 인터넷으로 자료를 찾고 있습니다. → 지금 인터넷이 잘 안 되는 상황입니다.

20

> 여자: 네, 하나 식당입니다.
> 남자: 위치를 좀 알고 싶은데요. 한국 서점 옆에 있나요?
> 여자: 아니요. 서점 건너편에 있습니다.
> 남자: 아, 알겠습니다.

두 사람은 식당 위치에 대해 이야기하고 있습니다.
② 남자는 식당에 간 적이 있습니다. → 남자는 식당에 간 적이 없어서 위치를 모릅니다.
③ 여자는 서점의 위치를 잘 모릅니다. → 여자는 서점의 위치를 알고 있습니다.
④ 남자는 서점 옆에서 여자를 만날 것입니다. → 남자는 여자에게 식당의 위치를 물어보고 있습니다. 여자는 서점 건너편에 식당에 있다고 대답했습니다.

21

> 여자: 진수 씨, 아르바이트할 곳을 찾았어요?
> 남자: 아니요, 아직 못 찾았어요.
> 여자: 놀이공원에서 방학 동안 아르바이트할 사람을 찾고 있는데, 같이 신청해 볼래요?
> 남자: 놀이공원 아르바이트는 안 해 봤는데요. 그럼 같이 한번 신청해 봐요.

두 사람은 아르바이트에 대해 이야기하고 있습니다.
① 여자는 아르바이트를 하고 있습니다. → 나오지 않는 내용입니다.
② 여자는 놀이공원에 가는 것을 좋아합니다. → 나오지 않는 내용입니다.
③ 남자는 놀이공원에서 일한 적이 있습니다. → 남자는 놀이공원 아르바이트를 해 본 적이 없습니다.

22

> 남자: 어제는 좀 쉬었어요?
> 여자: 오전에는 청소를 하고 오후에는 강에 가서 친구와 자전거를 탔어요.
> 남자: 일요일에는 집에서 푹 쉬는 게 좋지 않아요?
> 여자: 주말에도 밖에 나가서 운동을 좀 하는 게 저는 좋더라고요. 너무 쉬기만 하면 월요일에 오히려 더 피곤해서요.

여자는 지난 주말 오후에 친구와 자전거를 탔다며, 주말에도 밖에 나가서 운동을 하는 게 좋다고 했습니다.
① 청소는 매일 해야 합니다. → 여자는 일요일 오전에 청소를 했습니다.
② 일요일에는 푹 쉬어야 합니다. → 여자는 주말에 쉬기만 하면 월요일에 더 피곤하다고 했습니다.
③ 바쁘면 운동을 하지 않아도 됩니다. → 여자는 일요일에도 운동을 좀 하는 게 낫다고 했습니다.

23

> 남자: 손님, 두 분이세요? 여기에 이름을 써 놓고 기다리시면 됩니다.
> 여자: 얼마나 기다려야 돼요?
> 남자: 지금 점심시간이라서요. 두 사람 자리는 30분쯤 기다리셔야 합니다.
> 여자: 그럼 그냥 갈게요. 그렇게 오래 기다릴 필요는 없을 것 같아요.

여자는 30분쯤 기다려야 한다는 남자의 말을 듣고, 그냥 가겠다고 했습니다.
① 기다리려면 이름부터 써 놓아야 합니다. → 남자가 여자에게 말한 내용입니다.
③ 점심시간에는 식당을 이용하기가 힘듭니다. → 점심시간이라서 오래 기다려야 하는 것은 맞지만, 여자의 생각은 아닙니다.
④ 점심 식사는 30분 안에 끝내는 것이 좋습니다. → 나오지 않는 내용입니다.

24

> 남자: 저한테 돈을 주시겠어요? 제가 모두 카드로 계산할게요.
> 여자: 여기 있어요. 그런데 현금은 하나도 안 가지고 다니시나 봐요.
> 남자: 네, 현금은 불편해서 카드만 가지고 다녀요.
> 여자: 그런데 카드만 계속 쓰면 계획에 없던 돈도 쓰게 되지 않나요?

여자는 현금을 가지고 다니지 않고 카드만 쓰면 계획에 없던 돈도 쓰게 된다고 했습니다.
① 현금을 가지고 다니는 것은 불편합니다. → 남자의 생각입니다.
② 카드를 쓰는 사람이 많아지고 있습니다. → 나오지 않는 내용입니다.
④ 현금이 있으면 카드를 안 가지고 다녀도 됩니다. → 남자는 현금 없이 카드만 가지고 다닙니다.

25~26

> (딩동댕)
> 여자: 잠시 안내 말씀 드립니다. 다음 달에 열리는 '남산 걷기 대회'의 참가 신청이 내일까지입니다. 그런데 아직 신청을 하신 분이 많지 않습니다. 이번 대회에는 선생님과 학생들이 모두 참가할 수 있으니 많은 관심과 신청 부탁드립니다. 자세한 내용은 학교 홈페이지를 참고해 주세요.

25 여자는 선생님과 학생들에게 걷기 대회에 많이 참가해 달라고 말하고 있습니다.

26 ① 참가 신청을 한 사람이 많습니다. → 신청을 한 사람이 아직 많지 않습니다.
② 홈페이지에 대회 내용이 없습니다. → 학교 홈페이지에서 자세한 내용을 알 수 있습니다.
④ 이 대회에는 학생들만 참가할 수 있습니다. → 이번 대회에는 선생님과 학생들이 모두 참가할 수 있습니다.

27~28

> 여자: 네, 하나 쇼핑입니다. 뭘 도와드릴까요?
> 남자: 주문한 옷을 받았는데 옷이 좀 작아서요.
> 여자: 그럼 더 큰 것으로 바꿔 드릴까요?
> 남자: 네, 더 큰 옷으로 하고 색깔도 파란색으로 바꾸고 싶어요.
> 여자: 알겠습니다. 그럼 받으신 옷을 저희 회사로 보내 주시겠어요?
> 남자: 네, 그렇게 할게요. 그럼 내일 우체국에 가서 보내 드리겠습니다.

27 두 사람은 남자가 산 옷과 그 옷을 교환하는 방법에 대해 이야기하고 있습니다.

28 ① 여자는 회사에서 남자를 만날 겁니다. → 남자가 회사로 옷을 보낼 겁니다.
② 남자는 다음 주에 옷을 사려고 합니다. → 남자는 주문한 옷이 작아서 바꾸려고 합니다.
④ 여자는 우체국에 가서 남자에게 옷을 보낼 겁니다. → 남자가 우체국에 가서 쇼핑몰(회사)로 옷을 보낼 겁니다.

29~30

> 여자: 김진수 씨, 세계적인 영화제에서 큰 상을 받으셨는데요. 정말 축하드립니다.
> 남자: 감사합니다. 하지만 그 상은 한 명의 배우에게 주는 상이 아니라, 영화를 만든 사람들과 극장을 찾아 준 모든 분들께 주신 상이라고 생각합니다.
> 여자: 두 시간이 넘는 긴 영화인데, 혹시 영화를 찍는 동안 힘든 점은 없으셨나요?
> 남자: 네, 사실 영화 대부분을 겨울에 찍었는데요. 날씨가 너무 춥고 눈도 많이 와서 힘들었습니다. 하지만 그렇게 힘들게 찍었기 때문에 좋은 결과가 나온 것 같습니다.
> 여자: 영화제가 끝난 지 얼마 안 됐지만 다음 영화도 준비하고 계신가요?
> 남자: 그렇습니다. 새 영화는 산을 지키려고 노력하는 사람들의 이야기인데요. 아마 한국의 아름다운 산들을 많이 보여 드릴 수 있을 것 같습니다.

29 남자는 영화를 겨울에 찍었는데 날씨가 너무 춥고 눈도 많이 와서 힘들었다고 했습니다.

30 ① 남자는 겨울을 좋아하지 않습니다. → 남자는 겨울에 영화를 찍어서 힘들었다고 했습니다. 겨울을 좋아하는지 좋아하지 않는지에 대해서는 말하지 않았습니다.
② 남자는 극장에 가서 영화를 봤습니다. → 나오지 않는 내용입니다.
③ 남자는 다른 배우들과 함께 상을 받았습니다. → 남자는 혼자 상을 받았지만, 영화를 만든 사람들과 같이 받은 것으로 생각한다고 했습니다.

읽기(31번~70번)

점수: (   )점/100점

31	32	33	34	35	36	37	38	39	40
③	④	②	③	③	①	②	②	④	③
41	42	43	44	45	46	47	48	49	50
①	④	②	③	①	②	②	④	①	③
51	52	53	54	55	56	57	58	59	60
③	④	②	④	①	④	①	③	②	②
61	62	63	64	65	66	67	68	69	70
②	④	④	③	④	③	②	①	①	②

31 바지와 치마는 옷의 종류입니다. '옷'에 대한 이야기입니다.

32 어머니와 아버지를 함께 가리키는 단어는 '부모님'입니다. '부모님'에 대한 이야기입니다.

33 비빔밥과 불고기는 모두 음식입니다. '음식'에 대한 이야기입니다.

34 비행기를 타러 가는 것이니까 '공항'이 맞습니다.

35 아침에 '일어납니다'라고 했으니까, 밤에 '잡니다'가 맞습니다.

36 한 시간쯤 걸리니까, 집에서 회사까지의 거리가 '멉니다'라고 하는 것이 맞습니다.

37 앞에서 '오늘은'이라고 했고, 뒤에 '못 먹었습니다'가 있으니까 '아직'이 맞습니다. '아직'은 보통 뒤에 '-지 않다'나 '못 + 동사'와 같은 부정형과 함께 사용됩니다.

38 가방과 구두를 함께 샀으니까, '구두도 샀습니다'가 맞습니다.

39 '그림을 그리다'라고 하는 것이 맞습니다. 과거형으로 쓰면 '그렸습니다'가 됩니다.

40 점심시간은 한 시부터 두 시까지입니다.

41 한국마트 근처에서 강아지를 잃어버렸습니다.

42 나영 씨가 사라 씨에게 문자 메시지를 보냈습니다. 두 사람은 함께 있지 않습니다.

43 ① 저는 요리를 잘합니다. → 나오지 않는 내용입니다.
③ 남편은 집에서 회사 일을 합니다. → 남편과 저는 회사에 갔다가 저녁에 집에 돌아옵니다.
④ 남편은 집안일에 관심이 없습니다. → 남편은 저와 집안일을 같이 합니다.

44 ① 저는 요즘 시간이 많습니다. → 등산을 자주 하고 싶지만 시간이 없습니다.
② 혼자 등산을 하면 위험합니다. → 혼자 등산하는 것을 좋아합니다.
④ 산에 올라가는 것은 너무 어렵습니다. → 나오지 않는 내용입니다.

45 ② 오늘 밤에 비가 많이 올 겁니다. → 밤에는 비가 그칠 겁니다.
③ 오늘 오후에는 날씨가 맑을 겁니다. → 오후까지 비가 내릴 겁니다.
④ 서울에 오랜만에 비가 내릴 겁니다. → 오늘도 서울에는 비가 올 겁니다.

46 지난주에 이사한 새집이 넓고 깨끗하고, 살기에 편리해서 마음에 든다는 이야기입니다.

47 서울에서 혼자 지내고 있으니까 고향인 제주도에 있는 가족들과 제주도 음식이 그립다는 이야기입니다.

48 지금 한국어를 배우고 있고, 중국어, 일본어, 베트남어 등도 배우고 싶습니다. 즉, 여러 나라의 말을 배우는 것에 관심이 많다는 이야기입니다.

49 '-면'은 앞말이 뒷말에 대한 근거나 조건이 됨을 나타냅니다. 운전을 하고 다니면서 예쁜 경치가 '보이면' 내려서 구경을 한다고 이어지는 것이 가장 알맞습니다.

50 ① 저는 운전을 잘합니다. → 운전을 좋아합니다.
② 저는 요즘 여행을 자주 합니다. → 요즘에는 바빠서 운전을 할 시간이 거의 없었습니다.
④ 저는 운전을 하면서 경치도 구경합니다. → 운전 중에 예쁜 경치가 보이면 내려서 구경도 합니다.

51 앞에서 (빨래의 종류에 따라) 세제를 넣어야 한다고 했지만, 뒤에서는 세제를 자주 사용하면 옷감이 상해서 옷에도 안 좋고 물도 많이 쓰게 된다는 부정적인 이야기를 하고 있습니다. 따라서 서로 반대가 되는 이야기를 연결해 주는 '그러나/그런데'가 들어가는 것이 가장 알맞습니다.

52 세탁기로 빨래를 할 때, 세제를 사용하지 않고 소금을 조금 넣으면 얻을 수 있는 효과에 대해 설명하고 있습니다.

53 뒤에서 화장품 만드는 방법을 인터넷을 보고 배웠다고 했으니까, '직접 만들어서'가 들어가는 것이 가장 알맞습니다.

54 ① 저는 요즘 피부가 나빠졌습니다. → 저는 피부에 좀 더 잘 맞는 화장품을 쓰고 싶었습니다.
② 저는 화장품을 사용하지 않습니다. → 저는 화장품을 직접 만들어서 쓰고 있습니다.
③ 저는 과일이나 채소를 자주 먹습니다. → 저는 과일이나 채소 같은 재료로 화장품을 만듭니다.

55 집 안에 정원이 있으니까 분위기도 밝아지고 공기도 더 좋아졌다는 이야기가 뒤에 나옵니다. 따라서 '지금 화분들을 키우고 있습니다.'라고 이어지는 것이 가장 알맞습니다.

56 ① 우리 집 거실은 아주 작습니다. → 거실 한쪽에 작은 정원을 만들었습니다. 거실의 크기에 대한 이야기는 나오지 않습니다.
② 저는 정원을 만드는 일을 합니다. → 집 안에 정원을 만들었습니다. 정원을 만드는 일이 직업은 아닙니다.
③ 집 안에는 큰 화분들을 놓기가 힘듭니다. → 나오지 않는 내용입니다.

59 '–기 때문'은 원인이나 까닭을 나타냅니다. 관광객들이 한복을 입고 경복궁의 야경을 즐기는 것을 좋아하는 이유는 '예쁘게 보이기 때문'이라고 이어지는 것이 가장 알맞습니다.

60 ① 밤에만 경복궁을 구경할 수 있습니다. → 늦은 밤까지 경복궁을 구경할 수 있습니다.
③ 관광객들은 모두 한복을 입고 경복궁에 갑니다. → 관광객들은 한복을 입고 경복궁에 가는 것을 좋아합니다.
④ 경복궁 근처에 가면 예쁜 사진을 찍을 수 있습니다. → 경복궁 안에서 예쁜 사진을 찍는 사람이 많습니다.

61 앞에서 다른 사람들과 함께 하는 재미를 알게 되었다고 했으니까, '혼자 할 때보다 즐겁다'고 이어지는 것이 가장 알맞습니다.

62 ① 저는 친구들과 함께 삽니다. → 나오지 않는 내용입니다.
② 친구들이 우리 집에 자주 옵니다. → 나오지 않는 내용입니다.
③ 저는 대학교에서 처음 친구를 사귀었습니다. → 대학교에 들어간 후에 다른 사람들과 함께하는 것이 좋아졌습니다.

63 여름이 오기 전에 여름 상품들을 할인 판매하는 행사가 있다는 것을 알리려고 게시판에 글을 썼습니다.

64 ① 일주일 동안 할인 행사를 할 겁니다. → 2주 동안 여름 상품의 할인 행사가 있습니다.
② 할인 행사는 월요일에 시작할 겁니다. → 할인 행사는 화요일부터 시작할 겁니다.
④ 행사 기간에는 가구도 싸게 살 수 있습니다. → 행사 상품 안에 가구는 없습니다.

65 앞 문장에서 셔츠를 욕실에 걸어 두면 다림질한 효과가 있다고 했습니다. '그 밖에 더'라는 의미를 가진 '또'로 이어진 문장이니까, '냄새도 없어지기 때문에'라고 이어지는 것이 가장 알맞습니다.

66 ① 샤워를 할 때 셔츠를 세탁하면 편리합니다. → 샤워를 한 뒤 셔츠를 욕실에 걸어 두면 다림질한 효과가 있어서 편리합니다.
② 셔츠는 세탁하기 전에 다림질을 하는 게 좋습니다. → 셔츠는 세탁을 하고 나서 다림질을 해야 합니다.
④ 여행이나 출장을 갈 때는 치마보다 바지가 편합니다. → 나오지 않는 내용입니다.

67 뒤에 '낡았지만'이나 '오래된 건물'이라는 말이 있으니까, '지은 지 오래돼서'라는 말이 들어가는 것이 가장 알맞습니다.

68 ② 한옥 서점이나 카페에는 옛날 물건만 있습니다. → 한옥 서점이나 카페에는 요즘 물건이나 가구들도 있습니다.
③ 오래된 건물은 사람들한테 별로 인기가 없습니다. → 한옥은 낡았지만 인기가 많습니다.
④ 한옥 카페에 가면 예쁜 사진들을 볼 수 있습니다. → 예쁜 사진을 찍으려고 한옥 카페를 찾아가는 사람도 많습니다.

69 앞에 '단풍을 볼 수 있는'이라는 말이 있고, 뒤에서 '이런 봄과 가을이 짧아지고 있는 것 같다'고 했으니까, '가을이 그리울 겁니다'라는 말이 들어가는 것이 가장 알맞습니다.

70 ① 제 고향은 한국하고 비슷합니다. → 한국이 고향처럼 편안해졌습니다.
③ 프랑스에서는 한국 음식을 먹을 수 없습니다. → 나오지 않는 내용입니다.
④ 저는 한국의 여름과 겨울을 좋아하지 않습니다. → 여름과 겨울도 좋지만 봄과 가을이 짧아지는 것이 아쉽습니다.

제 2 회 정답 및 해설

듣기(01번~30번)

점수: (　　)점/100점

01	02	03	04	05	06	07	08	09	10
②	④	③	①	③	②	①	④	③	②
11	12	13	14	15	16	17	18	19	20
④	①	③	②	④	③	②	④	②	④
21	22	23	24	25	26	27	28	29	30
③	①	②	④	④	③	②	①	④	③

01

남자: 구두가 작아요?
여자: ______________________

'네, 아니요'를 묻는 질문입니다. '네, (구두가) 작아요.'나 '아니요, (구두가) 작지 않아요.'라고 대답합니다.

02

여자: 커피를 마셔요?
남자: ______________________

커피를 마시면 '네, (커피를) 마셔요.', 마시지 않으면 '아니요, (커피를) 안 마셔요.'나 '아니요, (커피를) 마시지 않아요.'라고 대답합니다.

03

남자: 어디에서 친구를 만나요?
여자: ______________________

'어디'는 행위가 이루어지는 장소를 묻는 말입니다. '식당에서 만나요.'와 같이 대답합니다.

04

여자: 지금 뭐 해요?
남자: ______________________

'뭐(무엇)'는 행위의 대상을 묻는 말입니다. '책을 읽어요.'와 같이 대답합니다.

05

남자: 맛있게 드세요.
여자: ______________________

상대방이 '맛있게 드세요.'와 같이 권유하는 말을 하면, 그에 대한 인사로 '잘 먹겠습니다.'라고 대답하는 것이 좋습니다.

06

여자: 늦어서 미안해요.
남자: ______________________

상대방이 '미안해요.'라는 말로 사과를 했기 때문에, '괜찮아요.'나 '아니에요.'와 같이 대답하는 것이 좋습니다.

07

여자: 시험 시간에는 책을 보지 마세요.
남자: 네, 선생님.

시험 시간에 주의할 점에 대해 듣고 '네, 선생님.'이라고 대답했습니다. 여기는 '교실'입니다.

08

남자: 5분 후에 영화가 시작돼요.
여자: 빨리 자리에 앉읍시다.

'영화가 시작돼요.'라는 말을 듣고, '자리에 앉읍시다.'라고 했습니다. 여기는 '극장(영화관)'입니다.

09

여자: 조금 쉬어도 돼요?
남자: 아니요. 계속 뛰어야 해요.

'쉬지 말고 계속 뛰어야 해요.'라고 했습니다. 여기는 '운동장'입니다.

10

남자: 어떤 게 좋아요?
여자: 저 그림이 제일 멋있어요.

'그림이 멋있어요.'라고 했습니다. 여기는 '미술관'입니다.

11

> 여자: 요즘도 테니스를 쳐요?
> 남자: 아니요. 지난달부터 수영을 배워요.

여자가 '테니스를 쳐요?'라고 물었고 남자는 '수영을 배워요.'라고 대답했습니다. 두 사람은 '운동'에 대해 말하고 있습니다.

12

> 남자: 거실이 커요?
> 여자: 네, 거실도 크고 방도 커요.

여자가 거실과 방이 크다고 했습니다. 두 사람은 '집'에 대해 말하고 있습니다.

13

> 여자: 이번 방학에 뭐 할 거예요?
> 남자: 친구하고 여행을 가려고 해요.

'뭐 할 거예요?'라는 질문에 '여행을 가려고 해요.'라고 대답했습니다. 두 사람은 '계획'에 대해 말하고 있습니다.

14

> 남자: 이 김치가 어때요?
> 여자: 조금 맵지만 괜찮아요.

'김치가 어때요?'라는 질문에 '맵지만 괜찮아요.'라고 대답했습니다. 두 사람은 김치의 '맛'에 대해 말하고 있습니다.

15

> 여자: 언제 들어갈 수 있어요?
> 남자: 10분쯤 더 기다려 주세요.

'언제 들어갈 수 있어요?'라는 여자의 질문에 남자가 '더 기다려 주세요.'라고 했으니까 여자가 가게에 들어가려고 줄을 서 있는 상황입니다.

16

> 남자: 좀 도와드릴까요?
> 여자: 네, 그럼 이것만 들어 주실래요?

남자가 여자를 도와주려고 하고 있고, 여자가 '이것만 들어 줄래요?'라고 말했으니까 여자가 남자에게 짐 하나를 부탁하는 상황입니다.

17

> 남자: 오늘 일찍 끝나지요? 저녁 같이 먹을까요?
> 여자: 그래요. 그럼 집에 와서 만들어 먹을까요?
> 남자: 그냥 식당에서 먹어요. 내가 예약할게요.

두 사람은 오늘 저녁 식사에 대해 이야기하고 있습니다.
① 여자는 일찍 식당에 갑니다. → 여자는 일이 일찍 끝납니다.
③ 남자는 집에서 요리를 합니다. → 남자는 여자와 식당에서 저녁을 먹을 겁니다.
④ 여자는 오늘 집에서 쉴 겁니다. → 여자는 오늘 일을 하러 갑니다.

18

> 여자: 이사할 집은 찾았어요?
> 남자: 아니요. 교통도 편하고 조용한 집으로 이사하고 싶은데 찾기가 어렵네요.
> 여자: 네, 그렇군요. 그런데 이사 날짜가 언제예요?
> 남자: 다음 달 15일이에요. 시간도 얼마 안 남아서 걱정이에요.

두 사람은 남자의 이사에 대해 이야기하고 있습니다.
① 남자는 15일 후에 이사할 겁니다. → 남자는 다음 달 15일에 이사할 겁니다.
② 여자는 지하철역 근처에 살고 있습니다. → 여자의 집에 대한 이야기는 나오지 않습니다.
③ 여자는 남자의 이사를 도와주려고 합니다. → 여자는 남자의 이사할 집과 이사 날짜만 물어보았습니다.

19

> 남자: 나영 씨, 아직도 머리가 아파요?
> 여자: 네, 계속 머리가 아프고 지금은 열도 많이 나요.
> 남자: 약은 먹었어요? 아니면 병원에 가 보는 게 어때요?
> 여자: 조금 전에 약을 먹었어요. 퇴근 후에 병원에 가 볼게요.

두 사람은 여자의 몸 상태에 대해 이야기하고 있습니다.
① 남자는 병원에서 일합니다. → 남자는 여자에게 병원에 가 보라고 권하고 있습니다.
③ 남자는 여자와 함께 퇴근할 겁니다. → 나오지 않는 내용입니다.
④ 여자는 배가 아파서 약을 먹었습니다. → 여자는 머리가 아프고 열이 나서 약을 먹었습니다.

20

> 여자: 이 빵은 두 개밖에 없어요?
> 남자: 네, 오전에 다 팔려서 다시 만들고 있습니다.
> 여자: 그럼 새 빵은 언제쯤 나와요?
> 남자: 두 시쯤 다시 나옵니다.

두 사람은 새로 만들고 있는 빵에 대해 이야기하고 있습니다.
① 여자는 오전에 빵을 먹었습니다. → 나오지 않는 내용입니다.
② 남자는 여자에게 빵을 줬습니다. → 나오지 않는 내용입니다.
③ 남자는 오늘 빵을 두 개 팔았습니다. → 오전에 빵을 다 팔고 두 개가 남았습니다.

21

> 여자: 진성 씨, 운전을 할 줄 알지요?
> 남자: 네, 할 줄 알아요. 나영 씨도 요즘 운전을 배우고 있지요?
> 여자: 네, 운전 학원에 다니고 있어요. 그런데 생각보다 어려워요.
> 남자: 그럼 주말에 만나서 제 차로 같이 연습해요.

두 사람은 여자의 운전 연습에 대해 이야기하고 있습니다.
① 여자는 자동차를 사려고 합니다. → 나오지 않는 내용입니다.
② 남자는 운전 학원의 선생님입니다. → 여자가 운전 학원에 다니고 있습니다. 남자의 직업에 대한 이야기는 나오지 않습니다.
④ 남자는 주말에 여자에게 차를 빌릴 것입니다. → 남자는 여자에게 주말에 자기 차로 같이 운전 연습을 하자고 했습니다.

22

> 남자: 어머니 선물을 좀 사려고 하는데요.
> 여자: 이 셔츠는 어떠세요? 어머니들에게 인기가 많은 옷이에요.
> 남자: 글쎄요. 색깔이 너무 밝은 것 같은데요.
> 여자: 이런 색깔이 좋아요. 밝은 색을 입으면 기분도 좋아지니까요.

여자는 밝은 색 옷을 입으면 기분도 좋아진다고 했습니다.
② 어머니들은 옷 선물을 제일 좋아합니다. → 나오지 않는 내용입니다.
③ 옷을 고를 때에는 색깔부터 봐야 됩니다. → 나오지 않는 내용입니다. 여자가 남자에게 골라준 옷은 밝은 색이라서 인기가 많다고만 했습니다.
④ 요즘은 옷을 잘 입는 사람이 인기가 많습니다. → 이 셔츠가 어머니들에게 인기가 많습니다.

23

남자: 결혼 축하해요. 행복하게 잘 사세요.
여자: 고마워요. 결혼식 끝나고 식당에서 다시 봐요.
남자: 아, 미안해요. 제가 오늘 일이 좀 있어서 결혼식 끝나기 전에 가야 될 것 같아요.
여자: 그럼 빨리 식당에 가서 식사하고 가세요. 여기까지 와 주었는데 그냥 가면 안 되지요.

여자는 결혼식이 끝나기 전에 가야 한다는 남자의 말을 듣고, 식사라도 하고 가라고 했습니다.
① 결혼식을 빨리 끝내고 싶습니다. → 나오지 않는 내용입니다.
③ 남자에게 결혼 소식을 꼭 전해야 됩니다. → 남자는 이미 여자의 결혼식에 와 있습니다.
④ 결혼식에 손님을 많이 초대할 필요는 없습니다. → 나오지 않는 내용입니다.

24

남자: 나영 씨, 이거 정말 예쁘네요.
여자: 그래요? 전에 받은 선물 상자로 한번 만들어 봤어요.
남자: 상자를 버리지 않고 이렇게 필통으로 만드니까 여러 가지로 좋은데요.
여자: 네, 생각을 조금만 바꾸면 상자처럼 다시 쓸 수 있는 게 많은 것 같아요.

여자는 생각을 조금만 바꾸면 다시 쓸 수 있는 게 많다고 했습니다.
① 필통은 사서 쓸 필요가 없습니다. → 나오지 않는 내용입니다.
② 상자는 여러 가지로 사용할 수 있습니다. → 상자로 필통을 한번 만들어 봤습니다.
③ 선물로 받은 것을 그냥 버리면 안 됩니다. → 선물 상자처럼 다시 쓸 수 있는 게 많은 것 같다고 했습니다.

25~26

(딩동댕)
여자: 승객 여러분께 잠시 안내 말씀드립니다. 지금 우리 열차는 출입문 고장으로 출발이 늦어지고 있습니다. 수리가 끝나면 출발할 예정입니다. 수리가 끝날 때까지 승객 여러분께서는 안전한 열차 안에서 기다려 주시기 바랍니다. 불편한 점이 있으시면 열차 안에 있는 전화를 이용해 말씀해 주십시오. 감사합니다.

25 여자는 승객들에게 고장 난 출입문을 수리하고 있는 열차의 상황에 대해 알려 주고 있습니다.

26 ① 오늘은 열차를 이용할 수 없습니다. → 열차의 수리가 끝나면 출발할 예정입니다.
② 수리가 끝나면 열차표를 다시 사야 합니다. → 나오지 않는 내용입니다.
④ 승객들이 전화를 하려면 열차에서 내려야 합니다. → 불편한 점이 있으면 열차 안에 있는 전화를 이용해 말하면 됩니다.

27~28

여자: 이 사진은 어디에서 찍은 거예요?
남자: 작년 겨울에 한라산에 가서 찍은 사진이에요. 그런데 그날 날씨가 좋아서 사진도 잘 나온 것 같아요.
여자: 겨울에 등산을 하면 눈 때문에 위험하지 않아요? 날씨도 너무 춥고요.
남자: 네, 맞아요. 하지만 옷이나 신발 등을 잘 준비해서 가면 괜찮아요. 신발은 미끄럽지 않은 것을 신어야 하고요.
여자: 그럼 옷은 어때요? 두꺼운 옷으로 입는 게 좋지요?
남자: 아니요. 등산을 하면 땀이 많이 나니까 편하게 입고 벗을 수 있는 옷을 여러 벌 준비하는 게 좋아요.

27 두 사람은 겨울에 등산을 할 때 준비해야 할 것들에 대해 이야기하고 있습니다.

28 ② 여자는 겨울에 등산하는 것을 좋아합니다. → 여자는 겨울에 산에 가면 미끄럽고 추워서 힘들다고 생각합니다.
③ 남자는 눈을 보려고 겨울에 등산을 합니다. → 나오지 않는 내용입니다.
④ 여자는 오늘 등산할 때 입을 옷을 살 겁니다. → 나오지 않는 내용입니다.

29~30

여자: 이 영화에는 한국의 전통 놀이가 많이 나오는데요. 평소에도 전통 놀이에 관심이 많으셨어요?
남자: 아니요. 영화를 만들기 전에는 별로 관심이 없었어요. 그런데 젊은 주인공들이 다른 영화에서는 별로 하지 않는 것을 하면 재미있을 것 같았어요. 취미처럼요.
여자: 그렇군요. 요즘 모여서 그 전통 놀이들을 해 보는 사람도 많은데요.
남자: 네, 저도 본 적이 있어요. 특히 영화의 주인공들과 나이가 비슷한 젊은 사람들이 하고 있는 걸 여러 번 봤어요.
여자: 기분이 참 좋으셨겠어요.
남자: 네, 제가 만든 영화를 많이 봐 주신 것도 감사하지만 전통 놀이가 젊은 사람들한테까지 많이 소개된 것 같아서 기뻤습니다.

29 남자는 젊은 주인공들이 다른 영화에서는 별로 하지 않는 것을 하면 재미있을 것 같아서 영화에 전통 놀이를 넣게 되었다고 했습니다.

30 ① 남자는 요즘 전통 놀이를 자주 합니다. → 남자는 영화에서 전통 놀이를 소개했습니다.
② 남자는 새로운 영화를 준비하고 있습니다. → 나오지 않는 내용입니다.
④ 남자는 젊은 사람들과 함께 영화를 만들고 싶어 합니다. → 남자는 영화를 본 젊은 사람들한테 전통 놀이가 많이 소개된 것 같아서 기뻤습니다.

읽기(31번~70번)

점수: (　　)점/**100**점

31	32	33	34	35	36	37	38	39	40
②	①	④	②	③	①	④	③	②	②
41	42	43	44	45	46	47	48	49	50
②	③	①	②	④	②	③	④	③	①
51	52	53	54	55	56	57	58	59	60
②	④	①	④	③	②	②	③	②	①
61	62	63	64	65	66	67	68	69	70
③	④	④	②	③	④	②	④	①	③

31 밤과 11시는 모두 시간을 나타내는 단어입니다. '시간'에 대한 이야기입니다.

32 은행과 병원은 모두 장소를 나타내는 단어입니다. '장소'에 대한 이야기입니다.

33 생일에 선물로 가방을 받았습니다. '선물'에 대한 이야기입니다.

34 극장에 갔으니까 '영화를' 뒤에 '보다'가 맞습니다.

35 약과 밥 모두 먹을 수 있습니다. 그러나 배가 아프니까 '약을 먹다'가 맞습니다.

36 치마는 안 입으니까 '바지만 입습니다'가 맞습니다.

37 산책을 좋아하니까 공원에 '자주 갑니다'나 '많이 갑니다'라고 하는 것이 맞습니다.

38 시험 점수가 나쁘니까 '시험이 어렵다'가 맞습니다. 과거형으로 쓰면 '시험이 어려웠습니다'가 됩니다.

39 언니의 결혼식이니까 '사진을 찍습니다'가 맞습니다.

40 공연 기간은 2월 7일부터 4월 3일까지, 두 달 정도입니다.

41 어머니의 사랑을 느낄 수 있는 집밥처럼 따뜻한 밥을 먹을 수 있습니다.

42 나영 씨는 오늘 다른 사람하고 점심 약속이 있습니다.

43 ② 저는 친구에게 새집을 소개했습니다. → 나오지 않는 내용입니다.
③ 저는 친구에게 이사 선물을 주었습니다. → 친구의 이사를 도와주었습니다.
④ 저는 친구와 한국 음식을 만들었습니다. → 친구와 함께 한국 음식을 먹었습니다.

44 ① 백화점에서 카드를 샀습니다. → 백화점에서 카드를 만들었습니다.
③ 백화점에서는 꼭 카드를 사용해야 합니다. → 나오지 않는 내용입니다.
④ 백화점 카드를 만들려면 10만 원이 필요합니다. → 백화점 카드로 10만 원 이상 사면 선물을 받을 수 있습니다.

45 ① 저는 걷는 것을 좋아하지 않습니다. → 회사까지 걸어서 출근을 합니다.
② 걷기 전에는 기분이 아주 좋습니다. → 걸어서 회사에 가면 기분이 아주 좋습니다.
③ 회사까지 버스로 한 시간쯤 걸립니다. → 걸어서 한 시간쯤 걸립니다.

46 아주머니들과 이야기도 할 수 있고 맛있는 음식도 있어서 시장에 가는 것을 좋아한다는 이야기입니다.

47 일도 재미있고 사람들도 친절해서 이 회사에 오랫동안 다니고 싶다는 이야기입니다.

48 운동을 하면 몸이 건강해지고 걱정도 없어져서 여러 가지로 좋은 효과가 나타난다는 이야기입니다.

49 기차를 타고 있는 동안 책을 읽으면 더 즐거운 여행이 될 거라고 이어지는 것이 가장 알맞습니다.

50 ② 여행을 할 때에는 기차를 타야 합니다. → 기차를 타고 여행하면 정말 재미있습니다.
③ 책이 없으면 기차 여행도 즐겁지 않습니다. → 책이 있으면 더 즐거운 여행이 될 것입니다.
④ 기차역에서 유명한 사람도 만날 수 있습니다. → 기차역에는 그곳의 유명한 음식을 파는 가게도 있습니다.

51 '냉면에 식초를 넣으면 더 맛있게 먹을 수 있다'는 앞의 내용과 '식당에서 냉면을 먹을 때 식초를 같이 준다'는 뒤의 내용이 원인과 결과로 연결되니까, '그래서'가 맞습니다.

52 식초는 보통 냉면과 같은 음식에 넣는 것이지만, 빨래를 할 때에도 사용할 수 있는 등 도움이 되는 곳이 많다는 내용입니다.

53 많이 사면 재료가 남아서 버릴 때가 많다고 했으니까, '적은'이 들어가는 것이 자연스럽습니다.

54 ① 요리를 못 하면 혼자 살 수 없습니다. → 혼자 살면 음식 재료를 살 때 불편합니다.
② 포장되어 있는 음식 재료는 사면 안 됩니다. → 포장되어 있는 음식 재료는 양이 많아서 불편합니다.
③ 혼자 사는 사람들은 마트에 갈 시간이 없습니다. → 나오지 않는 내용입니다.

55 뒤에서 '고양이를 계속 키우고 싶다'고 했으니까, 고양이 때문에 힘들 때보다 '기쁠 때가 많아서'라는 말이 들어가야 합니다.

56 ① 저는 집안일을 많이 합니다. → 나오지 않는 내용입니다.
③ 고양이는 오랫동안 키우기가 어렵습니다. → 저는 고양이를 계속 키우고 싶습니다.
④ 어머니는 고양이를 키우고 싶어 하십니다. → 어머니는 고양이 때문에 집안일이 많아져서 키우는 것을 별로 좋아하지 않으십니다.

59 작년에 계속 눈이 와서 학교에 못 가고 집에서 인터넷으로 수업을 들었다고 이어지는 것이 자연스럽습니다.

60 ② 저는 눈이 오면 밖에 나가지 않습니다. → 집밖에 나가기가 힘들 정도로 눈이 많이 올 때도 있습니다.
③ 눈이 많이 오면 인터넷을 사용할 수 없습니다. → 눈이 많이 오면 집에서 인터넷으로 수업을 듣습니다.
④ 눈이 많이 올 때에도 생활에는 문제가 없습니다. → 눈이 많이 오면 학교에도 못 가고 생활이 불편해집니다.

61 앞의 '그런 일'은 말할 때 긴장하는 일을 가리킵니다. 따라서 친구가 가르쳐 준 방법 덕분에 긴장하는 일이 '적어지고 있다'라는 말이 와야 합니다.

62 ① 저는 말하기 연습을 할 때 긴장합니다. → 사람들 앞에서 말할 때 긴장합니다.
② 저는 사람들 앞에서 말하기 연습을 했습니다. → 나오지 않는 내용입니다.
③ 저는 사람들 앞에서 말할 때 옷에 신경을 씁니다. → 말할 때 땀이 너무 많이 나서 옷이 다 젖은 적도 있다고 했습니다. 그렇지만 옷에 신경을 쓰는지, 안 쓰는지는 나오지 않았습니다.

63 어머니에게 이번 방학에는 아르바이트를 하게 돼서 고향 집에 갈 수 없다는 이야기를 하려고 이메일을 썼습니다.

64 ① 형은 토마 씨와 함께 지내고 있습니다. → 토마 씨는 혼자 한국에서 지내고 있습니다.
③ 토마 씨는 요즘 아르바이트를 하고 있습니다. → 방학 때 아르바이트를 하게 됐습니다.
④ 어머니는 방학 때 토마 씨를 만나러 올 겁니다. → 나오지 않는 내용입니다.

65 뒤에 '얼굴에 남아 있는 물'이라는 말이 있으니까, '세수를 하고 나서'가 오는 것이 맞습니다.

66 ① 아침에는 세수를 하지 않는 것이 좋습니다. → 아침에는 물로만 세수를 하는 것이 좋습니다.
② 피부가 건조한 사람은 수건을 사용하면 안 됩니다. → 얼굴에 남아 있는 물도 수건으로 가볍게 닦아 주는 것이 좋습니다.
③ 피부에 도움이 되는 비누를 잘 골라서 써야 합니다. → 나오지 않는 내용입니다.

67 뒤에 '학교나 회사의 화장실은 직접 청소를 하지 않아도 되고 또 더러우면 다른 화장실을 사용해도 되기 때문에 깨끗하게 사용하지 않는다'는 내용이 있으므로, '달라지기 쉽습니다'라는 말이 와야 합니다.

68 ① 보통 학교나 회사의 화장실은 자신이 청소를 합니다. → 학교나 회사의 화장실은 자신이 직접 청소를 하지 않아도 됩니다.
② 학교나 회사에서는 여러 화장실을 사용하면 안 됩니다. → 더러우면 다른 화장실을 사용해도 됩니다.
③ 화장실 문이나 벽에 그림이 있으면 더 깨끗해 보입니다. → 화장실 문이나 벽에 그림을 그리는 사람들 때문에 화장실이 더 더러워집니다.

69 뒤에서 '회사를 그만둘 때 아쉬운 마음이 많았다'고 했으므로, '오랫동안 다녀서'라는 말이 오는 것이 좋습니다.

70 ① 저와 아내는 책을 많이 읽습니다. → 나오지 않는 내용입니다.
② 우리 가족은 여행하는 것을 좋아합니다. → 나오지 않는 내용입니다.
④ 저는 제주도에 오기 전에 서점에서 일했습니다. → 서울에서 회사에 다녔습니다. 서점과 관계가 있는 회사인지는 알 수 없습니다.

제 3 회 정답 및 해설

듣기(01번~30번)

점수: (　　)점/100점

01	02	03	04	05	06	07	08	09	10
②	④	④	②	①	②	④	③	③	②
11	12	13	14	15	16	17	18	19	20
①	④	②	③	③	③	③	④	②	④
21	22	23	24	25	26	27	28	29	30
①	②	③	④	②	③	④	②	③	①

01

여자: 불고기를 먹어요?
남자: ________________________

'네, 아니요'를 묻는 질문입니다. '네, (불고기를) 먹어요.'나 '아니요, (불고기를) 안 먹어요.'라고 대답합니다.

02

남자: 친구를 만나요?
여자: ________________________

친구를 만나면 '네, (친구를) 만나요.', 만나지 않으면 '아니요, (친구를) 안 만나요.'나 '아니요, (친구를) 만나지 않아요.'라고 대답합니다.

03

여자: 점심을 어디에서 먹어요?
남자: ________________________

'어디'는 행위의 장소를 묻는 말입니다. 점심을 먹는 장소를 넣어서 '식당에서 먹어요.'와 같이 대답합니다.

04

남자: 부산까지 어떻게 갔어요?
여자: ________________________

'어떻게'는 방법, 수단을 묻는 말입니다. 부산까지 이용한 교통수단을 넣어서 '기차로 갔어요.'와 같이 대답합니다.

05

> 여자: 안녕히 주무세요.
> 남자: ______________________

상대방이 밤에 '안녕히 주무세요.' 또는 '잘 자요.'라고 인사를 하면, '네, 안녕히 주무세요.' 또는 '네, 잘 자요.'라고 대답하는 것이 좋습니다.

06

> 남자: 다음 달에 결혼을 할 거예요.
> 여자: ______________________

상대방이 '결혼을 할 거'라고 자신에게 생긴 좋은 일을 알려 주었기 때문에, '축하합니다.'와 같이 대답하는 것이 좋습니다.

07

> 여자: 뭘 보고 싶어요?
> 남자: 지금 바로 시작하는 게 있을까요?

보고 싶은 것을 묻는 질문에 바로 시작하는 것이라고 대답했습니다. 여기는 '영화관'입니다.

08

> 남자: 일본으로 소포를 보내려고 하는데요.
> 여자: 네, 보내실 물건이 뭐예요?

소포를 보내려고 한다고 했습니다. 여기는 '우체국'입니다.

09

> 남자: 저 그릇은 만든 지 500년이 지났네요.
> 여자: 그런데 지금 봐도 아주 예쁜데요.

500년 전에 만든 그릇을 보면서 이야기하고 있습니다. 여기는 '박물관'입니다.

10

> 여자: 어떻게 오셨어요?
> 남자: 어젯밤부터 계속 배가 아파서요.

배가 아파서 왔다고 했습니다. 여기는 '병원'입니다.

11

> 남자: 이 건물에 살아요?
> 여자: 네, 7층에 살고 있어요.

이 건물에 살고 있다는 이야기를 하고 있습니다. 두 사람은 '집'에 대해 말하고 있습니다.

12

> 여자: 요즘 비가 자주 오네요.
> 남자: 네, 그래서 저는 항상 우산을 가지고 다녀요.

'요즘 비가 자주 오네요.'라고 했습니다. 두 사람은 '날씨'에 대해 말하고 있습니다.

13

> 남자: 시유 씨는 어디에서 왔어요?
> 여자: 저는 중국에서 왔어요.

'어디에서 왔어요?'는 상대방의 국적, 출신지를 묻는 질문입니다. 두 사람은 '나라'에 대해 말하고 있습니다.

14

> 여자: 회사까지 어떻게 가요?
> 남자: 저는 보통 지하철로 출근해요.

'어떻게 가요?'라는 여자의 질문에 '지하철로 출근해요.'라고 남자가 대답했습니다. 두 사람은 '교통'에 대해 말하고 있습니다.

15

> 여자: 잠깐만요. 여기 지갑이 떨어졌는데요.
> 남자: 아, 네. 감사합니다.

여자가 남자에게 '여기 지갑이 떨어졌는데요.'라고 했으니까, 남자의 지갑이 떨어진 것을 알려 주는 상황입니다.

16

> 남자: 그럼 찍습니다. 하나, 둘, 셋!
> 여자: 잠깐만요. 꽃이 많이 나오게 찍어 주세요.

남자가 '(사진을) 찍습니다.'라고 했고, 여자는 꽃이 많이 나오게 찍어 달라고 했으니까, 남자가 꽃을 배경으로 여자의 사진을 찍어 주고 있는 상황입니다.

17

> 남자: 한국에 와서 결혼식에 가 봤어요?
> 여자: 아니요. 아직 안 가 봤어요. 한번 가 보고 싶어요.
> 남자: 그럼 이번 주말에 친구 결혼식에 가는데 같이 가요.

두 사람은 결혼식에 대해 이야기하고 있습니다.
① 남자는 곧 결혼을 합니다. → 남자의 친구가 이번 주말에 결혼을 합니다.
② 여자는 한국에서 결혼을 합니다. → 나오지 않는 내용입니다.
④ 여자는 한국에서 결혼식에 간 적이 있습니다. → 여자는 한국에서 결혼식에 가 본 적이 아직 없습니다.

18

여자: 뭘 만들고 있어요?
남자: 라면을 끓이고 있어요.
여자: 와, 라면에도 여러 가지 재료가 들어가네요.
남자: 네, 이렇게 채소와 두부를 같이 넣으면 맛있는 것 같아요.

두 사람은 라면을 끓이는 것에 대해 이야기하고 있습니다.
① 남자는 요리사입니다. → 남자의 직업에 대한 이야기는 없습니다.
② 여자는 라면을 먹을 것입니다. → 나오지 않는 내용입니다.
③ 여자는 채소와 두부를 좋아합니다. → 남자가 라면에 채소와 두부를 넣었습니다.

19

여자: 세탁기를 사려고 하는데요. 좀 큰 걸로요.
남자: 세탁기는 이쪽에 있습니다. 지금 할인 행사도 하고 있으니까 천천히 보세요.
여자: 이게 제일 큰 거죠? 이것도 할인이 되나요?
남자: 죄송하지만 그건 할인이 안 됩니다.

두 사람은 여자가 사러 온 세탁기와 할인 행사에 대해 이야기하고 있습니다.
① 여자는 할인을 받을 수 있습니다. → 여자가 보고 있는 제품은 할인이 안 됩니다.
③ 남자는 여자에게 세탁기를 선물할 겁니다. → 남자는 여자에게 세탁기를 판매하고 있습니다.
④ 남자는 여자와 같이 쇼핑을 하고 있습니다. → 남자는 이 매장의 직원(또는 사장)입니다.

20

남자: 죄송하지만 근처에 편의점이 있나요?
여자: 아니요. 이 근처에는 편의점이 없어요. 지하철역까지 가야 돼요.
남자: 지하철역은 어느 쪽으로 가야 돼요?
여자: 똑바로 10분쯤 가면 사거리가 나올 거예요. 거기에서 오른쪽으로 가면 돼요.

두 사람은 편의점과 지하철역 위치에 대해 이야기하고 있습니다.
① 남자는 편의점에서 일합니다. → 남자는 편의점을 찾고 있습니다.
② 여자는 사거리에 서 있습니다. → 여자는 남자에게 사거리 쪽으로 가라고 알려 주고 있습니다.
③ 여자는 편의점을 찾고 있습니다. → 여자는 남자에게 편의점에 가는 길을 알려 주고 있습니다.

21

여자: 제임스 씨, 거기엔 앉으면 안 돼요.
남자: 여기는 비어 있는 자리인데 왜 안 돼요?
여자: 버스에서 그런 자리는 아이들이나 노인들이 앉는 자리예요.
남자: 그렇군요. 그럼 다리가 좀 아프지만 참아야겠네요.

두 사람은 버스의 노약자석에 대해 이야기하고 있습니다.
② 남자는 병원에 왔습니다. → 남자는 여자와 버스를 타고 있습니다.
③ 여자는 아이와 함께 있습니다. → 나오지 않는 내용입니다.
④ 여자는 자리에 앉으려고 합니다. → 남자가 빈자리에 앉으려고 했습니다.

22

> 남자: 이 길은 안 막히네요. 좀 빨리 가도 되겠어요.
> 여자: 그래도 처음 가는 길이니까 천천히 가요.
> 남자: 걱정하지 마세요. 저는 운전을 한 지 10년이나 됐으니까요.
> 여자: 아니에요. 운전을 오래 한 사람한테도 사고는 생길 수 있어요.

여자는 운전을 오래했어도 사고가 생길 수 있으니, 남자에게 천천히 안전하게 운전하라고 했습니다.
① 길이 막힐 때는 운전하기가 힘듭니다. → 나오지 않는 내용입니다.
③ 길을 잘 찾으려면 천천히 운전하는 게 좋습니다. → 여자는 남자에게 처음 가는 길이니까 천천히 가자고 했습니다.
④ 운전 연습을 많이 하면 사고를 막을 수 있습니다. → 여자는 운전을 오래 한 사람에게도 사고는 생길 수 있다고 했습니다.

23

> 남자: 무엇을 도와 드릴까요?
> 여자: 제가 목요일 저녁 공연을 예매했는데요. 오후 걸로 바꾸고 싶어서요.
> 남자: 오후 공연은 주말에만 있습니다. 그럼 주말로 바꿔 드릴까요?
> 여자: 그래요? 주말은 안 돼요. 이 공연장은 항상 평일 공연이 너무 부족하네요.

여자는 오후 공연은 주말에만 있다는 남자의 말을 듣고, 이 공연장은 항상 평일 공연이 부족하다고 했습니다.
① 공연을 자주 보고 싶습니다. → 나오지 않는 내용입니다.
② 평일에 하는 공연은 재미가 없습니다. → 여자는 평일에 하는 공연을 보고 싶어 합니다.
④ 주말에 공연을 보려면 예매를 해야 합니다. → 여자는 평일 공연을 보려고 예매를 했습니다.

24

> 여자: 우리 가게에서 아르바이트 한번 해 볼래요?
> 남자: 글쎄요. 해 보고 싶지만 아직 한국어를 잘 못해서요.
> 여자: 일을 하면서 한국어도 더 배울 수 있지 않을까요?
> 남자: 네, 그러면 해 볼게요.

여자는 남자에게 아르바이트를 제안하면서, 한국어도 배울 수 있을 거라고 했습니다.
① 일 때문에 공부할 시간이 부족합니다. → 나오지 않는 내용입니다.
② 자신이 하고 싶은 일을 하는 게 중요합니다. → 나오지 않는 내용입니다.
③ 한국어를 못하면 아르바이트를 할 수 없습니다. → 여자는 남자에게 한국어를 잘 못해도 일을 하면서 배울 수 있을 거라고 했습니다.

25~26

(딩동댕)
여자: 마트를 찾아 주신 손님 여러분께 안내 말씀드립니다. 잠시 후 일곱 시부터 수박과 참외를 50% 할인된 가격에 판매할 예정입니다. 좋은 가격으로 시원한 여름 과일의 맛을 느껴 보시기 바랍니다. 다른 과일들도 20% 할인된 가격으로 준비되어 있으니까 많은 관심 부탁드립니다. 감사합니다.

25 여자는 마트에서 손님들에게 잠시 후 시작되는 할인 행사에 대해 안내하고 있습니다.

26 ① 마트는 7시에 문을 닫습니다. → 마트는 7시부터 여름 과일 할인 행사를 시작합니다. 마트가 문을 닫는 시간은 나오지 않습니다.
② 모든 과일을 똑같은 가격에 팝니다. → 수박과 참외는 똑같이 50% 할인하지만, 20% 할인하는 과일도 있습니다. 가격이 똑같은지는 알 수 없습니다.
④ 마트는 여름에 할인 행사를 많이 합니다. → 나오지 않는 내용입니다.

27~28

남자: 죄송하지만 먼저 퇴근할게요. 좋아하는 축구팀의 경기가 있어서요.
여자: 네, 경기장이 멀어서 빨리 가야겠네요.
남자: 오늘은 친구 집에서 보기로 했어요. 회사 근처라서 지금 가면 돼요.
여자: 축구 경기는 직접 경기장에 가서 보는 게 좋지 않아요? 텔레비전으로 보면 별로 재미가 없을 것 같은데요.
남자: 물론 경기장에 가서 보는 게 더 재미있지만, 텔레비전으로 볼 때 좋은 점도 있어요.
여자: 그렇군요. 남은 일은 제가 정리할게요. 어서 가 보세요.

27 두 사람은 남자가 축구 경기를 볼 장소에 대해 이야기하고 있습니다.

28 ① 여자는 남자와 함께 퇴근하려고 합니다. → 남자는 여자에게 정리를 맡기고 먼저 퇴근할 것입니다.
③ 여자는 집에 가서 일을 계속해야 합니다. → 여자는 회사에서 남은 일을 정리할 것입니다.
④ 남자는 텔레비전 보는 것을 안 좋아합니다. → 남자는 축구 경기를 텔레비전으로 볼 때 좋은 점도 있다고 했습니다.

29~30

> 남자: 냉장고하고 세탁기는 여기에서 사면 될 것 같은데요.
> 여자: 한번 볼까요? 이 냉장고는 가격도 괜찮고 색깔도 하얀색이라서 마음에 드네요.
> 남자: 네, 저도 좋아하는 색깔이에요. 세탁기는 어떤 게 좋아요?
> 여자: 글쎄요. 세탁기는 내가 찾는 디자인이 없어서요. 냉장고만 사야겠어요.
> 남자: 그런데 둘 다 여기서 사면 할인도 되니까 세탁기도 그냥 같이 사는 게 어때요?
> 여자: 하지만 마음에 안 드는 걸 살 수는 없으니 냉장고 먼저 사요.

29 남자는 여자에게 냉장고와 세탁기를 같이 사면 할인을 받을 수 있으니까 두 가지를 모두 사자고 했습니다.

30 ② 남자는 지금 세탁을 하고 있습니다. → 남자는 지금 여자와 함께 냉장고와 세탁기를 고르고 있습니다.
③ 남자는 큰 냉장고를 사려고 합니다. → 나오지 않는 내용입니다.
④ 남자는 원하는 세탁기를 찾지 못했습니다. → 여자가 원하는 디자인의 세탁기를 찾지 못했습니다.

읽기(31번~70번) 점수: ( )점/100점

31	32	33	34	35	36	37	38	39	40
③	④	①	②	①	③	④	④	①	③
41	42	43	44	45	46	47	48	49	50
①	②	④	②	②	①	③	④	②	③
51	52	53	54	55	56	57	58	59	60
①	④	②	③	②	③	④	①	②	④
61	62	63	64	65	66	67	68	69	70
③	④	①	③	④	②	③	②	③	①

31 축구와 수영은 모두 운동 종목입니다. '운동'에 대한 이야기입니다.

32 백화점에서 옷을 삽니다. '쇼핑'에 대한 이야기입니다.

33 집에서 쉬는 날, 즉 '휴일'에 대한 이야기입니다.

34 친구의 생일이니까, 친구에게 '선물을 줍니다'가 맞습니다.

35 밥을 먹으니까, 그 전에 '손을 씻습니다'가 맞습니다.

36 여행을 가니까, '기차를 탑니다'가 맞습니다.

37 청소를 하니까, 지금은 '방이 더럽습니다'가 맞습니다.

38 음악을 좋아하니까, '자주 듣습니다' 또는 '많이 듣습니다'가 맞습니다.

39 앞에서 방에 없는 것을 말했으니까, 있는 것을 말할 때는 '~만 있다'고 하는 것이 좋습니다. 침대는 없지만 옷장은 있으니까, '옷장만 있습니다'가 맞습니다.

40 서울역(기차역) 앞에서 만납니다.

41 이 쿠폰은 12월 1일부터 1월 30일까지 두 달 동안 사용할 수 있습니다.

42 사라 씨가 지수 씨한테 '남편하고 좋은 시간 보내세요.'라고 했습니다. 지수 씨는 남편과 함께 여행을 갔습니다.

43 ① 저는 공원에서 점심을 먹습니다. → 점심 식사 후에 공원에서 산책을 합니다.
② 저는 30분 동안 점심을 먹습니다. → 공원에서 30분 정도 걷습니다.
③ 저는 기분이 좋으면 공원에 갑니다. → 천천히 공원을 걸으면 기분이 좋아집니다.

44 ① 친구는 모자를 샀습니다. → 친구는 바지를 샀습니다.
③ 저는 친구에게 선물을 했습니다. → 저는 친구와 함께 쇼핑을 했습니다.
④ 친구는 내일 쇼핑을 하려고 합니다. → 저는 친구와 같이 내일 바지를 바꾸러 갈 겁니다.

45 ① 8월에는 모두 휴가를 갑니다. → 8월에 휴가를 가는 사람이 많습니다.
③ 날씨가 더우면 수영을 하기가 힘듭니다. → 날씨가 더우면 수영을 하려고 바다가 있는 곳으로 휴가를 갑니다.
④ 수영장이 있는 곳으로 휴가를 가야 합니다. → 바다 근처로 휴가를 가서 수영을 합니다.

46 요리를 잘하는 언니처럼 나도 맛있는 음식을 만들고 싶다는 이야기입니다.

47 많은 것을 배울 수도 있고, 음악도 좋은 것이 많이 나와서 영화 보는 것을 좋아한다는 이야기입니다.

48 집 근처에 새로 문을 연 카페에는 강아지를 데리고 갈 수 있어서 마음에 든다는 이야기입니다.

49 '사람을 만나는 것을 좋아한다'는 앞의 내용과 '외국어를 사용할 수 있는 기회가 많다'는 뒤의 내용이 모두 호텔에서 일하게 된 이유이므로, '그리고'가 들어가는 것이 맞습니다.

50 ① 저는 보통 호텔에서 친구를 만납니다. → 호텔에서 일하고 있습니다.
② 저는 오랫동안 호텔에서 일을 했습니다. → 나오지 않는 내용입니다.
④ 저는 나중에 외국어를 공부하고 싶습니다. → 외국어를 오랫동안 공부했습니다.

51 '–거나'는 앞의 것이나 뒤의 것 중에서 하나를 선택함을 나타냅니다. 텔레비전 방송을 보고 물건을 사면 필요 없는 물건을 사서 후회할 때도 있고, 필요하지만 너무 많이 사서 후회할 때도 있다는 뜻입니다.

52 쇼핑 방송을 보고 물건을 산 뒤 후회하지 않으려면, 더 잘 생각하고 주문해야 한다는 이야기를 하고 있습니다.

53 앞에서 상처가 생긴 과일들은 비싼 가격에 팔기가 힘들다고 했으므로, 요즘 과일값이 많이 '올라서' 이런 과일들의 인기가 높아지고 있다고 하는 것이 맞습니다.

54 ① 저는 과일을 키우고 있습니다. → 저는 과일을 키우지 않고 사서 먹습니다.
② 저는 과일을 좋아하지 않습니다. → 좀 더 싼 사과를 먹으려고 상처가 난 것을 사 먹고 있으니까, 과일을 싫어하는 것은 아닙니다.
④ 저는 과일로 만든 주스를 자주 마십니다. → 나오지 않는 내용입니다.

55 앞에 '무료'라는 말이 있고 뒤에서 '박물관 근처에서 자전거를 탈 수 있다'고 했으니까, 박물관에서 자전거를 '빌려주기 때문에' 그렇게 할 수 있다고 이어지는 것이 가장 알맞습니다.

56 ① 이 박물관은 주말에만 문을 엽니다. → 나오지 않는 내용입니다.
② 이 박물관은 200년 전에 지은 것입니다. → 이 박물관은 얼마 전에 문을 열었습니다.
④ 이 박물관에서는 자전거 타는 방법을 가르쳐 줍니다. → 특히 주말에 부모들이 아이들을 데리고 와서 자전거 타는 방법을 가르쳐 줍니다.

59 여름에 바다에 가서 수영하는 것을 좋아하지만 최근에는 바다에 가지 못했다고 이어져야 자연스럽습니다.

60 ① 저는 휴가 때마다 바다에 갑니다. → 여름에 바다에 갑니다.
② 저는 햇빛이 있을 때 수영을 합니다. → 나오지 않는 내용입니다.
③ 저는 천천히 수영하는 것을 좋아합니다. → 바다에 들어가기 전에 천천히 준비 운동을 했습니다.

61 앞에서 대부분의 일은 집에서 혼자 한다고 했으니까, '자유롭게 일하면'이라는 말이 와야 합니다.

62 ① 저는 매일 집에서 일합니다. → 일주일에 하루는 회사에 갑니다.
② 저는 회사 직원들을 만날 기회가 없습니다. → 수요일마다 회사에 가서 회의를 하거나 사람을 만납니다.
③ 저는 다른 사람보다 일의 속도가 빠릅니다. → 나오지 않는 내용입니다.

63 학생 식당에서 유학생들을 위해 준비하게 된 다양한 메뉴를 소개하려고 게시판에 글을 썼습니다.

64 ① 유학생들은 한식을 안 좋아합니다. → 유학생들 중에 아직 한식에 익숙하지 않은 사람들이 있습니다.
② 저녁에는 한식만 먹을 수 있습니다. → 요일별로 양식 또는 한식을 먹을 수 있습니다.
④ 토요일과 일요일은 메뉴가 똑같습니다. → 토요일에는 중식이나 일식이 점심으로, 한식이 저녁으로 준비되어 있고 일요일에는 한식만 준비됩니다.

65 스트레스를 받는 것과 기분이 안 좋은 것은 둘 다 매운 음식을 먹게 되는 이유(상황) 중에 하나이므로, '받거나'가 오는 것이 좋습니다.

66 ① 한국 사람들은 스트레스를 많이 받습니다. → 한국 사람들 중에는 스트레스를 받으면 매운 음식을 먹는 사람이 많습니다.
③ 운동을 한 후에는 매운 음식을 먹어야 합니다. → 매운 음식을 먹으면 운동을 한 것처럼 땀이 납니다.
④ 매운맛은 우리 몸을 더 강하게 만들어 줍니다. → 스트레스를 받을 때마다 매운 음식을 먹으면 우리 몸은 점점 더 강한 매운맛을 찾게 됩니다.

67 앞에 몸 안의 열을 지키는 것과는 '반대로'라는 말이 있고, 뒤에서 피부의 온도를 올리는 활동을 하는 것이 좋다고 했으므로, '떨어지기도 합니다'라는 말이 와야 합니다.

68 ① 햇빛은 피부 건강에 좋지 않습니다. → 겨울에는 햇빛이 있을 때 밖에서 활동하면 피부 온도를 올리는 데 도움이 됩니다.
③ 계절이 바뀔 때 우리 몸의 온도는 내려갑니다. → 온도가 올라가기도 하고 내려가기도 합니다.
④ 음식을 많이 먹으면 몸의 온도를 지킬 수 있습니다. → 나오지 않는 내용입니다.

69 앞에서 이름이 특별하다고 했고 뒤의 문장에서는 다른 사람들과 쉽게 친구가 될 수 있다고 했으므로, '잘 잊어버리지 않습니다'라는 말이 오는 것이 좋습니다.

70 ② 우리는 어렸을 때 할아버지와 함께 살았습니다. → 나오지 않는 내용입니다.
③ 다른 사람이 우리 이름을 부르면 부끄럽습니다. → 다른 사람이 우리 이름을 부를 때마다 할아버지 생각이 납니다.
④ 할아버지의 집 근처에 바다와 나무가 있었습니다. → 나오지 않는 내용입니다.

제 4 회

정답 및 해설

듣기(01번~30번)

점수: ( )점/100점

01	02	03	04	05	06	07	08	09	10
②	③	①	④	④	③	②	①	③	④
11	12	13	14	15	16	17	18	19	20
④	②	①	③	②	③	③	③	①	②
21	22	23	24	25	26	27	28	29	30
②	③	②	④	③	④	①	②	④	③

01

남자: 책을 읽어요?
여자: ______________________

'네, 아니요'를 묻는 질문입니다. '네, (책을) 읽어요.'나 '아니요, (책을) 안 읽어요.'라고 대답합니다.

02

여자: 숙제가 많아요?
남자: ______________________

숙제가 많으면 '네, (숙제가) 많아요.', 많지 않으면 '아니요, (숙제가) 적어요.'나 '아니요, (숙제가) 많지 않아요.'라고 대답합니다.

03

남자: 지금 뭐 봐요?
여자: ______________________

'뭐(무엇을)'는 행위의 대상을 묻는 말입니다. '영화를 봐요.'와 같이 대답합니다.

04

여자: 수업을 언제 시작해요?
남자: ______________________

'언제'는 시간이나 날짜와 같은 '때'를 묻는 말입니다. '아홉 시에 시작해요.'와 같이 대답합니다.

05

남자: 나영 씨, 그 책 좀 주세요.
여자: ______________________

상대방이 '책 좀 주세요.'와 같은 부탁의 말을 하면, 부탁받은 것을 줄 때 '여기 있어요.'라고 대답하는 것이 좋습니다.

06

여자: 와 주셔서 감사합니다.
남자: ______________________

상대방이 '감사합니다.'라고 고마운 마음을 표현했기 때문에, '아니에요.'와 같이 대답하는 것이 좋습니다.

07

여자: 뭘 드릴까요?
남자: 아침부터 머리가 많이 아파서요.

아침부터 머리가 아파서 약을 사러 왔습니다. 여기는 '약국'입니다.

08

남자: 어서 오세요. 어디까지 가세요?
여자: 시청 앞으로 가 주세요.

어디로 갈 것인지 물었고, 시청 앞으로 가 달라고 했습니다. 여기는 '택시'입니다.

09

여자: 방은 3층으로 해 드리겠습니다. 괜찮으십니까?
남자: 그래요? 더 높은 층이 좋은데요.

몇 층에 있는 방에 묵고 싶은지에 대해 이야기하고 있습니다. 여기는 '호텔'입니다.

10

남자: 여기 자주 와요?
여자: 네, 보통 일주일에 두 번 정도 여기에서 책을 빌려요.

일주일에 두 번 정도 여기에서 책을 빌린다고 했습니다. 여기는 '도서관'입니다.

11

> 여자: 저는 등산을 좋아해요. 진성 씨는요?
> 남자: 저는 여행을 좋아해요.

여자는 등산을 좋아하고 남자는 여행을 좋아한다고 했습니다. 두 사람은 '취미'에 대해 말하고 있습니다.

12

> 남자: 편의점이 어디에 있어요?
> 여자: 저기 은행 옆에 있어요.

'어디에 있어요?'라는 질문에 '은행 옆에 있어요.'라고 대답했습니다. 두 사람은 '위치'에 대해 말하고 있습니다.

13

> 여자: 이 가게도 일요일에 쉬어요?
> 남자: 네, 매주 일요일에는 쉽니다.

'일요일에 쉬어요?'라는 질문에 '매주 일요일에는 쉽니다.'라고 대답했습니다. 두 사람은 '휴일'에 대해 말하고 있습니다.

14

> 남자: 나영 씨는 계속 서울에서 살았어요?
> 여자: 아니요. 저는 부산에서 태어났어요.

'계속 서울에서 살았어요?'라는 질문에 '부산에서 태어났어요.'라고 대답했습니다. 두 사람은 '고향'에 대해 말하고 있습니다.

15

> 여자: 뭘 주문하시겠어요? 손님.
> 남자: 라면하고 김밥 하나 주세요.

남자가 여자에게 '라면하고 김밥 주세요.'라고 했으니까 남자가 식당에서 음식을 주문하고 있는 상황입니다.

16

> 남자: 나영 씨, 많이 기다렸지요? 미안해요.
> 여자: 영화가 곧 시작돼요. 빨리 들어가요.

남자는 늦어서 미안해하고 있고, 여자는 '빨리 들어가요.'라고 말하고 있으니까 두 사람이 극장에 급하게 들어가려고 하는 상황입니다.

17

> 남자: 저, 여자 친구 선물을 좀 사려고 하는데요.
> 여자: 이 모자는 어떠세요? 요즘 이렇게 큰 모자가 인기가 많아요.
> 남자: 예쁘네요. 그걸로 주세요.

두 사람은 남자가 여자 친구에게 줄 선물에 대해 이야기하고 있습니다.
① 남자는 인기가 많습니다. → 요즘 큰 모자가 인기가 많습니다.
② 여자는 모자를 써 봤습니다. → 나오지 않는 내용입니다. 여자는 남자에게 모자를 팔고 있습니다.
④ 여자는 남자에게 선물을 합니다. → 남자가 자신의 여자 친구에게 선물을 합니다.

18

> 여자: 아직 집에 안 갔어요?
> 남자: 네, 비가 계속 오는데 우산을 안 가지고 와서요.
> 여자: 그럼 제가 우산을 빌려줄게요. 저는 우산이 두 개 있어요.
> 남자: 그래요? 고마워요. 내일 꼭 가져다줄게요.

두 사람은 밖에 비가 오는 것에 대해 이야기하고 있습니다.
① 여자는 우산 가게를 하고 있습니다. → 여자는 남자에게 우산을 빌려주고 있습니다.
② 남자는 우산이 한 개밖에 없습니다. → 남자는 우산을 안 가지고 왔습니다.
④ 남자는 비가 와서 친구를 기다리고 있습니다. → 남자는 비가 와서 못 가고 있습니다.

19

> 남자: 나영 씨, 내가 내일 공항까지 같이 갈게요.
> 여자: 아마 회사에 늦을 거예요. 그냥 저 혼자 갈게요.
> 남자: 괜찮아요. 내일은 좀 늦게 출근해도 돼요.
> 여자: 알겠어요. 그럼 내일 일곱 시까지 집 앞으로 오세요.

두 사람은 내일 공항에 가는 일정에 대해 이야기하고 있습니다.
② 여자는 내일 늦게 출근할 겁니다. → 남자가 내일 늦게 출근해도 됩니다.
③ 여자는 내일 혼자 회사에 갈 겁니다. → 여자는 남자와 함께 공항에 갈 겁니다.
④ 남자는 공항에서 여자를 만날 겁니다. → 남자와 여자는 여자의 집 앞에서 만날 겁니다.

20

> 여자: 어, 손우민 선수가 와서 축구를 가르쳐 주는 행사가 있네요.
> 남자: 그래요? 와, 제가 제일 좋아하는 선수인데…….
> 여자: 그럼 같이 신청할래요? 손우민 선수의 사진이 있는 티셔츠도 주는 것 같아요.
> 남자: 네, 좋아요.

두 사람은 좋아하는 축구 선수가 오는 행사에 대해 이야기하고 있습니다.
① 여자는 행사에 관심이 없습니다. → 여자도 행사에 관심이 있어서 남자에게 같이 신청하자고 했습니다.
③ 남자는 축구를 가르치려고 합니다. → 남자는 행사에 가서 축구 선수에게 축구를 배우려고 합니다.
④ 여자는 행사에 티셔츠를 입고 갈 겁니다. → 행사에서 축구 선수의 사진이 있는 티셔츠를 줄 겁니다.

21

> 여자: 진성 씨, 새로 시작한 아르바이트는 어때요?
> 남자: 생각보다 일도 많고 힘들어요.
> 여자: 그럼 제가 일하는 편의점에서 아르바이트할 사람을 찾고 있는데, 생각 있으면 알아봐 줄게요.
> 남자: 아니에요. 지금 일도 시간이 지나면 점점 나아질 것 같으니까 좀 더 해 보려고요.

두 사람은 남자가 새로 시작한 아르바이트에 대해 이야기하고 있습니다.
① 남자는 여자와 함께 일합니다. → 남자와 여자는 다른 곳에서 일을 하고 있습니다.
③ 남자는 편의점에서 일을 해 봤습니다. → 나오지 않는 내용입니다.
④ 여자는 아르바이트를 안 하려고 합니다. → 여자는 남자에게 자신이 일하는 편의점에서 일할 생각이 있는지 묻고 있습니다.

22

> 남자: 나영 씨, 이 영화 봤어요? 정말 재미있어요.
> 여자: 아, 그 영화요? 저도 이번 주말에 보려고 해요.
> 남자: 네, 꼭 보세요. 특히 마지막에 주인공이 가족들하고…….
> 여자: 이야기하지 마세요. 영화는 마지막 내용을 알고 보면 재미없어요.

여자는 영화의 마지막 내용을 알고 보면 재미가 없다고 했습니다.
① 영화는 가족들하고 같이 봐야 합니다. → 남자가 말하려고 한 영화의 마지막에 주인공과 그 가족의 이야기가 나옵니다.
② 재미있는 영화는 여러 번 봐도 됩니다. → 나오지 않는 내용입니다.
④ 영화를 볼 때 시끄럽게 이야기를 하면 안 됩니다. → 여자가 남자에게 영화의 결과를 미리 말하지 말라고 했습니다.

23

> 남자: 요즘 계속 물병을 들고 다니네요.
> 여자: 네, 물병을 들고 다니니까 물을 자주 마시게 돼서 좋은 것 같아요.
> 남자: 그렇게 물을 많이 마셔야 돼요? 목이 마를 때에만 마셔도 될 것 같은데요.
> 여자: 아니에요. 건강을 지키려면 하루에 이런 물병으로 네 개는 마셔야 돼요.

여자는 물병을 들고 다니니까 물을 자주 마시게 돼서 좋다고 했습니다.
① 걸으면서 물을 마시면 안 됩니다. → 나오지 않는 내용입니다.
③ 목이 마를 때에는 물을 많이 마셔야 합니다. → 특별히 목이 마를 때 물을 더 많이 마셔야 한다고 말하는 것은 아닙니다.
④ 건강한 사람은 물을 자주 마실 필요가 없습니다. → 여자는 건강을 지키려면 물을 하루에 네 병은 마셔야 한다고 했습니다.

24

> 남자: 무슨 책을 읽고 있어요?
> 여자: 한국의 어떤 주부가 1년 동안 유럽을 여행하고 나서 쓴 책이에요.
> 남자: 그래요? 그 책 어때요?
> 여자: 여러 가지로 도움이 되는 책인 것 같아요. 유럽의 역사 이야기도 있고 유명한 음식도 같이 소개하고 있어서 좋아요.

여자는 한국의 어떤 주부가 유럽 여행을 한 후 쓴 책을 읽고 있는데, 여러 가지로 도움이 된다고 했습니다.

① 요즘 유럽 여행을 가는 주부들이 많습니다. → 나오지 않는 내용입니다.
② 이 책을 읽으면 한국의 역사를 알 수 있습니다. → 이 책은 유럽 여러 나라의 역사를 소개하고 있습니다.
③ 여행을 가기 전에 먼저 여행 책을 읽어야 합니다. → 나오지 않는 내용입니다.

25~26

> 여자: 지금 들으신 노래는 서울에 사는 이나영 씨가 신청해 주신 '바람의 이야기'입니다. 이나영 씨는 이 노래를 들을 때마다 어머니가 생각난다고 하셨는데요. 여러분도 이렇게 들으면 그리운 사람이 생각나는 노래가 하나쯤은 있으실 겁니다. 그런 노래를 저희 라디오에 신청해 주시면 노래와 함께 좋은 선물도 보내 드리겠습니다. 노래 신청은 매일 오후 한 시부터 네 시까지 인터넷으로 하실 수 있습니다.

25 여자는 라디오를 듣는 사람들에게 듣고 싶은 노래를 신청하는 방법에 대해 안내하고 있습니다.

26 ① 이나영 씨는 노래를 잘 부릅니다. → 나오지 않는 내용입니다.
② 오전에도 노래 신청을 할 수 있습니다. → 매일 오후 1시부터 4시 사이에 할 수 있습니다.
③ 라디오를 들으면 그리운 사람이 생각납니다. → 들으면 그리운 사람이 생각나는 노래를 신청하면 됩니다.

27~28

여자: 네, 한국 서비스 센터입니다. 무엇을 도와 드릴까요?
남자: 에어컨 바람이 시원하지 않아서요.
여자: 에어컨의 온도를 낮게 해 보셨나요? 다시 한번 확인해 주시겠어요?
남자: 그렇게 해 봤는데 안 돼요. 다른 문제가 있는 것 같아요.
여자: 그럼 고장 신고를 해 드리겠습니다. 내일 오전에 저희 직원이 연락을 드리고 고치러 갈 겁니다.
남자: 네, 알겠습니다.

27 두 사람은 남자가 산 에어컨이 고장난 것에 대해 이야기하고 있습니다.

28 ① 여자는 내일 남자의 집에 갈 것입니다. → 내일 오전에 여자가 서비스 센터의 다른 직원을 남자의 집에 보낼 겁니다.
③ 남자는 서비스 센터에서 일하고 있습니다. → 여자가 서비스 센터에서 일하고 있습니다.
④ 여자는 남자에게 새 에어컨을 보내려고 합니다. → 여자는 에어컨을 수리할 직원을 남자의 집에 보내려고 합니다.

29~30

여자: 김진성 씨는 10년 넘게 의사로 일하시다가 이제는 가수로 두 번째 인생을 살고 계신데요. 언제부터 노래를 좋아하셨어요?
남자: 어릴 때부터 노래 부르는 것을 좋아했어요. 또 취미로 기타와 피아노도 쳤는데, 병원에서 일하는 동안에도 그런 취미 활동은 계속했어요.
여자: 그렇군요. 그래도 의사라는 직업을 포기하는 게 쉽지 않으셨을 것 같은데요.
남자: 네, 그렇습니다. 가족들의 반대도 심했고요. 그런데 지금 도전하지 않으면 후회할 것 같아서 결심을 하게 됐어요.
여자: 다음 달에 첫 번째 콘서트가 있으시지요?
남자: 네, 이번 대회에서 상을 받은 동료 가수들과 함께 콘서트를 하기로 했어요.

29 남자는 가수가 되기 위해 지금 도전하지 않으면 후회할 것 같아서, 의사 일을 그만두기로 결심하게 되었다고 했습니다.

30 ① 남자는 매달 콘서트를 합니다. → 남자는 다음 달에 첫 번째 콘서트가 있습니다.
② 남자는 10년 전에 가수가 되었습니다. → 남자는 10년 넘게 의사로 일했습니다.
④ 남자는 가족들과 함께 노래를 부르기로 했습니다. → 남자는 대회에서 상을 받은 동료 가수들과 함께 콘서트를 하기로 했습니다.

읽기(31번~70번)

점수: (　　)점/100점

31	32	33	34	35	36	37	38	39	40
②	④	①	③	②	④	③	①	④	④
41	42	43	44	45	46	47	48	49	50
②	①	③	②	④	①	③	③	②	④
51	52	53	54	55	56	57	58	59	60
①	②	②	③	④	①	③	②	②	④
61	62	63	64	65	66	67	58	69	70
③	①	②	③	④	③	③	④	①	④

31 포도와 수박은 과일 이름입니다. '과일'에 대한 이야기입니다.

32 '식당에서 일하다', '요리를 하다'는 '요리사'라는 직업을 설명하는 말입니다. '직업'에 대한 이야기입니다.

33 거실과 방은 집 안에 있는 공간(장소)을 가리키는 말입니다. '장소'에 대한 이야기입니다.

34 책을 살 수 있는 곳(장소)이니까, '서점'이 맞습니다.

35 '우산을' 뒤에는 '쓰다'가 맞습니다. '우산을 쓰다', '안경을 쓰다'와 같이 사용합니다.

36 매일 청소를 하니까, '방이 깨끗합니다'가 맞습니다.

37 아직 학생이니까, '이제 학교를 졸업합니다'가 맞습니다. '이제'는 '말하고 있는 바로 이때(에)' 또는 '지금부터 앞으로'의 뜻입니다.

38 언니의 생일을 축하하기 위해 선물을 보낸 거니까, '언니에게 선물을 보냈습니다'가 맞습니다. '보내다'는 앞에 '사람'이 오면 '~에게/한테 보내다'의 형태로 사용되고, '장소'가 오면 '~에/로 보내다'와 같이 사용됩니다.

39 아침부터 수업이 있으니까, '일찍 일어납니다'가 맞습니다.

40 9월 모임은 두 번째와 네 번째 목요일, 두 번만 있습니다.

41 마스크 두 개가 들어 있고 가격이 이천 원이니까, 마스크는 한 개에 천 원입니다.

42 나영 씨가 사라 씨에게 수업이 끝난 후에 도서관 앞으로 오라고 했습니다.

43 ① 저는 수영을 좋아합니다. → 저는 여행을 좋아합니다.
② 저는 주말에 등산을 합니다. → 저는 주말에 산과 바다 근처로 여행을 갑니다.
④ 저는 친구들과 함께 여행을 갑니다. → 저는 보통 혼자 여행을 갑니다.

44 ① 오늘도 눈이 내릴 겁니다. → 내일 서울에 눈이 내릴 겁니다.
③ 내일 밤에 눈이 많이 내릴 겁니다. → 내일 밤에는 눈이 오지 않을 겁니다.
④ 내일 오후에는 눈이 안 올 겁니다. → 내일 오후까지 눈이 올 겁니다.

45 ① 축제는 매년 봄에 합니다. → 축제는 매년 가을에 합니다.
② 가수들은 학교 축제를 좋아합니다. → 학생들이 가수들의 공연을 좋아합니다.
③ 학생들은 축제에서 공연을 합니다. → 학생들은 축제에서 여러 공연을 봅니다.

46 사람이 많은 장소가 싫어서 집에서 혼자 운동하는 것을 좋아한다는 이야기입니다.

47 이번 여름 휴가 때 한국 요리 교실에 가서 김치를 만들 것이라는 이야기입니다.

48 회사에 새로 생긴 도서관에는 책이 많고 컴퓨터도 있어서 좋다는 이야기입니다.

49 앞에 '요즘 바빠서'라는 이유가 있으니까 '보지 못했습니다'나 '못 봤습니다' 등의 부정 표현이 오는 것이 맞습니다.

50 ① 저는 오늘 일을 쉽니다. → 오늘 안 쉽니다. 일이 빨리 끝납니다.
② 저는 요즘 시간이 많습니다. → 요즘 바빠서 영화를 거의 보지 못했습니다.
③ 저는 보통 혼자서 영화를 봅니다. → 나오지 않는 내용입니다.

51 앞에서 휴대 전화로 돈을 보낼 수 있다고 했고 또 뒤의 내용이 쇼핑도 쉽게 할 수 있다는 것이어서, 앞뒤 내용이 모두 무엇을 할 수 있다는 내용으로 연결되므로 '그리고'가 맞습니다.

52 이제는 휴대 전화의 기능이 발전해서 매우 다양해졌으며, 미래에는 더 복잡한 일에도 휴대 전화를 활용하게 될 것이라는 이야기를 하고 있습니다.

53 뒤에서 더 조심해야 한다고 말하고 있는데, 그렇게 해야 하는 상황이나 조건이 어떤 것인지에 대한 설명이 필요합니다. 또 계속해서 겨울 이야기가 나오고 있으므로, '추워지면'이 들어가는 것이 맞습니다.

54 ① 저는 피부가 약합니다. → 겨울에 건조한 실내에만 있는 것은 피부에 좋지 않습니다.
② 저는 두꺼운 옷을 많이 샀습니다. → 겨울에는 두꺼운 옷을 입습니다.
④ 저는 다른 사람들을 별로 안 만납니다. → 날씨가 추워지면 다른 사람들보다 더 조심해야 합니다.

55 뒤 문장에서 많은 사람이 그림을 보러 이 마을로 여행을 온다고 했으니까, '그린 그림이 유명해져서'라는 말이 들어가야 합니다.

56 ② 이 마을에는 대학생들이 많습니다. → 대학생들이 마을에 여행을 와서 그림을 그렸습니다.
③ 사람들은 시골 마을에서 살고 싶어 합니다. → 나오지 않는 내용입니다.
④ 사람들은 여행을 와서 음식을 만들어 봅니다. → 마을 사람들이 여행 온 사람들을 위해 음식을 준비합니다.

59 처음에는 따라 하기 힘들었지만 이제는 혼자서도 할 수 있다고 이어져야 자연스럽습니다.

60 ① 저는 학원에서 요가를 가르칩니다. → 저는 학원에서 요가를 배우고 있습니다.
② 저는 요가 학원을 그만두고 싶습니다. → 나오지 않는 내용입니다.
③ 저는 혼자서 운동하는 것을 좋아합니다. → 집에서 혼자 요가를 할 수 있을 정도가 되었습니다.

61 '넘다'는 '일정한 시간이나 시기, 범위 따위에서 벗어나 지나다'라는 의미로, '나이(연세)가 ~살이 넘었다'와 같은 형태로 사용됩니다.

62 ② 저는 할아버지의 택시를 자주 탑니다. → 나오지 않는 내용입니다.
③ 비나 눈이 오면 택시를 운전할 수 없습니다. → 저는 비나 눈이 오면 할아버지에 대한 걱정 때문에 마음이 좀 불안합니다.
④ 할아버지는 마음이 불안하면 운전을 안 하십니다. → 나오지 않는 내용입니다.

63 이번 주 토요일 대회가 취소, 연기되었다는 것을 알려 주려고 참가 신청자들에게 문자 메시지를 보냈습니다.

64 ① 수영 대회의 날짜만 바꾸려고 합니다. → 대회 날짜와 장소를 모두 바꾸려고 합니다.
② 수영 대회는 다음 주 토요일에 있습니다. → 새 날짜는 금요일까지 문자 메시지로 다시 알려 줄 겁니다.
④ 수영 대회에 참가하려면 문자 메시지를 보내야 합니다. → 이미 수영 대회에 참가 신청을 한 사람들에게 보낸 메시지입니다.

65 가게를 예쁘게 꾸미고 상품 포장을 더 깨끗하게 바꾸는 목적(이유)은 손님들이 많이 찾는 시장을 만드는 데에 있으므로, '만들기 위해'가 오는 것이 좋습니다.

66 ① 요즘 사람들은 전통 시장을 좋아합니다. → 요즘 사람들은 장을 볼 때 보통 큰 마트를 이용합니다.
② 오래된 시장은 보통 큰 마트 옆에 있습니다. → 나오지 않는 내용입니다.
④ 큰 마트의 상품들은 포장이 깨끗하지 않습니다. → 시장의 가게 주인들이 상품 포장을 더 깨끗하게 바꾸었습니다.

67 앞 문장에서 결혼식이나 생일잔치 등에 오는 손님들에게 국수를 대접했다고 했으며, '길이가 아주 긴 국수'라고 표현했으므로 '오랫동안 잘 살기를 바라는'이라는 말이 와야 합니다.

68 ① 한국 사람들은 국수를 제일 좋아합니다. → 나오지 않는 내용입니다.
② 국수는 특별한 날에만 먹는 음식입니다. → 결혼식이나 생일잔치와 같이 특별한 날에만 먹은 음식은 아닙니다.
③ 옛날에는 국수가 비싸서 먹기 힘들었습니다. → 나오지 않는 내용입니다.

69 뒤에서 금방 더 큰 화분으로 옮겨 주었다고 했으며 '이렇게 열매가 생기는 식물은 처음 키워 보았다'고 했으므로, '열매도 많이 생겨서'라는 말이 오는 것이 좋습니다.

70 ① 저는 요리를 잘합니다. → 나오지 않는 내용입니다.
② 저는 여러 식물을 키우고 있습니다. → 앞으로 고추나 상추 같은 것도 키워 보려고 합니다.
③ 저는 집 안에 있는 것을 좋아합니다. → 집 안에서 토마토를 키우는 것이 재미있습니다.

제 5 회 정답 및 해설

듣기(01번~30번)

점수: (   )점/100점

01	02	03	04	05	06	07	08	09	10
①	④	①	④	②	④	①	③	②	②
11	12	13	14	15	16	17	18	19	20
①	③	②	④	③	②	③	①	④	②
21	22	23	24	25	26	27	28	29	30
④	③	④	①	③	②	④	②	③	①

01

남자: 회사원이에요?
여자: ______________________

'네, 아니요'를 묻는 질문입니다. '네, 회사원이에요.'나 '아니요, 회사원이 아니에요.'라고 대답합니다.

02

여자: 김밥을 좋아해요?
남자: ______________________

김밥을 좋아하면 '네, (김밥을) 좋아해요.', 좋아하지 않으면 '아니요, (김밥을) 안 좋아해요.'나 '아니요, (김밥을) 좋아하지 않아요.'라고 대답합니다.

03

남자: 언제 영화를 봐요?
여자: ______________________

'언제'는 시간이나 날짜와 같은 '때'를 의미하는 말입니다. '오늘 봐요.'와 같이 대답합니다.

04

여자: 우리 어디에서 만나요?
남자: ______________________

'어디'는 행위의 장소를 묻는 말입니다. '학교에서 만나요.'와 같이 대답합니다.

05

남자: 생일 축하합니다.
여자: ______________________

상대방이 좋은 일에 대해 기쁜 마음으로 '축하합니다.'라는 말을 하면, '고맙습니다.'나 '감사합니다.'라고 대답하는 것이 좋습니다.

06

여자: 여보세요. 민수 씨 있어요?
남자: ______________________

상대방이 전화를 해서 '민수 씨 있어요?'라고 질문했기 때문에, 자신이 민수가 아니라면 '네, 바꿔 드릴게요.'와 같이 대답하는 것이 좋습니다.

07

남자: 어디가 안 좋으세요?
여자: 목이 많이 아파요.

안 좋은 곳을 묻는 남자의 질문에 여자가 '목이 많이 아파요.'라고 대답했습니다. 여기는 '병원'입니다.

08

여자: 어서 오세요. 뭘 드릴까요?
남자: 사과하고 딸기 좀 주세요.

남자가 여자에게 사과와 딸기를 사고 있습니다. 여기는 '시장'입니다.

09

남자: 잘 찍어 주세요.
여자: 네, 여기를 보세요. 찍습니다.

'잘 찍어 주세요.'라는 남자의 말에 여자가 '여기를 보세요. 찍습니다.'라고 대답했습니다. 여기는 '사진관'입니다.

10

여자: 이 책은 언제까지 빌릴 수 있어요?
남자: 일주일 동안 빌릴 수 있습니다.

여자가 책을 빌릴 수 있는 기간을 묻자, 남자는 일주일 동안 빌릴 수 있다고 대답했습니다. 여기는 '도서관'입니다.

11

남자: 운동화가 참 멋있어요. 비싼 거예요?
여자: 아니요. 별로 비싸지 않아요.

'비싼 거예요?'라는 남자의 질문에 여자가 '비싸지 않아요.'라고 대답했습니다. 두 사람은 '물건의 값'에 대해 말하고 있습니다.

12

여자: 저는 요리를 자주 해요. 민수 씨는요?
남자: 저는 주말마다 영화를 봐요.

여자는 '요리를 자주 해요.'라고 했고 남자는 '주말마다 영화를 봐요.'라고 했습니다. 두 사람은 '취미'에 대해 말하고 있습니다.

13

남자: 오늘 바람이 많이 부네요.
여자: 네, 그래서 더 추워요.

남자는 '바람이 많이 부네요.'라고 했고 여자는 '추워요.'라고 했습니다. 두 사람은 '날씨'에 대해 말하고 있습니다.

14

여자: 내일 오전에 만날까요?
남자: 좋아요. 열 시에 만나요.

여자가 '오전에 만날까요?'라고 물었고, 남자가 '열 시에 만나요.'라고 대답했습니다. 두 사람은 '시간'에 대해 말하고 있습니다.

15

남자: 오늘은 장미가 없어요?
여자: 아니에요. 이쪽에 있어요. 한번 보시겠어요?

장미꽃을 사려고 하는 남자가 꽃집 안에 놓여 있는 꽃들을 보면서 여자에게 장미가 없는지 묻고 있는 상황입니다.

16

여자: 밖이 좀 시끄럽네요.
남자: 그럼 제가 창문을 닫을게요.

여자는 밖이 시끄럽다고 말했고 남자는 자기가 창문을 닫겠다고 했으니까, 남자가 여자를 위해 창문을 닫아 주려고 하는 상황입니다.

17

> 여자: 민수 씨, 오랜만이에요. 요즘도 운동을 자주 해요?
> 남자: 네, 축구도 하고 수영도 배우고 있어요. 수미 씨는 어때요?
> 여자: 저는 요즘 아르바이트를 해서 시간이 없어요.

두 사람은 요즘 하고 있는 일에 대해 이야기하고 있습니다.
① 남자는 요즘 시간이 없습니다. → 여자가 요즘 아르바이트를 해서 시간이 없습니다.
② 여자는 수영을 배우고 있습니다. → 남자가 수영을 배우고 있습니다.
④ 여자는 아르바이트를 시작할 겁니다. → 여자는 이미 아르바이트를 하고 있습니다.

18

> 남자: 친구하고 경주에 여행을 갔다 왔어요.
> 여자: 그래요? 저도 경주에 가 보고 싶었어요.
> 남자: 꼭 한번 가 보세요. 정말 아름다운 도시예요.
> 여자: 와, 그럼 지금 바로 기차표를 예매해야겠어요.

두 사람은 경주 여행에 대해 이야기하고 있습니다.
② 남자는 혼자 여행을 했습니다. → 남자는 친구하고 경주에 갔다 왔습니다.
③ 여자는 경주에 가 본 적이 있습니다. → 여자는 경주에 가 보고 싶어 합니다.
④ 남자는 여자에게 기차표를 주었습니다. → 여자가 지금 기차표를 예매하려고 합니다.

19

> 여자: 회사 앞에 새로 문을 연 식당에 가려고 하는데 같이 갈래요?
> 남자: 미안해요. 오늘은 가족들하고 저녁을 먹기로 했어요.
> 여자: 오늘 무슨 특별한 날이에요?
> 남자: 네, 오늘이 어머니 생신이세요. 그래서 이따가 선물도 사야 해요.

두 사람은 오늘 저녁 식사와 계획에 대해 이야기하고 있습니다.
① 여자는 오늘 생일 파티를 합니다. → 오늘은 남자 어머니의 생신입니다.
② 남자는 여자와 함께 식당에 갈 겁니다. → 남자는 오늘 가족들하고 저녁을 먹을 겁니다.
③ 여자는 회사 앞에 있는 식당에 자주 갑니다. → 나오지 않는 내용입니다. 여자가 남자에게 회사 앞 식당에 같이 가자고만 했습니다.

20

> 여자: 민수 씨는 요리를 배운 적이 있어요? 요리를 정말 잘하네요.
> 남자: 따로 배운 적은 없어요. 그냥 요리하는 걸 좋아해서 많이 해 봤어요.
> 여자: 저는 라면도 잘 못 끓이는데 민수 씨가 부러워요.
> 남자: 그럼 제가 좀 가르쳐 줄까요? 일요일에는 시간이 있으니까 연락 주세요.

두 사람은 요리 실력에 대해 이야기하고 있습니다.
① 여자는 요리하는 것을 좋아합니다. → 남자가 요리하는 걸 좋아해서 많이 해 봤습니다.
③ 여자는 남자와 같이 라면을 먹었습니다. → 여자는 자기가 라면도 잘 못 끓인다고 했습니다.
④ 남자는 여자에게 요리를 배우려고 합니다. → 남자는 여자에게 요리를 가르쳐 주겠다고 했습니다.

21

> 여자: 어떻게 오셨어요?
> 남자: 바지 길이를 줄이고 싶은데요. 2cm 정도만요.
> 여자: 네, 알겠습니다. 그럼 내일 오후에 찾으러 오시겠어요?
> 남자: 아, 내일은 시간이 없어서요. 모레 찾으러 올게요.

두 사람은 바지 길이를 줄이는 것에 대해 이야기하고 있습니다.
① 남자는 새 바지를 살 겁니다. → 나오지 않는 내용입니다.
② 남자는 내일 오후에 올 수 있습니다. → 남자는 내일 시간이 없어서 올 수 없습니다.
③ 남자는 여자에게 바지를 선물했습니다. → 남자는 여자에게 바지 길이를 줄이는 것을 맡기러 왔습니다.

22

> 남자: 오늘은 추우니까 두꺼운 코트를 입고 나가야겠어요.
> 여자: 아니에요. 추운 날씨에는 얇은 옷을 많이 입는 게 좋아요.
> 남자: 이 코트가 얇은 옷 몇 개보다 훨씬 두꺼운데요.
> 여자: 하지만 얇게 여러 벌 입으면 그 사이에 따뜻한 공기가 생겨서 더 따뜻해요.

여자는 오늘처럼 추운 날씨에는 얇은 옷을 여러 벌 입는 것이 더 따뜻하다고 했습니다.
① 날씨가 추우면 코트가 필요합니다. → 여자는 날씨가 추울 때 두꺼운 코트 하나보다 얇은 옷을 여러 벌 입는 게 더 좋다고 했습니다.
② 날씨에 맞게 옷을 잘 선택해야 합니다. → 두 사람의 대화 내용은 맞지만 여자의 중심 생각은 아닙니다.
④ 날씨가 추워지기 전에 얇은 옷을 많이 사면 좋겠습니다. → 나오지 않는 내용입니다.

23

> 여자: 아, 이건 제가 주문한 음식이 아닌데요.
> 남자: 그러세요? 식당에 전화해서 확인해 보겠습니다. 잠깐만 기다려 주세요.
> 여자: 옆집에도 배달을 하신 것 같은데 바뀐 게 아닐까요? 한번 확인해 주시겠어요?
> 남자: 네, 그럼 먼저 옆집에 물어보겠습니다.

여자는 자신이 주문한 음식이 옆집으로 잘못 배달된 것 같으니 확인해 달라고 했습니다.
① 식당에 전화를 해 봐야 합니다. → 남자가 식당에 전화해 보겠다고 했습니다.
② 옆집과 음식을 나눠 먹고 싶습니다. → 여자는 옆집에서 주문한 음식과 자신이 주문한 음식이 서로 바뀐 것 같다고 했습니다.
③ 주문한 음식이 빨리 도착하면 좋겠습니다. → 여자가 주문한 음식과 다른 음식이 도착했습니다.

24

> 남자: 수미 씨, 이따가 만나서 발표 준비 같이 할래요?
> 여자: 힘들 것 같아요. 시간이 없어서요.
> 남자: 왜요? 이번 발표는 성적하고 관계가 있는 중요한 건데요.
> 여자: 다음 주에 이사를 하기로 했는데 문제가 생겨서 여기저기 알아보러 다녀야 돼요.

여자가 남자에게 다음 주 이사 계획에 문제가 생겨서 발표 준비를 할 시간이 없다고 말하고 있습니다.

② 이사 준비에는 많은 시간이 걸립니다. → 나오지 않는 내용입니다.
③ 다른 사람과 함께 발표 준비를 하고 싶습니다. → 여자는 이사 계획에 문제가 생겨서 함께 발표를 준비할 시간이 없다고 했습니다.
④ 발표를 잘해서 좋은 성적을 받으면 좋겠습니다. → 남자가 이번 발표는 성적하고 관계가 있어서 중요하다고 했지만 여자는 이사 문제를 알아봐야 한다고 했습니다.

25~26

> (딩동댕)
> 여자: 학생 여러분께 안내 말씀드립니다. 다음 주부터 학생 식당에서는 '천 원의 아침밥' 행사를 엽니다. 한 달 동안 아침 식사를 천 원에 드실 수 있는 행사입니다. 아침 식사를 못하고 오는 학생들을 위해 신선하고 맛있는 음식이 준비됩니다. 학생 식당에서 아침을 드시고 건강한 하루를 보내시기 바랍니다. 감사합니다.

25 여자는 학생들에게 다음 주부터 학생 식당에서 진행하는 '천 원의 아침밥' 행사를 안내해 주고 있습니다.

26 ① 저녁까지 신선한 음식이 준비됩니다. → 아침 식사로 신선하고 맛있는 음식이 준비됩니다.
③ 학생들이 이 행사를 준비하고 있습니다. → 이 행사는 학생 식당에서 준비하고 있습니다.
④ 오늘부터 천 원에 식사를 할 수 있습니다. → 다음 주부터 천 원에 아침밥을 먹을 수 있는 행사가 열립니다.

27~28

> 남자: 수미 씨, 저 어제 유명한 한옥 카페에 갔다 왔어요.
> 여자: 한옥 카페요? 저는 아직 못 가 봤는데 어땠어요?
> 남자: 옛날과 지금의 모습을 모두 가지고 있어서 분위기가 정말 좋았어요. 다양한 떡이랑 차도 먹어 볼 수 있고요.
> 여자: 그런데 그 지갑은 뭐예요? 한옥 그림이 있어서 아주 예쁜데요.
> 남자: 네, 한옥 카페에서 산 거예요. 카페 안에 이런 동전 지갑이나 손수건 같은 걸 파는 곳도 있어서 쇼핑도 할 수 있어요.
> 여자: 와, 여러 가지 재미가 있는 장소네요. 저도 한번 가 봐야겠어요.

27 두 사람은 남자가 갔다 온 유명한 한옥 카페에서 할 수 있는 일에 대해 이야기하고 있습니다.

28 ① 여자는 이 카페에 가 본 적이 있습니다. → 여자는 이 카페에 아직 못 가 봤습니다.
③ 남자는 여자와 함께 이 카페에 가 보려고 합니다. → 여자는 카페에 갔다 온 남자의 경험을 듣고 자기도 가 봐야겠다고 했습니다.
④ 여자는 이 카페에서 파는 손수건을 가지고 있습니다. → 남자가 여자에게 이 카페에서 손수건을 살 수 있다고 했습니다.

29~30

남자: 정유나 선생님, 이번에 책을 한 권 쓰셨죠? 어떤 책입니까?
여자: 제가 한국어 교사가 된 지 20년이 넘었는데요. 그동안의 경험을 쓴 책입니다.
남자: 네, 특별히 그런 경험을 책으로 낸 이유가 있으세요?
여자: 요즘 세계 여러 나라에서 많은 사람이 한국어 교사가 되려고 합니다. 그 정도로 한국어를 배우려는 학생들이 늘었기 때문이겠죠. 그래서 한국어 교사라는 직업에 대해 좀 더 다양한 정보를 주고 싶었습니다.
남자: 그럼 한국어 교사가 되려는 사람들에게 어떤 정보가 필요할까요?
여자: 한국어가 어떤 언어이고 어떻게 가르쳐야 하고 이런 것은 이미 배웠을 거예요. 하지만 한국어 교육은 언어의 문제만이 아니니까요. 한국 문화나 한국 사람들의 생각을 학생들에게 잘 전할 수 있는 연습이 필요합니다.

29 여자는 세계 여러 나라에서 한국어 교사를 준비하고 있는 사람들에게 한국어 교사라는 직업에 대해 좀 더 다양한 정보를 주고 싶어서 책을 썼다고 했습니다.

30 ② 여자는 한국어 교사들의 경험을 모아 책을 썼습니다. → 여자는 자신의 경험을 가지고 책을 썼습니다.
③ 여자는 여러 나라에서 한국어를 가르친 적이 있습니다. → 나오지 않는 내용입니다.
④ 여자는 한국 문화를 소개할 수 있는 책을 쓰고 있습니다. → 여자는 한국 문화를 학생들에게 잘 전할 수 있는 연습이 한국어 교사에게 필요하다고 했습니다.

읽기(31번~70번)

점수: (   )점/100점

31	32	33	34	35	36	37	38	39	40
④	③	①	②	③	②	①	④	③	④
41	42	43	44	45	46	47	48	49	50
②	①	④	④	③	③	①	②	①	④
51	52	53	54	55	56	57	58	59	60
③	④	②	①	③	④	②	③	③	④
61	62	63	64	65	66	67	68	69	70
④	③	①	④	④	②	③	②	③	①

31 형과 누나, 즉 '가족'에 대한 이야기입니다.

32 책을 좋아하고 매일 책을 읽습니다. '취미'에 대한 이야기입니다.

33 학교가 집 근처에 있습니다. '위치'에 대한 이야기입니다.

34 버스를 타는 장소니까, '정류장'이 맞습니다.

35 친구가 합격해서 축하 선물을 주는 거니까, '친구에게'나 '친구한테'가 맞습니다.

36 날씨에 대한 표현입니다. 에어컨을 켰으니까, '덥습니다'가 맞습니다.

37 아침을 '오늘도' 안 먹었다고 했으니까, '보통'이 맞습니다.

38 아주 친하니까, '자주 만납니다'가 맞습니다.

39 미용실에 가니까, '머리를 자릅니다'가 맞습니다.

40 주스의 가격은 천팔백 원입니다.

41 이 일은 월요일부터 일요일까지, 매일 오후에만 하는 일입니다. 오전에는 쉽니다.

42 민수 씨가 수미 씨에게 버스가 늦게 와서 지금 출발한다고 했습니다. 민수 씨는 지금 버스를 탔습니다.

43 ① 저는 한강 공원에 자주 갑니다. → 저는 어제 친구와 같이 한강 공원에 처음 갔습니다.
② 친구는 라면을 아주 좋아합니다. → 나오지 않는 내용입니다.
③ 저는 오늘 친구를 만나려고 합니다. → 저는 어제 친구를 만나서 한강 공원에 갔습니다.

44 ① 올해 소풍을 처음 갑니다. → 매년 가을에 소풍을 갑니다.
② 부모님들도 소풍을 같이 갑니다. → 나오지 않는 내용입니다.
③ 소풍을 가서 김밥을 만들 겁니다. → 소풍을 가면 김밥을 먹습니다. 올해는 음식을 많이 준비해서 소풍을 갈 겁니다.

45 ① 저는 한국 노래를 잘 부릅니다. → 저는 한국 노래를 좋아하지만 잘 못 부릅니다.
② 저는 매일 노래 연습을 합니다. → 저는 주말에 친구와 같이 노래방에 가서 노래 연습을 합니다.
④ 저는 한국 노래를 가르치고 싶습니다. → 저는 나중에 한국 노래를 잘 부르고 싶습니다.

46 힘들면 바다를 보러 가서 힘든 일을 잊어버리려고 한다는 이야기입니다.

47 시장에서 산 바지가 예쁘고 편해서 마음에 든다는 이야기입니다.

48 내일 고향 친구를 만나서 좋아한다는 말을 할 거라는 이야기입니다.

49 수미 씨 부부는 우리 부부가 도착하기 전에 음식을 만들었을 테니까, 과거를 의미하는 '만든'이 알맞습니다. '–는/–(으)ㄴ/–(으)ㄹ'은 동사 뒤에 붙어서 그 동사가 뒤에 오는 명사를 꾸며주게 합니다. 이때 동사와 '–(으)ㄴ'이 결합하면 수식받는 명사의 동작이 완료됨을 나타내어 시제는 과거가 됩니다. 즉 '만드는 음식, 만든 음식, 만들 음식'은 각각 '현재, 과거, 미래' 시제를 의미합니다.

50 ① 저는 수미 씨 부부를 초대했습니다. → 수미 씨가 우리 부부를 초대했습니다.
② 수미 씨는 혼자서 음식을 준비했습니다. → 수미 씨는 남편과 함께 음식을 만들었습니다.
③ 수미 씨는 지난달에 회사를 그만두었습니다. → 수미 씨는 지난달에 이사를 했습니다.

51 앞 문장에서는 악기에 문제가 있으면 고쳐서 빌려준다고 했고, 뒤 문장에서는 고장이 심해서 고칠 수 없는 악기는 가져다준 사람에게 다시 돌려준다고 했습니다. 따라서 서로 다른 상황을 연결하는 말인 '그렇지만/그러나/하지만'이 들어가는 게 적절합니다.

52 서울문화센터가 시민들에게 사용하지 않는 악기를 받아서 필요한 사람에게 빌려주는 서비스를 시작했다는 이야기를 하고 있습니다.

53 빈칸 앞에 '일주일 동안 책 한 권을 다 읽기가'라는 말이 있고 뒤에 '이제는'이라는 말로 시작해서 '일주일에 두세 권을 읽는 사람도 있다'는 말이 있습니다. 빈칸 앞뒤의 내용이 반대되니까, '힘들었지만'이 들어가는 것이 적절합니다.

54 ② 저는 토요일에 혼자 점심을 먹습니다. → 토요일에 독서 모임이 끝나고 독서 모임 사람들과 점심을 같이 먹습니다.
③ 독서 모임은 한 달에 한 번 있습니다. → 독서 모임은 토요일마다 있습니다.
④ 독서 모임은 오후 열 시에 시작합니다. → 독서 모임은 오전 열 시에 시작합니다.

55 빈칸에는 뒤에 나오는 '긴장될 때, 불안을 느낄 때'와 같은 경우를 모두 표현할 수 있는 말이 들어가야 하니까, '마음이 불편할'이라는 말이 들어가는 것이 가장 좋습니다.

56 ① 바람 소리를 들으면 긴장이 됩니다. → 긴장될 때 바람 소리를 들으면 도움이 됩니다.
② 새소리를 들으면 걱정이 완전히 없어집니다. → 자연의 소리는 걱정을 줄여 줍니다.
③ 불안할 때 다양한 소리를 들으면 도움이 됩니다. → 불안할 때 빗소리를 들으면 마음이 편안해집니다.

59 저도 친구도 태권도 공연을 보고 싶었지만, 공연이 주말에만 있어서 보지 못했다고 이어져야 자연스럽습니다.

60 ① 제 친구는 역사 공부를 좋아합니다. → 박물관에 가면 태권도의 역사를 배울 수 있습니다.
② 다음에는 태권도를 배우러 갈 겁니다. → 나오지 않는 내용입니다.
③ 저는 요즘 태권도 박물관에서 일합니다. → 저는 수요일에 태권도 박물관에 갔습니다.

61 앞에 꽃집에서 받은 카드에는 사장님이 쓴 감사 인사가 있는데 그걸 읽으면 기분이 좋아진다는 말이 있으니까, 자신도 이제 마음을 전할 때 예쁜 카드를 준비하기로 했다는 말이 오는 게 적절합니다.

62 ① 회사 앞에 꽃집이 생겼습니다. → 회사 건물 1층에 꽃집이 생겼습니다.
② 이 꽃집의 사장님은 취미가 많습니다. → 나오지 않는 내용입니다.
④ 이 꽃집에서는 카드를 살 수 있습니다. → 꽃집 사장님이 카드에 감사 인사를 써서 손님들에게 줍니다.

63 갑자기 일주일 정도 출장을 가게 돼서 어제 주문한 김치를 취소하려고 게시판에 글을 썼습니다.

64 ① 저는 내일 여행을 갑니다. → 저는 내일 출장을 갑니다
② 저는 지난주에 김치를 주문했습니다. → 저는 어제 김치를 주문했습니다.
③ 저는 식품 가게에 가서 김치를 샀습니다. → 저는 인터넷 쇼핑몰에서 김치를 샀습니다.

65 사람들이 대회에 참가하는 이유는 옷이나 컵의 한글 디자인을 원하는 대로 할 수 있기 때문이니까, '자신이 원하는 한글 모양을 넣을 수 있어서'라고 이어져야 알맞습니다.

66 ① 이 행사는 시청에서 한 달 동안 합니다. → 이 행사는 매년 10월 9일 하루만 합니다.
③ 이 행사에서는 디자인을 배울 수 있습니다. → 나오지 않는 내용입니다. 이 행사에서는 한글 디자인 대회가 열린다고만 했습니다.
④ 이 행사에 참가한 모든 사람에게 상을 줍니다. → 한글 디자인 대회에서 멋있는 디자인을 뽑아서 상을 줍니다.

67 뒤에서 '소화에 오랜 시간이 걸릴 수 있다'고 했으니까, '속도가 많이 느려져서'라는 말이 들어가는 것이 적절합니다.

68 ① 식사 후에는 따뜻한 우유를 마시는 게 좋습니다. → 식사 후에 우유를 마시는 습관은 건강에 좋지 않습니다.
③ 식사 후 바로 샤워를 하면 소화 시간이 짧아집니다. → 식사 후 바로 뜨거운 물로 샤워를 하면 소화에 오랜 시간이 걸릴 수 있습니다.
④ 식사 후 뜨거운 물로 샤워를 하는 것이 몸에 좋습니다. → 식사 후 바로 뜨거운 물로 샤워를 하는 것은 좋지 않습니다.

69 강아지들에게 밥을 주거나 밤을 줍는 방법, 별들의 이름을 외우는 방법과 같은 예를 제시하였고 그 뒤에 '어떤 것을 처음 할 때마다'와 같은 말이 있으니까, '새로운 것을 가르쳐 주셨습니다'가 들어가는 것이 좋습니다.

70 ② 저는 시골 생활을 배울 수 있어서 기뻤습니다. → 할머니에게 새로운 것을 많이 배웠다고 했습니다. 시골 생활을 배운 것은 아닙니다.
③ 할머니는 저와 같이 사는 것을 불편해하셨습니다. → 할머니는 슬퍼하는 저를 위해 매일매일 새로운 것을 가르쳐 주셨습니다.
④ 할머니는 부모님의 부탁을 받고 기분 나빠하셨습니다. → 알 수 없는 내용입니다.

TOPIK Ⅰ
부록 01

빈출 어휘 다시 보기

제1회

실전 모의고사에 나온 어휘입니다.
모르는 단어에 표시를 하면서 외워 봅시다.

듣기 영역				
표제어	뜻	영어	중국어	일본어
사다	돈을 주고 어떤 물건이나 권리 등을 자기 것으로 만들다	buy	买	買う
축하하다	남의 좋은 일에 대하여 기쁜 마음으로 인사하다	congratulate	祝贺	祝賀する
가구	침대, 옷장, 식탁 등과 같은 도구	furniture	家具	家具
교실	학교에서 교사가 학생들을 가르치는 방	classroom	教室	教室
예약하다	자리나 방, 물건 등을 사용할 것을 미리 약속하다	reserve	预订	予約する
그림	선이나 색으로 사물의 모양이나 이미지 등을 평면 위에 나타낸 것	picture	画	絵
취미	좋아하여 재미로 자주 하는 일	hobby	爱好	趣味
교통	자동차, 기차, 배, 비행기 등의 탈것을 이용하여 사람이나 짐이 오고 가는 일	traffic	交通	交通
고향	태어나서 자란 곳	hometown	故乡	故郷
먹다	음식 등을 입을 통하여 배 속에 들여보내다	eat	吃	食べる
회의	여럿이 모여 의논함. 또는 그런 모임	meeting, conference	开会、会议	会議
건너편	마주 대하고 있는 저편	the opposite side	对过儿	向かい側
피곤하다	몸이나 마음이 지쳐서 힘들다	be tired	累	疲れる
식사	아침, 점심, 저녁과 같이 날마다 일정한 시간에 음식을 먹는 일	meal	用餐	食事
현금	현재 가지고 있는 돈	cash	现金	現金
대회	여러 사람이 실력이나 기술을 겨루는 행사	competition	大会、大赛	大会
교환하다	무엇을 다른 것으로 바꾸다	exchange	交换	交換する
옷	사람의 몸을 가리고 더위나 추위 등으로부터 보호하며 멋을 내기 위하여 입는 것	clothes	衣服	衣服
영화	움직이는 대상을 촬영하여 영상으로 보게 하는 종합 예술	film, movie	电影	映畫
상	잘한 일이나 우수한 성적을 칭찬하여 주는 물건	prize, reward	赏	賞

읽기 영역				
표제어	뜻	영어	중국어	일본어
값	사고파는 물건에 일정하게 매겨진 돈의 액수	price	代价、价格	値段
계시다	높은 분이나 어른이 어느 곳에 있다	(honorific) stay	在(‘있다’ 的敬语形式)	いらっしゃる
직업	돈을 받으면서 일정하게 하는 일	job	工作、职业	職業
공항	비행기가 내리고 뜨기 위한 시설이 마련된 장소	airport	空港	空港
등산	운동이나 놀이 등의 목적으로 산에 올라감	hiking	登山	登山
깨끗하다	더럽지 않고 잘 정돈되다	be clean	干净	綺麗だ
배우다	새로운 지식이나 기술을 얻다	learn	学	学ぶ
운전	기계나 자동차를 움직이고 조종함	driving	驾驶	運転
세탁	더러운 옷 등을 빠는 일	washing	洗衣	洗濯
세제	빨래나 설거지, 청소 등을 할 때 더러운 것을 씻어 내는 데 쓰는 물질	detergent, cleanser	清洁剂、洗涤剂	洗剤
상하다	(몸을) 다치다. (물건이) 깨지거나 부서지다	be hurt, be damaged	受伤	傷つく、腐る
화장품	예쁘게 보이기 위해, 또는 피부를 가꾸기 위해 얼굴에 바르는 물건	cosmetics	化粧品	化粧品
정원	집 안에 풀과 나무 등을 가꾸어 놓은 뜰이나 꽃밭	garden	庭院	庭園
분위기	어떤 사람에게서 혹은 자리, 장면 등에서 느껴지는 기분	atmosphere, mood	气氛	雰囲気
덥다	몸으로 느끼기에 기온이 높다	be hot	热	暑い
산책	주변을 천천히 걷는 일	stroll	散步	散歩
야경	밤에 보이는 경치	night view	夜景	夜景
빌리다	물건, 돈 등을 나중에 돌려주거나 대가를 갚기로 하고 얼마 동안 쓰다	borrow	借	借りる
무료	요금이 없음	no charge	免费	無料
혼자	다른 사람 없이	alone	单独、独自	独り
할인	정해진 가격에서 얼마를 뺌	discount	折扣	割引
특별하다	보통과 차이가 나게 다르다	be special	特别	特別だ

제2회

듣기 영역				
표제어	뜻	영어	중국어	일본어
비싸다	값이 보통보다 높다	be expensive	贵	(値段が)高い
자주	같은 일이 되풀이되는 간격이 짧게	often	经常、常常	しばしば、しょっちゅう
주말	한 주일의 끝인 토요일과 일요일	weekend	周末	週末
미안하다	잘못을 하여 마음이 편치 못하고 부끄럽다	be sorry	对不起	済まない
뛰다	발을 재빠르게 움직여 빨리 나아가다	run	跑	走る
수영	물속을 헤엄침	swimming	游泳	游泳、水泳
거실	가족이 모여서 생활하거나 손님을 맞는 중심 공간	living room	客厅	居間
방학	학교에서 한 학기가 끝나고 정해진 기간 동안 수업을 쉬는 것	vacation	放假	休み(夏・冬休み)
계절	일 년을 자연 현상에 따라 봄, 여름, 가을, 겨울로 나눈 것	season	季节	季節
맵다	맛이 화끈하고 혀끝을 쏘는 느낌이 있다	spicy	辣	辛い
들어가다	밖에서 안으로 향하여 가다	enter, go into	进入、进去	入る
돕다	남이 하는 일을 거들거나 보탬이 되는 일을 하다	help	帮助	手伝う
이사	살던 곳을 떠나 다른 곳으로 옮김	move, removal	搬家	引越し
팔다	값을 받고 물건이나 권리를 남에게 넘기거나 노력 등을 제공하다	sell	卖	売る
운전	기계나 자동차를 움직이고 조종함	driving	开车、驾驶	運転
결혼식	성인 남녀가 법적으로 부부가 됨을 알리는 의식	wedding	婚礼	結婚式
바꾸다	원래 있던 것을 없애고 다른 것으로 대신하게 하다	exchange, alter	改变	変える
수리	고장 난 것을 손보아 고침	repair	修理	修理
날씨	기온이나 공기 중에 비, 구름, 바람, 안개 등이 나타나는 상태	weather	天气	天気
미끄럽다	저절로 밀려 나갈 정도로 거친 데가 없이 부드럽다	be slippery	滑、光滑	滑らかだ

읽기 영역				
표제어	뜻	영어	중국어	일본어
생일	사람이 세상에 태어난 날	birthday	生日	誕生日
아프다	다치거나 병이 생겨 통증이나 괴로움을 느끼다	have a pain	痛	痛い
자주	같은 일이 되풀이되는 간격이 짧게	often	经常、常常	しばしば、しょっちゅう
어렵다	하기가 복잡하거나 힘이 들다	be difficult	难	難しい
박물관	유물이나 예술품을 모아 두고 사람들이 보거나 연구할 수 있게 하는 시설	museum	博物馆	博物館
데우다	찬 것을 따뜻하게 하다	warm (up)	热	暖める
식당	음식을 만들어 파는 가게	restaurant	饭店	食堂
백화점	한 건물 안에 온갖 상품을 종류에 따라 나누어 벌여 놓고 판매하는 큰 상점	department store	百货商店	百貨店
구경	흥미나 관심을 가지고 봄	sightseeing	观看、参观	見物
시장	상품을 사고파는 곳	market	市场	市場
친절하다	사람을 대하는 태도가 상냥하고 부드럽다	be kind, be friendly to	亲切	親切だ
변하다	무엇이 다른 것이 되거나 성질이 달라지다	change (to/into)	变	変わる
포장	물건을 싸거나 꾸림	packing, wrap	包装	包装
재료	물건을 만드는 데 쓰이는 것이나 어떤 일을 하는 데 쓰이는 것	material, ingredient	材料	材料
바쁘다	할 일이 많거나 시간이 없어서 다른 것을 할 여유가 없다	be busy	忙	忙しい
기쁘다	기분이 매우 좋고 즐겁다	be glad, be happy	高兴	嬉しい
불편하다	이용하기에 편리하지 않다	be discomfort, feel inconvenience	不便	不便だ
긴장	마음을 놓지 않고 정신을 바짝 차림	tension	紧张	緊張
연락	어떤 사실을 전하여 알림	contact	連絡、联系	連絡
화장실	대변과 소변을 몸 밖으로 내보낼 수 있게 시설을 만들어 놓은 곳	bathroom	洗手间	トイレ
더럽다	깨끗하지 못하거나 지저분하다	be dirty	污浊、脏乱	汚い
후회하다	스스로 잘못을 깨닫고 뉘우치다	regret	后悔	後悔する

제3회

듣기 영역				
표제어	뜻	영어	중국어	일본어
만나다	두 사람이 서로 마주 대하다	meet	见面	会う、あう
어디	모르는 곳을 가리키는 말	where	哪	どこ
주무시다	(높임말로) 자다	(honorific) sleep	就寝	'자다(=眠る)'の尊敬語
결혼하다	남자와 여자가 법적으로 부부가 되다	marry	结婚	婚を結ぶ
우체국	편지, 소포를 보내는 일이나 예금 관리 등의 일을 하는 공공 기관	post office	邮政局	郵便局
날씨	그날그날의 기온이나 공기 중에 비, 구름, 바람, 안개 등이 나타나는 상태	weather	天气	天気
날짜	어느 해의 어느 달	date	日期	日
우산	긴 막대 위에 지붕 같은 막을 펼쳐서 비가 올 때 손에 들고 머리 위를 가리는 도구	umbrella	雨伞	傘
근처	어떤 장소나 물건, 사람을 중심으로 하여 가까운 곳	neighborhood	近处	近所
(자리가) 비다	어떤 공간에 아무도, 혹은 아무것도 없다	empty	空	空く
사고	예상하지 못하게 일어난 좋지 않은 일	accident	事故	事故
천천히	움직임이나 태도가 느리게. 또는 시간상으로 서두르지 않고 나중에	slowly	缓慢地	ゆっくり
관심	어떤 것을 향하여 끌리는 감정과 생각	interest	关心	関心
공연	음악, 무용, 연극 등을 많은 사람들 앞에서 보이는 것	show	公演	公演
연습	무엇을 잘할 수 있도록 반복하여 익힘	practice	练习	練習
예매	표나 입장권 등을 정해진 때가 되기 전에 미리 사 둠	advance purchase	预购	よやく
경기	운동이나 기술 등의 능력을 서로 겨룸	game	竞赛	競技
퇴근	일터에서 일을 끝내고 집으로 돌아가거나 돌아옴	leaving the office	下班	退勤
고르다	여럿 중에서 어떤 것을 가려내거나 뽑다	choose	挑	選ぶ
원하다	무엇을 바라거나 하고자 하다	want	希望	願う

읽기 영역				
표제어	뜻	영어	중국어	일본어
조용하다	아무 소리도 들리지 않다	be silent, be quiet	安静	静かだ
사용하다	무엇을 필요한 일이나 기능에 맞게 쓰다	use	用	使う
여행	집을 떠나 다른 지역이나 외국을 두루 구경하며 다니는 일	travel	旅行	旅行
휴가	직장, 군대 등의 단체에 속한 사람이 일정한 기간 동안 일터를 벗어나서 쉬는 일. 또는 그런 기간	break, vacation	休假	休暇
요리	음식을 만듦. 또는 재료를 잘 갖추어 만든 음식	dish	料理	料理
외국어	다른 나라의 말	foreign language	外语	外国語
후회하다	이전에 자신이 한 일이 잘못임을 깨닫고 스스로 자신의 잘못을 꾸짖다	regret	后悔	後悔する
상처	몸을 다쳐서 상한 자리. 또는 피해를 당해 마음이 아픈 일	wound	伤痕	傷
이삿짐	이사할 때 옮기는 짐	goods to be moved	搬家行李	引っ越し荷物
휴가	직장, 군대 등의 단체에 속한 사람이 일정한 기간 동안 일터를 벗어나서 쉬는 일. 또는 그런 기간	break, vacation	休假	休暇
연습	무엇을 잘할 수 있도록 반복하여 익힘	practice	练习	練習
메뉴	식사의 요리 종류	menu	菜单	献立
스트레스	일이나 사람, 환경 등에서 심리적, 신체적으로 압박과 긴장을 느끼는 상태	stress	压力	ストレス
계절	일 년을 자연 현상에 따라 봄, 여름, 가을, 겨울로 나눈 것의 한 때	season	时令	季節
온도	따뜻하고 차가운 정도. 또는 그것을 나타내는 수치	temperature	温度	温度
방문하다	사람을 만나거나 무엇을 보기 위해 어떤 장소를 찾아가다	visit	来访	訪問する
잊어버리다	알았던 것이나 기억해야 할 것을 기억하지 못하다	forget	忘记	全部忘れる

제4회

듣기 영역				
표제어	뜻	영어	중국어	일본어
감사	고맙게 여기는 마음	gratitude, appreciation, thank	感谢	感謝する
공항	비행기가 내리고 뜨는 장소	airport	机场	空港
도서관	책과 자료 등을 많이 모아 두고 사람들이 빌려 읽거나 공부를 할 수 있게 마련한 시설	library	图书馆	図書館
숙제	학생들에게 복습이나 예습을 위하여 수업 후에 하도록 내 주는 과제	homework	作业	宿題
편의점	하루 24시간 내내 문을 열고 간단한 생활필수품 등을 파는 가게	convenience store	便利店	コンビニ
약속	어떤 일을 하기로 미리 정함	promise, appointment	约定	約束
태어나다	사람이나 동물 등이 형태를 갖추어 어미의 몸 밖으로 나오다	be born	诞生	生まれる
주문하다	다른 사람에게 어떤 일을 하도록 요구하거나 부탁하다	order	下单、要求、点	注文する
선물	고마움을 표현하거나 어떤 일을 축하하기 위해 다른 사람에게 주는 물건	present, gift	礼物	贈り物、プレゼント
출근하다	일하러 직장에 나가거나 나오다	go to work	上班	出勤する、会社に出る
관심	어떤 것을 향하여 끌리는 감정과 생각	interest, attention	关心	関心
아르바이트	돈을 벌기 위해 자신의 본업 외에 임시로 하는 일	part-time job	兼职	アルバイト
힘들다	힘이 많이 쓰이는 면이 있다	strenuous, laborious	吃力	大変だ
재미없다	즐겁고 유쾌한 느낌이 없다	be uninteresting	无聊	面白くない
건강	몸이나 정신이 이상이 없이 튼튼한 상태	health, wellbeing	健康	健康
소개하다	어떤 사실이나 내용을 잘 알도록 설명하다	explain	介绍	紹介する
신청	어떤 일을 해 줄 것을 정식으로 요구함	application	申请	申請、申し込む
고장	기계나 장치 등이 제대로 작동하지 않음	defect, something wrong	故障	故障
신고	어떠한 사실을 행정 관청 등에 알림	declaration	申告	申告
도전	(비유적으로) 가치 있는 것이나 목표한 것을 얻기 위해 어려움에 맞섬	challenge	挑战	挑戦

읽기 영역				
표제어	뜻	영어	중국어	일본어
졸업하다	학생이 학교에서 정해진 교과 과정을 모두 마치다	graduate	毕业	卒業する
일어나다	잠에서 깨어나다	wake up	起床	起きる、起き上がる
모임	어떤 일을 하기 위하여 여러 사람이 모이는 일. 또는 모인 단체	meeting, gathering	聚会	部活、集い
약국	약사가 약을 만들거나 파는 곳	pharmacy	药店、药房	薬局
쇼핑	돌아다니고 구경하면서 물건을 사는 일	shopping	购物	買い物
눈	공기 중에 있는 물기가 얼어서 땅으로 떨어지는, 하얀 솜과 같은 작은 얼음 조각	snow	雪	雪
인기	어떤 대상에 쏠리는 사람의 높은 관심이나 좋아하는 마음	popularity	人气	人気
운동	몸을 강하고 튼튼하게 만들거나 건강해지기 위하여 몸을 움직이는 일	exercise	运动	運動
직업	보수를 받으면서 일정하게 하는 일	occupation, job	职业	職業
감상	예술 작품이나 경치 등을 즐기고 이해하면서 평가함	appreciation	欣赏	鑑賞
건조하다	말려서 물기나 습기를 없애다	dry	干燥	乾燥させる
추억	지나간 일을 생각함. 또는 그런 생각이나 일	memory	回忆	思い出
대화	마주 대하여 이야기를 주고받음	conversation	对话	会話
출퇴근	출근과 퇴근	commuting	上下班	出・退勤
가르치다	지식이나 기술 등을 설명해서 익히게 하다	teach, inform	教	教える
불안하다	마음이 편하지 않고 조마조마하다	be uneasy, be anxious	不安	不安だ
참가하다	모임이나 단체, 경기, 행사 등의 자리에 가서 함께하다	participate	参加	参加する
변경	다르게 바꾸거나 새롭게 고침	change	变更	変更
전통	어떤 집단에서 지난 시대부터 전해 내려오면서 고유하게 만들어진 사상, 관습, 행동 등의 양식	tradition, heritage	传统	伝統
키우다	동식물을 보살펴 자라게 하다	raise	养	育てる

제5회

듣기 영역				
표제어	뜻	영어	중국어	일본어
회사원	회사에 속하여 일하는 사람	company worker	公司职员	会社員
(사진을) 찍다	어떤 대상을 카메라로 비추어 그 모양을 필름에 옮기다	take (a picture)	照	撮る
멋있다	매우 좋거나 훌륭하다	cool, amazing	帅气、善良、大方	かっこいい
춥다	온도나 기온이 낮다	cold	冷	寒い
시끄럽다	듣기 싫을 만큼 소리가 크고 떠들썩하다	noisy	喧嚣、吵闹	やかましい
배우다	새로운 지식을 얻거나 기술을 익히다	learn	学习	習う
예매	차표나 입장권 등을 정해진 때가 되기 전에 미리 사 둠	reservation, ticketing	订购	予約，先買
생신	(높임말로) 사람이 세상에 태어난 날	(honorific) birthday	寿辰	'생일(＝誕生日)'の尊敬語
끓이다	물이나 액체에 음식을 넣고 뜨겁게 하여 음식을 만들다	boil	煮沸	沸かす、煮る
부럽다	다른 사람의 일이나 물건이 좋아 보여 자기도 그런 일을 이루거나 물건을 갖기를 바라는 마음이 있다	envious of	羡慕	羨ましい
길이	무엇의 한쪽 끝에서 다른 쪽 끝까지의 거리	length	长度	長さ
두껍다	넓적한 물건의 한 면과 그에 평행한 맞은 면 사이의 길이가 길다	thick	厚	厚い
따뜻하다	아주 덥지 않고 기분이 좋은 정도로 온도가 알맞게 높다	warm	暖和	暖かい
얇다	두께가 두껍지 않다	thin	薄	薄い
배달	우편물이나 물건, 음식 등을 가져다 줌	delivery	送货	配達
이사	살던 곳을 떠나 다른 곳으로 옮김	move, removal	搬家	引越し
성적	일이나 경기 등의 결과로 얻은 실적	grade, achievements	成绩	成績
행사	목적이나 계획을 가지고 절차에 따라서 어떤 일을 시행함. 또는 그 일	event	活动	行事
경험	자신이 실제로 해 보거나 겪어 봄. 또는 거기서 얻은 지식이나 기능	experience	体验	経験
전하다	어떤 소식, 생각 등을 상대에게 알리다	give	转交	伝える

읽기 영역				
표제어	뜻	영어	중국어	일본어
가족	결혼이나 부모, 자식, 형제 등의 관계로 이루어진 사람들의 집단. 또는 그 구성원	family	家庭	家族
위치	일정한 곳에 자리를 차지함. 또는 그 자리	location	位置	位置
정류장	사람이 타고 내릴 수 있게 버스나 택시 등이 멈추는 장소	stop, station	(公交)车站	停留場
덥다	기온이나 온도가 높고 따뜻하다	hot	热	暑い、熱い
자르다	물체를 베거나 동강을 내어 일부를 끊어 내다	cut	剪、切	切る
가깝다	어느 한 곳에서 멀리 떨어져 있지 않다	close	近	近い
늦다	정해진 때보다 지나다	late	晚	遅れる
출발	어떤 곳을 향하여 길을 떠남	departure	出发	出発
공원	사람들이 놀고 쉴 수 있도록 풀밭, 나무, 꽃 등을 가꾸어 놓은 넓은 장소	park	公园	公園
소풍	경치를 즐기거나 놀이를 하기 위해 야외에 나갔다 오는 일	picnic	野游	遠足
노래	운율에 맞게 지은 가사에 곡을 붙인 음악. 또는 그런 음악을 소리 내어 부름	song	歌曲	歌
바지	위는 통으로 되고 아래는 두 다리를 넣을 수 있게 갈라진, 몸의 아랫부분에 입는 옷	pants	裤子	ズボン
시장	여러 가지 상품을 사고파는 곳	market	市场	市場
알리다	모르던 것이나 잊었던 것을 깨닫게 하거나 알게 하다	tell, inform	告诉	知らせる
초대	다른 사람에게 어떤 자리, 모임, 행사 등에 와 달라고 요청함	invitation	邀请	招待
고치다	고장이 나거나 못 쓰게 된 것을 손질하여 쓸 수 있게 하다	fix, repair	修理	直す
돌려주다	빌리거나 빼거나 받은 것을 주인에게 도로 주거나 갚다	return	返还	返す
독서	책을 읽음	reading	读书	読書
걱정	좋지 않은 일이 있을까 봐 두렵고 불안함	worry, care	担心	心配
(짐을) 싸다	어떤 물건을 다른 곳으로 옮기기 위하여 상자, 끈, 천 등을 써서 꾸리다	pack	打包	荷造りする
출장	임시로 다른 곳에 일하러 감	business trip	出差	出張
취소	이미 발표한 것을 거두어들이거나 약속한 것. 또는 예정된 일을 없앰	cancellation	取消	取り消し
매년	해마다	every year	每年	毎年
습관	오랫동안 되풀이하는 동안에 저절로 익혀진 행동 방식	habit	习惯	習慣
속도	물체가 움직이거나 일이 진행되는 빠르기	speed	速度	速度

TOPIK Ⅰ 부록 02

십자말풀이

1 가	1 방	■	2		2	■	3	3
■		■	■	■		■	■	
4			■	■	5		■	■
■		■	4	■	■	■	■	5
■	■	6			■	■	7	
■	■	■		■	8		■	■
■	■	■	■	■		■	9	7
■	6	■	■	10			■	
11			■	■		■	■	■

가로 문제

1. 물건을 넣어 손에 들거나 어깨에 멜 수 있게 만든 것 → 가방
2. 어떤 사람에게서 혹은 자리, 장면 등에서 느껴지는 기분
3. 같은 일이 되풀이되는 간격이 짧게
4. 사람이 다치거나 음식이 썩다
5. 사진기로 사물을 찍어 종이나 컴퓨터 등에 나타낸 영상
6. 높은 분이나 어른이 어느 곳에 있다
7. 긴 막대 위에 지붕 같은 막을 펼쳐서 비가 올 때 손에 들고 머리 위를 가리는 도구
8. 상품을 사고파는 곳
9. 운동 경기에서 대표로 뽑힌 사람. 또는 스포츠가 직업인 사람
10. 깨끗하지 못하거나 지저분하다
11. 대변과 소변을 몸 밖으로 내보낼 수 있게 시설을 만들어 놓은 곳

세로 문제

1. 사람을 만나거나 무엇을 보기 위해 어떤 장소를 찾아가다
2. 학생이나 직원들이 먹고 잘 수 있도록 학교나 회사가 제공하는 시설
3. 한 주일의 끝인 토요일과 일요일
4. 물 등의 액체를 목구멍으로 넘기다
5. 운동이나 놀이 등의 목적으로 산에 올라감
6. 금융 기관에서 돈을 맡긴 사람에게 돈을 맡기고 찾은 내역을 적어주는 것
7. 교사가 학생에게 지식이나 기술을 가르쳐 줌
8. 소리가 크고 떠들썩하다

정답

1 가	1 방		2 분	위	2 기		3 자	3 주
	문				숙			말
4 상	하	다			5 사	진		
	다		4 마					5 등
		6 계	시	다			7 우	산
			다		8 시	장		
					끄		9 선	7 수
	6 통			10 더	럽	다		업
11 화	장	실			다			

TOPIK Ⅰ
부록 03

초급 문법 · 표현 · 어휘 목록

※ 출처: 국립국어원(2017), 국제 통용 한국어 표준 교육과정 적용 연구

문법 · 표현 교육내용개발(1-4단계) 기준 - 초급

1. 급수 뒤의 **는 국제 통용(2단계) 기준으로 중급을, *는 급수가 따로 부여되지 않음을 의미합니다.
2. 관련형의 ㊥는 유의어, ㉤은 반의어를 의미합니다.

등급	분류	대표형	관련형	의미
1급	조사	이	가	
1급	조사	과	와	
1급	조사	까지		부터/까지
1급	조사	께서		
1급	조사	은1	는1, ㄴ1	대조
1급	조사	도		
1급	조사	을1	를, ㄹ1	
1급	조사	이랑	랑	
1급	조사	으로	로	
1급	조사	부터	에서부터(서부터)	
1급	조사	에	다가, 에다가(에다)	
1급	조사	에게	에게로, 에게서	
1급	조사	에서	서2	
1급	조사	의		
1급	조사	하고		
1급	조사	만		단독
1급	조사	이다		지정사
1급*	조사	한테		
1급	조사	보다		
1급	선어말어미	-겠-		
1급	선어말어미	-었-	-았-, -였-	
1급	선어말어미	-으시-	-시-	
1급	연결어미	-고3		나열
1급	연결어미	-으니까	-니까	
1급	연결어미	-으러	-러	
1급	연결어미	-어서	-아서, -여서, -어2, -아2, -여1, -라서, -라4	

등급	분류	대표형	관련형	의미
1급	연결어미	–지만		
1급*	연결어미	–으려고1	–려고1, 으려, 려	의도
1급	종결어미	–습니까	–ㅂ니까	
1급	종결어미	–습니다	–ㅂ니다	
1급	종결어미	–읍시다	–ㅂ시다	
1급	종결어미	–으세요	–세요, –으셔요, –셔요, –으시어요, –시어요	
1급	종결어미	–으십시오	–십시오	
1급*	종결어미	–고4	–고요	덧붙여 서술
1급	종결어미	–을까	–ㄹ까, 을까요, –ㄹ까요	
1급	종결어미	–어2	–아2, –여2, –야3, –어요, –아요, –여요, –에요	
1급	표현	이 아니다	가 아니다	
1급	표현	–고 싶다		
1급	표현	–고 있다		
1급	표현	–어야 되다	–아야 되다, –여야 되다 ㊌ –어야 하다, –아야 하다, –어야 하다	
1급	표현	–지 않다		
1급**	표현	–을 수 있다	–ㄹ 수 있다 ㉡ –ㄹ 수 없다, –을 수 없다	
1급	표현	–지 못하다		
1급	표현	–기 전에	–기 전	
1급	표현	–은 후에	–은 후, –ㄴ 후 ㊌ –은 뒤에, –ㄴ 뒤에, –은 뒤, –ㄴ 뒤	
2급	조사	께		
2급	조사	마다		
2급	조사	밖에		
2급	조사	처럼		
2급**	조사	에서부터(서부터)		
2급**	조사	에다가	에다	
2급**	조사	에게로		
2급**	조사	에게서		
2급**	조사	한테서		

등급	분류	대표형	관련형	의미
2급	조사	이나	나1	
2급	연결어미	–거나		
2급	연결어미	–는데1	–은데1, –ㄴ데1	대립, 배경
2급	연결어미	–으면	–면	가정
2급	연결어미	–으면서	–면서	
2급	연결어미	–게2		목적
2급*	연결어미	–다가1(1)	–다5, 다가도	중단
2급	전성어미	–기		명사형
2급	전성어미	–는2	–은3, –ㄴ3	관형사형(현재)
2급	전성어미	–은2	–ㄴ4	관형사형(과거)
2급	전성어미	–을2	–ㄹ2	관형사형
2급**	전성어미	–은3		
2급	전성어미	–음	–ㅁ	명사형
2급	종결어미	–는군	–군, –는군요, –군요	
2급	종결어미	–을게	–ㄹ게, 을게요, –ㄹ게요	
2급	종결어미	–지	–지요(–죠)	서술, 물음, 명령, 요청
2급	종결어미	–는데2	–ㄴ데2, –은데2, –는데요, –ㄴ데요, –은데요	감탄
2급*	종결어미	–네	–네요	감탄
2급	종결어미	–을래	–을래요, –ㄹ래요	
2급	표현	–게 되다		
2급	표현	–기 때문에	–기 때문이다	
2급	표현	–기로 하다		
2급	표현	–는 것 같다	–ㄴ 것 같다, –은 것 같다, –ㄹ 것 같다, –을 것 같다	
2급	표현	–은 지2	–ㄴ 지2	
2급	표현	–는 것	–은 것, –ㄴ 것, –을 것2, –ㄹ 것2	
2급	표현	–는 동안에	–는 동안	
2급	표현	–은 적이 있다	–ㄴ 적이 있다, –는 적이 있다 ㉯ –은 적이 없다, –ㄴ 적이 없다, –는 적이 없다	
2급	표현	–을 것1	–ㄹ 것1	명령/지시
2급	표현	–을 때	–ㄹ 때	
2급	표현	–을까 보다	–ㄹ까 보다	

등급	분류	대표형	관련형	의미
2급	표현	–어 보다	–아 보다, –여 보다	
2급	표현	–어 있다	–아 있다, –여 있다	
2급	표현	–어 주다	–아 주다, –여 주다	
2급	표현	–어도 되다	–아도 되다, –여도 되다	
2급	표현	–지 말다		
2급	표현	–을 수밖에 없다	–ㄹ 수밖에 없다	

어휘 교육내용개발(1-4단계) 기준 - 초급

1급					
어휘	품사	길잡이말	어휘	품사	길잡이말
가게	명사	가게에 가다	건너편	명사	건너편으로 가다
가격02	명사	가격이 비싸다	건물	명사	건물을 짓다
가구02	명사	가구를 놓다	걷다02	동사	길을 걷다
가깝다	형용사	거리가 가깝다	걸다02	동사	그림을 걸다
가다01	동사	학교에 가다	걸리다01	동사	그림이 걸리다
가르치다	동사	한국어를 가르치다	것	의존명사	먹을 것
가방	명사	가방을 메다	게임	명사	컴퓨터 게임
가볍다	형용사	짐이 가볍다	겨울	명사	계절
가수	명사	가수가 되다	계속02/계속01	부사/명사	계속 달리다
가요	명사	가요를 부르다	계시다01	동사	한국에 계시다
가운데	명사	가운데 자리	계절	명사	계절이 바뀌다
가을	명사	계절	계획	명사	계획을 세우다
가장01	부사	가장 좋다	고기01	명사	고기를 먹다
가족	명사	우리 가족	고르다01	동사	선물을 고르다
가지03	의존명사	여러 가지	고맙다01	형용사	고마운 마음
가지다01	동사	돈을 가지다	고양이	명사	고양이를 기르다
갈비	명사	갈비를 먹다	고프다	형용사	배가 고프다
갈비탕	명사	갈비탕을 먹다	고향	명사	고향에 가다
갈아타다	동사	지하철을 갈아타다	곳	명사	어느 곳
감01	명사	과일	공부	명사	외국어 공부
감기	명사	감기에 걸리다	공원02	명사	공원에서 놀다
감사01	명사	감사 인사	공책	명사	공책에 쓰다
값	명사	값을 깎다	공항	명사	공항 터미널
같다	형용사	서로 같다	과일	명사	과일을 깎다
같이01	부사	같이 살다	괜찮다	형용사	성격이 괜찮다
개01	명사	동물	교실	명사	교실에서 수업하다
개03	의존명사	사과 한 개	교통	명사	교통이 편리하다
거기	대명사	거기에 있다	구01/구02	수사/관형사	숫자
거실	명사	거실에 모이다	구경	명사	구경을 가다
건강	명사	건강 검진	구두01	명사	구두를 신다

어휘	품사	길잡이말	어휘	품사	길잡이말
구십01/구십02	수사/관형사	숫자	기분	명사	기분이 좋다
구월	명사	달	기쁘다	형용사	기쁜 일
국적	명사	대한민국 국적	기숙사	명사	기숙사에서 살다
권	의존명사	책 한 권	기차	명사	기차를 타다
귀01	명사	귀로 듣다	길01	명사	길이 막히다
귤	명사	귤을 까다	길다02	형용사	다리가 길다
그02/그01	관형사/대명사	그 사람	김밥	명사	김밥을 싸다
그것	대명사		김치	명사	김치를 담그다
그래01	감탄사		김치찌개	명사	김치찌개를 끓이다
그래서01	부사		깨끗하다	형용사	옷이 깨끗하다
그러니까	부사		꼭02	부사	꼭 필요하다
그러면01	부사		꽃	명사	꽃이 피다
그런데01	부사		끄다	동사	불을 끄다
그럼01	부사		끝나다	동사	수업이 끝나다
그럼03	감탄사		나01/나02	대명사/명사	나와 너
그렇다	형용사	그런 사람	나가다01	동사	밖으로 나가다
그렇지만	부사		나다01	동사	수염이 나다
그릇	명사	그릇에 담다	나라	명사	이웃 나라
그리고	부사		나무	명사	나무를 심다
그리다02	동사	그림을 그리다	나쁘다	형용사	공기가 나쁘다
그림	명사	그림을 그리다	나오다	동사	밖에 나오다
그저께02 /그저께01	부사/명사	그저께 밤	나중	명사	나중에 깨닫다
그쪽	대명사		날01/날02	명사/의존명사	마지막 날
극장	명사	극장에서 상영하다	날씨	명사	날씨가 좋다
근처	명사	집 근처	날짜	명사	날짜를 정하다
글	명사	글을 쓰다	남대문	명사	고적
글쎄요	감탄사		남동생	명사	남동생을 돌보다
금요일	명사	요일	남산	명사	지명
기간02	명사	기간이 지나다	남자02	명사	남자 친구
기다리다	동사	버스를 기다리다	남편	명사	남편과 아내

어휘	품사	길잡이말	어휘	품사	길잡이말
낮	명사	낮과 밤	다른	관형사	다른 나라
낮다	형용사	산이 낮다	다리01	명사	다리가 길다
내03	대명사		다섯02/다섯01	수사/관형사	숫자
내년	명사	내년 여름	다시	부사	다시 시작하다
내리다	동사	비가 내리다	다음	명사	다음 날
내일01/내일02	명사/부사	내일 아침	단어	명사	단어를 외우다
냉면	명사	냉면을 먹다	닫다	동사	문을 닫다
너01	대명사		달01/달02	명사/의존명사	다음 달
너무	부사	너무 심하다	달다05	형용사	맛이 달다
넓다	형용사	집이 넓다	담배	명사	담배를 피우다
넣다	동사	책을 넣다	대답	명사	대답이 없다
네02	관형사	숫자	대사관	명사	미국 대사관
네03	감탄사		대학	명사	대학에 들어가다
넷	수사	숫자	대학교	명사	대학교에 입학하다
년02	의존명사	일 년	대학생	명사	대학생이 되다
노래	명사	노래를 부르다	대화	명사	대화를 나누다
노래방	명사	노래방에 가다	더	부사	하나 더
놀다	동사	친구와 놀다	덥다	형용사	날씨가 덥다
농구	명사	농구 경기	도서관	명사	도서관에서 공부하다
높다	형용사	산이 높다	도와주다	동사	일을 도와주다
누구	대명사		도착01	명사	도착 시간
누나	명사	사촌 누나	독일	명사	나라
눈01	명사	눈이 작다	돈01	명사	돈을 벌다
눈04	명사	눈이 내리다	돌아가다	동사	바퀴가 돌아가다
뉴스	명사	뉴스를 보다	돌아오다	동사	학교에서 돌아오다
늦다02/늦다01	형용사/동사	약속 시간에 늦다	돕다	동사	아버지를 돕다
다01/다02	부사/명사	모두	동대문	명사	고적
다녀오다	동사	학교에 다녀오다	동생	명사	동생이 태어나다
다니다	동사	회사에 다니다	동안01	명사	며칠 동안
다르다	형용사	모양이 다르다	되다01	동사	배우가 되다

어휘	품사	길잡이말	어휘	품사	길잡이말
된장찌개	명사	된장찌개를 끓이다	말다03	동사	잊지 말다
두01	관형사	숫자	말레이시아	명사	나라
둘	수사	숫자	말씀	명사	감사의 말씀
뒤	명사	뒤에 있다	맑다	형용사	물이 맑다
드라마	명사	드라마를 보다	맛	명사	맛이 달다
드리다01	동사	용돈을 드리다	맛없다	형용사	음식이 맛없다
듣다01	동사	음악을 듣다	맛있다	형용사	맛있는 음식
들다01	동사	돈이 들다	맞다01	동사	답이 맞다
들다04	동사	가방을 들다	매일02/매일01	부사/명사	매일 만나다
들어가다	동사	방으로 들어가다	맵다	형용사	고추가 맵다
들어오다	동사	일찍 들어오다	머리	명사	머리가 크다
등산	명사	등산을 가다	먹다02	동사	아침을 먹다
따뜻하다	형용사	날씨가 따뜻하다	먼저02/먼저01	부사/명사	먼저 가다
딸	명사	딸이 태어나다	멀다02	형용사	먼 나라
딸기	명사	딸기 잼	멋있다	형용사	멋있는 남자
때01	의존명사	어릴 때	메뉴	명사	메뉴를 고르다
떡볶이	명사	떡볶이 일 인분	며칠	명사	며칠 동안
또	부사	또 생기다	명02	의존명사	한 명
라면	명사	라면을 끓이다	몇01/몇02	수사/관형사	몇 개
러시아	명사	나라	모두01/모두02	명사/부사	모두 함께
마리	의존명사	토끼 한 마리	모레02/모레01	부사/명사	내일 모레
마시다	동사	물을 마시다	모르다	동사	규칙을 모르다
마음	명사	마음이 넓다	모자02	명사	모자를 쓰다
마흔02/마흔01	수사/관형사	숫자	목01	명사	몸
만04/만03	수사/관형사	숫자	목요일	명사	요일
만나다	동사	친구와 만나다	목욕탕	명사	목욕탕에서 씻다
만들다	동사	음식을 만들다	몸	명사	몸이 건강하다
많다	형용사	돈이 많다	못02	부사	못 마시다
많이	부사	많이 사다	못하다01 /못하다02	동사/형용사	노래를 못하다
말01	명사	말을 더듬다	몽골	명사	나라

어휘	품사	길잡이말	어휘	품사	길잡이말
무겁다	형용사	무거운 가방	방학	명사	겨울 방학
무슨	관형사	무슨 요일	배01	명사	배가 고프다
무엇	대명사		배02	명사	배를 타다
문02	명사	문을 열다	배03	명사	배를 먹다
문화	명사	한국 문화	배우	명사	뮤지컬 배우
묻다03	동사	길을 묻다	배우다	동사	말을 배우다
물01	명사	물을 마시다	백02·백01	수사·관형사	숫자
물건	명사	남의 물건	백만02·백만01	수사·관형사	숫자
뭐01	대명사		백화점	명사	백화점 판매
미국	명사	나라	버스	명사	버스를 타다
미안	명사	미안한 마음	번	의존명사	첫째 번
미용실	명사	미용실을 차리다	번호	명사	여권 번호
밑	명사	책상 밑	베트남	명사	나라
바꾸다	동사	달러를 원화로 바꾸다	별로01	부사	별로 없다
바나나	명사	과일	병01	명사	병에 걸리다
바다	명사	바다를 건너다	병02	명사	병에 담다
바람01	명사	바람이 불다	병원	명사	병원에 가다
바로	부사	바로 시작하다	보내다	동사	편지를 보내다
바쁘다	형용사	바쁜 생활	보다01	동사	밖을 보다
바지	명사	바지를 입다	보다04	부사	보다 높게
박물관	명사	박물관을 관람하다	보통01/보통02	부사/명사	보통 사람
밖	명사	안과 밖	볼펜	명사	빨간색 볼펜
반01	명사	절반	봄	명사	계절
반02	명사	우리 반	부르다01	동사	친구를 부르다
반갑다	형용사	반가운 손님	부모님	명사	부모님께 효도하다
받다01	동사	선물을 받다	부산02	명사	지명
발01	명사	발로 차다	부엌	명사	집
밤01	명사	밤이 깊다	부탁	명사	부탁을 드리다
밥	명사	밥을 짓다	분01	의존명사	아는 분
방01	명사	방을 청소하다	분02	의존명사	60분

어휘	품사	길잡이말	어휘	품사	길잡이말
불01	명사	불에 태우다	삼계탕	명사	음식
불고기	명사	음식	삼십01/삼십02	수사/관형사	숫자
불다	동사	바람이 불다	삼월	명사	달
비01	명사	비가 오다	생각	명사	기억
비빔밥	명사	음식	생신	명사	생일
비싸다	형용사	비싼 물건	생일	명사	생일 파티
비행기	명사	비행기를 타다	생활	명사	직장 생활
빌리다	동사	돈을 빌리다	샤워	명사	찬물 샤워
빠르다	형용사	걸음이 빠르다	서른02/서른01	수사/관형사	숫자
빨리	부사	빨리 걷다	서울	명사	지명
빵01	명사	빵을 먹다	서점	명사	대형 서점
사01/사02	수사/관형사	숫자	선물	명사	선물을 받다
사과01	명사	과일	선생님	명사	국어 선생님
사귀다	동사	친구를 사귀다	설명	명사	설명을 듣다
사다	동사	물건을 사다	세01	관형사	숫자
사람	명사	사람과 동물	세수01	명사	고양이 세수
사랑01	명사	사랑에 빠지다	셋	수사	숫자
사무실	명사	사무실에 출근하다	소개	명사	직업 소개
사십01/사십02	수사/관형사	숫자	소금	명사	소금이 짜다
사용	명사	사용 방법	손01	명사	손과 발
사월	명사	달	손님	명사	손님을 받다
사이	명사	사이에 끼다	쇼핑	명사	쇼핑을 가다
사이다	명사	사이다를 마시다	수박	명사	수박을 먹다
사전02	명사	사전을 찾다	수업02	명사	수업을 받다
사진	명사	졸업 사진	수영	명사	수영 선수
산01	명사	산에 오르다	수영장	명사	수영장에 다니다
산책	명사	공원 산책	수요일	명사	요일
살03	의존명사	세 살	수첩	명사	수첩에 기록하다
살다	동사	오래 살다	숙제	명사	숙제 검사
삼01/삼02	수사/관형사	삼 년	술01	명사	술에 취하다

어휘	품사	길잡이말	어휘	품사	길잡이말
쉬다03	동사	푹 쉬다	쓰다01	동사	글자를 쓰다
쉽다	형용사	문제가 쉽다	쓰다03	동사	컴퓨터를 쓰다
슈퍼마켓	명사	대형 슈퍼마켓	쓰다04	형용사	쓴 약
스물	수사	숫자	씨02	의존명사	마이클 씨
스키	명사	스키를 신다	씻다	동사	손을 씻다
슬프다	형용사	슬픈 얼굴	아02	감탄사	
시02/시03	명사/의존명사	몇 시/태어난 시	아기	명사	아기가 울다
시간01/시간02	명사/의존명사	시간이 걸리다	아내	명사	아내와 남편
시다	형용사	귤이 시다	아니다	형용사	사실이 아니다
시원하다	형용사	공기가 시원하다	아니요	감탄사	
시월	명사	달	아래	명사	불빛 아래
시작01	명사	시작 단계	아르바이트	명사	아르바이트를 구하다
시장02	명사	도매 시장	아름답다	형용사	아름다운 목소리
시청01	명사	시청 공무원	아버지	명사	아버지와 어머니
시키다	동사	일을 시키다	아이01	명사	어린 아이
시험	명사	시험을 보다	아이스크림	명사	아이스크림을 먹다
식당	명사	식당 음식	아저씨	명사	아저씨와 아줌마
식사	명사	식사를 대접하다	아주01	부사	아주 똑똑하다
신다	동사	신을 신다	아주머니	명사	동네 아주머니
신문02	명사	신문을 구독하다	아직	부사	아직 없다
신발	명사	가죽 신발	아침	명사	아침 햇살
실례01	명사	실례가 되다	아파트	명사	아파트에 살다
싫다	형용사	싫은 일	아프다	형용사	배가 아프다
싫어하다	동사	몹시 싫어하다	아홉02/아홉01	수사/관형사	숫자
십01/십02	수사/관형사	숫자	아흔02/아흔01	수사/관형사	숫자
십만02/십만01	수사/관형사	숫자	안01	명사	상자 안
십이월	명사	달	안02	부사	안 춥다
십일월	명사	달	안경	명사	안경을 쓰다
싱겁다	형용사	국물이 싱겁다	안내	명사	안내 방송
싸다03	형용사	가격이 싸다	안녕02	감탄사	

어휘	품사	길잡이말	어휘	품사	길잡이말
안녕히	부사	안녕히 계세요	여든02/여든01	수사/관형사	숫자
앉다	동사	의자에 앉다	여러	관형사	여러 나라
알다	동사	사실을 알다	여러분	대명사	
알리다	동사	사실을 알리다	여름	명사	무더운 여름
앞	명사	학교 앞	여보세요	감탄사	
야구	명사	야구 경기	여섯02/여섯01	수사/관형사	숫자
약02	관형사	약 1시간	여자	명사	예쁜 여자
약03	명사	약을 복용하다	여행	명사	여행 경비
약국	명사	약국에 가다	여행사	명사	여행사 상품
약속	명사	약속을 지키다	역03	명사	역에 내리다
어느	관형사	어느 나라	연극	명사	연극 공연
어디01	대명사		연습02	명사	피아노 연습
어떤	관형사	어떤 일	연필	명사	연필을 깎다
어떻다	형용사	근황이 어떻다	열02/열01	수사/관형사	숫자
어렵다	형용사	문제가 어렵다	열다	동사	문을 열다
어머니	명사	어머니와 아버지	열쇠	명사	열쇠 구멍
어서	부사	어서 가다	열심히	부사	열심히 공부하다
어제02/어제01	부사/명사	어제와 오늘	영02	명사	숫자
억03/억02	수사/관형사	숫자	영국	명사	나라
언니	명사	언니와 동생	영어	명사	영어 수업
언제01/언제02	대명사/부사		영화01	명사	영화 감상
얼굴	명사	갸름한 얼굴	영화관	명사	영화관에 가다
얼마	명사	얼마예요?	영화배우	명사	영화배우가 되다
얼마나	부사	얼마나 예쁜지	옆	명사	옆 사람
없다	형용사	돈이 없다	예04	감탄사	
에어컨	명사	에어컨을 켜다	예쁘다	형용사	얼굴이 예쁘다
여권02	명사	여권을 발급하다	오03/오04	수사/관형사	숫자
여기	대명사		오늘02/오늘01	부사/명사	오늘의 메뉴
여덟02/여덟01	수사/관형사	숫자	오다01	동사	학교에 오다
여동생	명사	여동생을 두다	오렌지	명사	오렌지 주스

어휘	품사	길잡이말	어휘	품사	길잡이말
오른쪽	명사	오른쪽 방향	월02/월01	의존명사/명사	몇 월
오빠	명사	친한 오빠	월요일	명사	요일
오십01/오십02	수사/관형사	숫자	위01	명사	위와 아래
오월	명사	달	유명	명사	유명 가수
오전	명사	오전을 넘기다	유월	명사	달
오후02	명사	오후 수업	육01/육02	수사/관형사	숫자
올라가다	동사	나무에 올라가다	육십01/육십02	수사/관형사	숫자
올해	명사	올해를 시작하다	은행01	명사	은행에 입금하다
옷	명사	옷을 입다	음01	감탄사	
와03	감탄사		음료수	명사	물
왜02	부사	왜 그래?	음식	명사	음식을 먹다
외국	명사	외국 생활	음악	명사	음악을 듣다
외국어	명사	외국어로 말하다	의사03	명사	치과 의사
외국인	명사	외국인 노동자	의자	명사	의자에 앉다
왼쪽	명사	왼쪽에 놓다	이06/이05	관형사/대명사	
요리02	명사	요리 비결	이07/이08	수사/관형사	숫자
요일	명사	시간	이것	대명사	
요즘	명사	요즘 시대	이따가	부사	이따가 가다
우리02	대명사		이름	명사	이름을 짓다
우산	명사	우산을 쓰다	이번	명사	이번 주
우유	명사	우유를 마시다	이십01/이십02	수사/관형사	숫자
우체국	명사	우체국 사서함	이야기	명사	이야기를 들려주다
우표	명사	우표를 붙이다	이월01	명사	달
운동	명사	운동 시설	이유	명사	이유를 묻다
운동장	명사	운동장을 뛰다	이쪽	대명사	
운동화	명사	운동화를 신다	인도네시아	명사	나라
운전	명사	초보 운전	인분02	의존명사	삼 인분
울다01	동사	아이가 울다	인사02	명사	아침 인사
웃다	동사	활짝 웃다	인천	명사	도시
원01	의존명사	천 원	인터넷	명사	인터넷 쇼핑

어휘	품사	길잡이말	어휘	품사	길잡이말
일01	명사	일이 쌓이다	장소	명사	약속 장소
일02/일03	수사/관형사	숫자	재미없다	형용사	재미없는 이야기
일06/일05	의존명사/명사	삼 일	재미있다	형용사	재미있는 친구
일곱02/일곱01	수사/관형사	숫자	저01	대명사	
일본	명사	나라	저04/저03	관형사/대명사	
일어나다	동사	일찍 일어나다	저05	감탄사	
일요일	명사	요일	저것	대명사	
일월	명사	달	저기01	대명사	
일주일	명사	일주일이 걸리다	저녁	명사	저녁이 되다
일찍	부사	일찍 오다	저쪽	대명사	
일흔02/일흔01	수사/관형사	숫자	적다02	형용사	양이 적다
읽다	동사	큰 소리로 읽다	전02/전03	명사/관형사	전 총리
입	명사	입을 열다	전공01	명사	전공 공부
입다	동사	옷을 입다	전화	명사	전화를 걸다
있다01/있다02	동사/형용사	나무가 있다	전화번호	명사	집 전화번호
자다	동사	낮잠을 자다	점심	명사	점심에 만나다
자동차	명사	자동차를 운전하다	정류장	명사	버스 정류장
자전거	명사	자전거를 타다	정말02/정말01	부사/명사	정말 좋다
자주	부사	자주 만나다	제01	대명사	
작년	명사	작년 겨울	제일03/제일02	부사/명사	제일 좋아하다
작다	형용사	얼굴이 작다	제주도01	명사	지명
잔	명사	커피 잔	조금02/조금01	부사/명사	조금 먹다
잘	부사	잘 모르다	조용하다	형용사	집이 조용하다
잘못02/잘못01	부사/명사	잘못이 많다	졸업	명사	대학교 졸업
잘하다	동사	노래를 잘하다	좀	부사	좀 비싸다
잠	명사	잠이 오다	종업원	명사	식당 종업원
잠깐02/잠깐01	부사/명사	잠깐 기다리다	좋다	형용사	품질이 좋다
잠시02/잠시01	부사/명사	잠시 기다리다	좋아하다	동사	꽃을 좋아하다
잡수시다	동사	저녁을 잡수시다	죄송하다	형용사	죄송한 마음
잡채	명사	잡채를 먹다	주06/주04	의존명사/명사	이번 주

어휘	품사	길잡이말	어휘	품사	길잡이말
주다01	동사	선물을 주다	참외	명사	참외를 깎다
주로	부사	주로 말하다	창문	명사	창문을 열다
주말	명사	주말을 보내다	찾다	동사	지갑을 찾다
주무시다	동사	낮잠을 주무시다	찾아보다	동사	수첩을 찾아보다
주부	명사	주부의 삶	책	명사	책을 읽다
주소	명사	주소를 옮기다	책상	명사	책상을 정리하다
주스	명사	주스를 마시다	처음	명사	처음과 끝
주인	명사	가게 주인	천03/천02	수사/관형사	숫자
주일03/주일02	의존명사/명사	이번 주일	천만02/천만01 /천만03	수사/관형사 /명사	숫자
준비	명사	출근 준비	천천히	부사	천천히 가다
중03	의존명사	회의 중	청소	명사	화장실 청소
중국	명사	나라	초대02	명사	생일 초대
지갑	명사	동전 지갑	초콜릿	명사	초콜릿 케이크
지금02/지금01	부사/명사	지금부터	추다	동사	춤을 추다
지나다	동사	자정이 지나다	축구02	명사	축구 경기
지난달	명사	지난달 중순	축하	명사	축하 파티
지난주	명사	지난주에 만나다	출발	명사	출발 시간
지난해	명사	지난해에 만나다	춤	명사	춤을 추다
지내다	동사	잘 지내다	춤추다	동사	무대에서 춤추다
지우개	명사	지우개로 지우다	춥다	형용사	날씨가 춥다
지하철	명사	지하철을 타다	취미	명사	취미 생활
지하철역	명사	지하철역에 도착하다	층	명사	꼭대기 층
직업	명사	직업을 구하다	치다02	동사	책상을 치다
직원	명사	직원을 모집하다	치마	명사	치마를 입다
질문	명사	질문에 답하다	친구	명사	친구를 만나다
집01	명사	집을 짓다	친절	명사	태도가 친절하다
짜다03	형용사	음식이 짜다	친하다	형용사	후배와 친하다
쪽05	의존명사	집 쪽	칠01/칠02	수사/관형사	숫자
찍다02	동사	도장을 찍다	칠십01/칠십02	수사/관형사	숫자
참02	부사	참 좋다	칠월	명사	달

어휘	품사	길잡이말	어휘	품사	길잡이말
칠판	명사	칠판에 쓰다	파티	명사	생일 파티
침대	명사	침대에 눕다	팔01	명사	팔이 아프다
카드	명사	카드를 쓰다	팔02/팔03	수사/관형사	숫자
카메라	명사	카메라로 찍다	팔다	동사	물건을 팔다
캐나다	명사	나라	팔십01/팔십02	수사/관형사	숫자
커피	명사	커피를 마시다	팔월	명사	달
커피숍	명사	커피숍에서 만나다	편의점	명사	편의점에 들르다
컴퓨터	명사	컴퓨터 게임	편지	명사	편지를 쓰다
컵	명사	머그 컵	포도	명사	포도 주스
케이크	명사	생일 케이크	표02	명사	표를 예매하다
켜다01	동사	불을 켜다	프랑스	명사	나라
코01	명사	코가 오똑하다	프로그램	명사	행사 프로그램
콘서트	명사	콘서트를 보다	피곤	명사	몸이 피곤하다
콜라	명사	콜라를 마시다	피아노	명사	피아노를 치다
크다01/크다02	형용사/동사	키가 크다	피우다	동사	꽃을 피우다
키01	명사	키가 크다	필요	명사	시간이 필요하다
타다01	동사	나무가 타다	필통	명사	필통에 넣다
타다02	동사	차에 타다	하나01	수사	숫자
탁구	명사	탁구를 치다	하다01	동사	운동을 하다
태국	명사	나라	하루	명사	하루가 걸리다
태권도	명사	태권도를 배우다	하숙집	명사	하숙집을 구하다
택시	명사	택시를 타다	하지만	부사	
터미널	명사	버스 터미널	학교	명사	학교에 다니다
테니스	명사	테니스를 치다	학생	명사	학생을 가르치다
텔레비전	명사	텔레비전을 보다	학생증	명사	학생증을 발급하다
토요일	명사	요일	한01	관형사	한 명
퇴근	명사	출근과 퇴근	한가하다	형용사	한가한 때
특별하다	형용사	특별한 날	한국	명사	나라
특히	부사	특히 좋아하다	한복	명사	한복을 입다
티셔츠	명사	티셔츠를 입다	할머니	명사	할머니와 할아버지

어휘	품사	길잡이말	어휘	품사	길잡이말
할아버지	명사	할머니와 할아버지	회사	명사	회사에 다니다
함께	부사	함께 놀다	회사원	명사	회사원이 되다
형01	명사	동생	회의01	명사	회의에 참석하다
호04	의존명사	사월 호 잡지	후02	명사	오 분 후
호텔	명사	호텔에 묵다	휴가	명사	출산 휴가
혼자01/혼자02	명사/부사	혼자 살다	흐리다02	형용사	날씨가 흐리다
화요일	명사	요일	힘들다	형용사	일이 힘들다
화장실	명사	화장실에 가다			

2급					
어휘	품사	길잡이말	어휘	품사	길잡이말
가까이01 /가까이02	부사/명사	가까이 다가오다	거리03	명사	거리가 가깝다
가끔	부사	가끔 보다	거울	명사	거울을 보다
가늘다	형용사	손가락이 가늘다	거의02/거의01	부사/명사	거의 없다
가득	부사	가득 차다	거절	명사	제안을 거절하다
가리키다	동사	손가락으로 가리키다	거짓말	명사	선의의 거짓말
가슴	명사	신체	걱정	명사	걱정이 많다
가위01	명사	가위로 자르다	건너가다	동사	길을 건너가다
가져가다	동사	우산을 가져가다	건너다	동사	길을 건너다
가져오다	동사	우산을 가져오다	걸어가다	동사	학교에 걸어가다
각각02/각각01	부사/명사	각각 다르다	걸어오다01	동사	집에 걸어오다
간단하다	형용사	설명이 간단하다	걸음	명사	걸음이 느리다
간단히	부사	간단히 이야기하다	검사02	명사	숙제 검사
간식	명사	간식을 먹다	검은색	명사	색
간장01	명사	간장을 넣다	검정01	명사	색
간호사	명사	간호사가 되다	겉	명사	겉과 속
갈색	명사	색	게으르다	형용사	게으른 사람
갈아입다	동사	옷을 갈아입다	결과	명사	검사 결과
감기약	명사	감기약을 먹다	결석	명사	학교에 결석하다
감다01	동사	눈을 감다	결심	명사	굳은 결심
감다02	동사	머리를 감다	결정01	명사	결정을 내리다
감자01	명사	감자 튀김	결혼	명사	결혼 기념
갑자기	부사	갑자기 나타나다	결혼식	명사	결혼식을 올리다
강	명사	강을 건너다	경기02	명사	운동 경기
강아지	명사	강아지를 키우다	경찰	명사	경찰 조사
강하다02	형용사	힘이 강하다	경찰서	명사	경찰서에 신고하다
갖다01	동사	돈을 갖다	경치	명사	경치가 좋다
갚다	동사	돈을 갚다	경험	명사	경험을 쌓다
개월	의존명사	삼 개월	계단	명사	계단을 오르다
거01	의존명사	먹을 거	계란	명사	계란을 먹다
거리01	명사	거리로 나가다	계산	명사	날짜 계산

어휘	품사	길잡이말	어휘	품사	길잡이말
고개01	명사	고개를 들다	교환	명사	사이즈 교환
고등학교	명사	고등학교에 입학하다	교회	명사	기독교 교회
고등학생	명사	고등학생이 되다	구름	명사	구름이 끼다
고모	명사	친척	국	명사	국을 끓이다
고민	명사	고민을 나누다	국내	명사	국내와 국외
고속버스	명사	고속버스를 타다	국수	명사	국수를 먹다
고장02	명사	고장이 나다	국제	명사	국제 관계
고추장	명사	고추장을 넣다	군인	명사	직업 군인
고치다	동사	컴퓨터를 고치다	굵다	형용사	팔뚝이 굵다
곧	부사	곧 가다	굽다01	동사	고기를 굽다
공01	명사	공을 던지다	궁금하다	형용사	소식이 궁금하다
공무원	명사	공무원으로 일하다	귀걸이	명사	귀걸이를 빼다
공장	명사	공장에서 일하다	귀여워하다	동사	강아지를 귀여워하다
공짜	명사	공짜로 주다	귀엽다	형용사	얼굴이 귀엽다
공휴일	명사	공휴일로 정하다	귀찮다	형용사	귀찮은 일
과거02	명사	과거를 잊다	규칙	명사	규칙을 어기다
과자	명사	과자를 먹다	그거	대명사	
관계02	명사	관계를 맺다	그곳	대명사	
관광	명사	국내 관광	그날	명사	그날 밤
관광객	명사	외국인 관광객	그냥	부사	그냥 가다
관광지	명사	국내 관광지	그대로	부사	그대로 두다
관심	명사	관심을 가지다	그동안	명사	그동안 잘 지내다
광고	명사	신문 광고	그때	명사	그때를 기억하다
광주	명사	지명	그러나01	부사	
교과서	명사	교과서에서 배우다	그러므로	부사	
교사03	명사	수학 교사	그런01	관형사	그런 사람
교수	명사	대학 교수	그립다	형용사	가족이 그립다
교육	명사	교육을 받다	그만02	부사	그만 먹다
교통비	명사	교통비가 들다	그만두다	동사	일을 그만두다
교통사고	명사	교통사고가 나다	그분	대명사	

어휘	품사	길잡이말	어휘	품사	길잡이말
그치다	동사	비가 그치다	깨다01	동사	잠이 깨다
글쎄	감탄사		꺼내다	동사	가방에서 꺼내다
글씨	명사	글씨를 쓰다	껌	명사	껌을 씹다
글자	명사	글자를 쓰다	꽃다발	명사	꽃다발을 선물하다
금방	부사	금방 가다	꽃병	명사	꽃병을 깨뜨리다
금지	명사	출입 금지	꽃집	명사	꽃집을 열다
급하다	형용사	급한 사정	꾸다01	동사	꿈을 꾸다
기르다	동사	개를 기르다	꿈	명사	꿈을 꾸다
기름	명사	기름에 튀기다	끊다	동사	담배를 끊다
기뻐하다	동사	취직을 기뻐하다	끓다	동사	물이 끓다
기쁨	명사	기쁨을 나누다	끓이다	동사	물을 끓이다
기억	명사	기억이 나다	끝	명사	시작과 끝
기억나다	동사	이름이 기억나다	끝내다	동사	일을 끝내다
기온	명사	기온이 높다	끼다03	동사	단추를 끼다
기자	명사	신문 기자	나누다	동사	둘로 나누다
기차역	명사	기차역에 도착하다	나머지	명사	나머지 돈
기차표	명사	기차표를 끊다	나이	명사	나이가 많다
기침	명사	기침이 나다	나타나다	동사	건물이 나타나다
기타02	명사	기타를 치다	나흘	명사	나흘이 걸리다
기회	명사	기회를 놓치다	낚시	명사	낚시를 가다
긴장	명사	긴장을 풀다	날다	동사	새가 날다
길이01	명사	가로 길이	날씬하다	형용사	몸매가 날씬하다
김02	명사	김을 먹다	남01	명사	타인
깊다	형용사	바다가 깊다	남기다	동사	음식을 남기다
깊이02	부사	깊이 묻다	남녀	명사	청춘 남녀
까만색	명사	색	남다	동사	시간이 남다
까맣다	형용사	밤하늘이 까맣다	남성	명사	남성과 여성
깎다	동사	사과를 깎다	남쪽	명사	남쪽 지방
깜짝02	부사	깜짝 놀라다	남학생	명사	남학생과 여학생
깨끗이	부사	깨끗이 씻다	낫다01	동사	병이 낫다

어휘	품사	길잡이말	어휘	품사	길잡이말
낫다02	형용사	더 낫다	눈물	명사	눈물이 흐르다
낮잠	명사	낮잠을 자다	눕다	동사	바닥에 눕다
내과	명사	내과 의사	느끼다02	동사	추위를 느끼다
내다01	동사	문제를 내다	느낌	명사	느낌이 좋다
내려가다	동사	아래로 내려가다	느리다	형용사	걸음이 느리다
내려오다	동사	아래로 내려오다	늘	부사	늘 만나다
내용	명사	수업 내용	늘다	동사	면적이 늘다
냄비	명사	냄비에 끓이다	늙다	동사	젊다
냄새	명사	냄새를 맡다	능력	명사	능력이 있다
냉장고	명사	냉장고에 넣다	다리02	명사	다리를 건너다
너희	대명사		다섯째02 /다섯째01 /다섯째03	수사/관형사 /명사	순서
넘다	동사	세 시간이 넘다	다양	명사	다양한 방법
넘어지다	동사	아이가 넘어지다	다음날	명사	다음날 아침
네01	대명사		다이어트	명사	다이어트에 성공하다
넥타이	명사	넥타이를 매다	다치다01	동사	팔을 다치다
넷째02/넷째01 /넷째03	수사/관형사 /명사	순서	다하다	동사	기력이 다하다
노란색	명사	색	닦다	동사	구두를 닦다
노랗다	형용사	병아리가 노랗다	단순	명사	단순 노동
노력01	명사	노력을 다하다	단추	명사	단추를 달다
노인	명사	노인을 공경하다	단풍	명사	단풍이 들다
노트02	명사	노트에 쓰다	달걀	명사	달걀을 삶다
녹색	명사	색	달력	명사	달력을 걸다
녹차	명사	녹차를 마시다	달리기	명사	달리기가 빠르다
놀라다	동사	깜짝 놀라다	달리다03	동사	말이 달리다
놀이	명사	인형 놀이	닭	명사	닭이 울다
농담	명사	농담을 주고받다	닭고기	명사	닭고기 요리
높이01	명사	높이가 높다	닮다	동사	아빠를 닮다
높이02	부사	높이 날다	답	명사	답이 없다
놓다01	동사	펜을 놓다	답답하다	형용사	가슴이 답답하다
누르다01	동사	버튼을 누르다	답장	명사	답장을 보내다

어휘	품사	길잡이말	어휘	품사	길잡이말
대10	의존명사	자동차 한 대	돼지	명사	돼지를 기르다
대구	명사	대구 사람	돼지고기	명사	돼지고기를 먹다
대부분01 /대부분02	명사/부사	대부분의 시간	–되다	접사	취소되다
대전01	명사	지명	된장	명사	된장을 담그다
대학원	명사	대학원을 다니다	두껍다	형용사	두꺼운 책
대회	명사	대회가 열리다	두다01	동사	책을 책상 위에 두다
댁02/댁01	대명사/명사	선생님 댁	두부	명사	두부 한 모
더럽다	형용사	손이 더럽다	두세	관형사	두세 개
더욱	부사	더욱 좋다	두통	명사	두통을 앓다
덕분	명사	부모님 덕분	둘째02/둘째01 /둘째03	수사/관형사 /명사	순서
던지다	동사	공을 던지다	뒤쪽	명사	뒤쪽으로 가다
데려가다	동사	아이를 데려가다	드디어	부사	드디어 끝나다
데려오다	동사	친구를 데려오다	들르다	동사	잠시 들르다
데이트	명사	데이트를 신청하다	들리다02	동사	소리가 들리다
도03	의존명사	영상 일 도	등01	명사	등을 긁다
도로02	명사	도로를 건너다	디자인	명사	디자인이 예쁘다
도시	명사	도시에서 살다	따로	부사	따로 분리하다
도움	명사	도움을 받다	땀01	명사	땀이 나다
독서	명사	독서를 즐기다	땅	명사	땅에 떨어지다
돈가스	명사	돈가스를 먹다	떠나다	동사	멀리 떠나다
돌03	명사	돌을 던지다	떠들다01	동사	떠드는 소리
돌다	동사	빙글빙글 돌다	떡01	명사	떡을 찌다
돌려주다	동사	책을 돌려주다	떡국	명사	떡국 한 그릇
돌리다02	동사	바퀴를 돌리다	떨어지다	동사	벼락이 떨어지다
동네	명사	동네 사람들	또는	부사	남자 또는 여자
동물	명사	동물을 키우다	똑같다	형용사	모양이 똑같다
동물원	명사	동물원에 가다	똑같이	부사	똑같이 나누다
동시01	명사	동시에 일어나다	똑똑하다	형용사	머리가 똑똑하다
동전	명사	동전 지갑	똑바로	부사	똑바로 가다
동쪽	명사	동쪽 방향	뚱뚱하다	형용사	뚱뚱한 몸집

어휘	품사	길잡이말	어휘	품사	길잡이말
뛰다02	동사	운동장을 뛰다	맥주	명사	맥주를 마시다
뛰어가다	동사	학교로 뛰어가다	머리카락	명사	긴 머리카락
뜨겁다	형용사	뜨거운 국물	멀리	부사	멀리 날다
뜨다05	동사	눈을 뜨다	멈추다	동사	피가 멈추다
뜻	명사	단어의 뜻	멋	명사	멋을 부리다
라디오	명사	라디오를 켜다	메다	동사	가방을 메다
레스토랑	명사	고급 레스토랑	메모	명사	메모를 남기다
마당01	명사	마당 청소	메시지	명사	문자 메시지
마르다01	동사	목이 마르다	메일	명사	메일 주소
마을	명사	마을 주민	명절	명사	명절 연휴
마중	명사	마중을 나가다	모기	명사	모기에 물리다
마지막	명사	마지막 시간	모든	관형사	모든 사람
마치다	동사	준비를 마치다	모습	명사	웃는 모습
마트	명사	마트에서 사다	모시다	동사	고객을 모시다
막걸리	명사	막걸리를 마시다	모양01	명사	별 모양
막히다	동사	구멍이 막히다	모으다	동사	장난감을 모으다
만두	명사	만두를 빚다	모이다	동사	한데 모이다
만약	명사	만약의 경우	모임	명사	모임에 나가다
만일	명사	만일의 경우	모자라다	동사	돈이 모자라다
만지다	동사	손을 만지다	목걸이	명사	진주 목걸이
만화	명사	만화를 그리다	목도리	명사	목도리를 두르다
말04	명사	말 한 마리	목소리	명사	낮은 목소리
말06	의존명사	학기 말	목욕	명사	목욕 용품
맞추다	동사	부품을 맞추다	목적	명사	목적을 이루다
매년02/매년01	부사/명사	매년 증가하다	못생기다	동사	얼굴이 못생기다
매다01	동사	신발 끈을 매다	무01	명사	채소
매달02/매달01	부사/명사	매달 월요일	무게	명사	무게를 재다
매우	부사	매우 좋다	무궁화	명사	꽃
매주02/매주01	부사/명사	매주 월요일	무료01	명사	무료 증정
매표소	명사	영화관 매표소	무릎	명사	신체

어휘	품사	길잡이말	어휘	품사	길잡이말
무섭다	형용사	귀신이 무섭다	받아쓰다	동사	공책에 받아쓰다
무척	부사	무척 길다	발가락	명사	발가락이 아프다
문제	명사	문제를 풀다	발바닥	명사	발바닥을 간지럽히다
물고기	명사	물고기를 잡다	밝다02/밝다01	형용사/동사	불빛이 밝다
물론02/물론01	부사/명사	물론 그렇다	방금02/방금01	부사/명사	방금 가다
물어보다	동사	길을 물어보다	방문02	명사	방문을 닫다
미끄러지다	동사	계단에서 미끄러지다	방문03	명사	고향 방문
미래	명사	미래를 계획하다	방법	명사	사용 방법
미리	부사	미리 알리다	방송01	명사	방송에 출연하다
미술관	명사	국립 미술관	방송국	명사	라디오 방송국
미역국	명사	미역국을 끓이다	방향	명사	반대 방향
미터	의존명사	백 미터	배05	명사	두 배
믿다	동사	거짓말을 믿다	배달02	명사	신문 배달
밀가루	명사	밀가루 음식	배드민턴	명사	배드민턴을 치다
밀다	동사	문을 밀다	배추	명사	채소
바깥	명사	바깥에 나가다	배탈	명사	배탈이 나다
바깥쪽	명사	바깥쪽으로 나가다	뱀	명사	동물
바뀌다	동사	감독이 바뀌다	버릇	명사	버릇을 고치다
바닥	명사	바닥에 떨어지다	버리다01	동사	휴지를 버리다
바닷가	명사	바닷가에서 놀다	번째	의존명사	세 번째
바라다	동사	성공을 바라다	벌02	의존명사	옷 한 벌
바라보다	동사	하늘을 바라보다	벌다02	동사	돈을 벌다
바르다01	동사	약을 바르다	벌써	부사	벌써 도착하다
바이올린	명사	바이올린을 켜다	벗다	동사	모자를 벗다
박수	명사	박수를 치다	벽	명사	벽에 걸다
반대	명사	반대 방향	변하다	동사	모양이 변하다
반드시	부사	반드시 해 내다	변호사	명사	직업
반바지	명사	반바지를 입다	별01	명사	별이 빛나다
반지	명사	반지를 끼다	병문안	명사	병문안을 가다
반찬	명사	반찬을 만들다	보라색	명사	색

어휘	품사	길잡이말	어휘	품사	길잡이말
보이다01	동사	산이 보이다	붙이다	동사	우표를 붙이다
보이다02	동사	사진을 보이다	블라우스	명사	블라우스를 입다
복습	명사	예습과 복습	비교	명사	비교 대상
복잡하다	형용사	생각이 복잡하다	비누	명사	비누로 씻다
볶다	동사	마늘을 볶다	비다	동사	자리가 비다
볶음밥	명사	볶음밥을 만들다	비디오	명사	비디오를 빌리다
봉투	명사	편지 봉투	비밀	명사	비밀을 지키다
뵙다	동사	어른을 뵙다	비슷하다	형용사	외모가 비슷하다
부끄럽다	형용사	부끄러운 표정	빌딩	명사	빌딩을 짓다
부드럽다	형용사	옷감이 부드럽다	빠지다02	동사	강에 빠지다
부럽다	형용사	부러운 마음	빨간색	명사	색
부르다02	형용사	배가 부르다	빨갛다	형용사	코가 빨갛다
부부	명사	가족	빨다02	동사	옷을 빨다
부분	명사	부분과 전체	빨래	명사	이불 빨래
부인01	명사	아내	빵집	명사	빵집에서 일하다
부자02	명사	자산가	빼다01	동사	못을 빼다
부장	명사	부장으로 승진하다	뽑다	동사	흰머리를 뽑다
부족01	명사	산소 부족	사거리	명사	사거리를 건너다
부지런하다	형용사	부지런한 사람	사계절	명사	사계절이 뚜렷하다
부치다02	동사	편지를 부치다	사고01	명사	사고가 나다
북쪽	명사	방향	사실01/사실02	명사/부사	사실을 밝히다
분명하다	형용사	발음이 분명하다	사업	명사	유통 사업
분식	명사	분식으로 끼니를 때우다	사이즈	명사	신발 사이즈
분위기	명사	어색한 분위기	사장	명사	회사 사장
분홍색	명사	색	사탕	명사	사탕을 먹다
불쌍하다	형용사	불쌍한 사람	사흘	명사	사흘 동안
불안	명사	불안을 느끼다	살01	명사	살이 찌다
불편	명사	불편한 신발	삼거리	명사	삼거리 모퉁이
붉다	형용사	붉은 입술	삼겹살	명사	음식
붙다	동사	먼지가 붙다	삼촌	명사	친척

어휘	품사	길잡이말	어휘	품사	길잡이말
상06	명사	상을 받다	선택	명사	직업 선택
상자	명사	상자에 넣다	선풍기	명사	선풍기를 켜다
상처02	명사	상처를 치료하다	설거지	명사	집안일
상추	명사	상추를 먹다	설날	명사	명절
상품02	명사	상품을 팔다	설렁탕	명사	음식
새02	명사	동물	설탕	명사	설탕을 넣다
새03	관형사	새 옷	섬03	명사	섬에서 살다
새로	부사	새로 사다	섭섭하다	형용사	서운하다
새롭다	형용사	감회가 새롭다	성02	명사	김 씨
새벽	명사	새벽 시간	성격	명사	긍정적인 성격
새해	명사	새해 인사	성공	명사	성공의 비결
색	명사	색깔	성적03	명사	시험 성적
색깔	명사	색깔이 진하다	성함	명사	아버지 성함
샌드위치	명사	음식	세05	의존명사	삼십 세
생각나다	동사	아이디어가 생각나다	세계	명사	세계 여행
생기다01	동사	건물이 생기다	세다03	형용사	힘이 세다
생선	명사	생선 구이	세배	명사	세배를 드리다
서너	관형사	서너 개	세상	명사	세상이 넓다
서다	동사	똑바로 서다	세우다	동사	자리에서 세우다
서두르다	동사	준비를 서두르다	세탁	명사	세탁을 맡기다
서랍	명사	서랍을 열다	세탁기	명사	세탁기를 돌리다
서로02	부사	서로 믿다	세탁소	명사	세탁소에 옷을 맡기다
서류	명사	서류 접수	센터	명사	서비스 센터
서비스	명사	서비스 정신	센티미터	의존명사	십 센티미터
서양	명사	동양과 서양	셋째02/셋째01 /셋째03	수사/관형사 /명사	순서
서쪽	명사	방향	소02	명사	소를 기르다
섞다	동사	카드를 섞다	소고기	명사	소고기를 먹다
선배	명사	선배와 후배	소리	명사	소리가 나다
선선하다	형용사	선선한 날씨	소설02	명사	소설을 읽다
선수02	명사	축구 선수	소식02	명사	소식을 듣다

어휘	품사	길잡이말	어휘	품사	길잡이말
소주	명사	소주를 마시다	스카프	명사	스카프를 매다
소중하다	형용사	소중한 생명	스케이트	명사	스케이트를 신다
소파	명사	소파에 앉다	스키장	명사	스키장에서 놀다
소포	명사	소포를 부치다	스타	명사	인기 스타
소풍	명사	소풍을 가다	스트레스	명사	스트레스를 풀다
소화제	명사	소화제를 먹다	스파게티	명사	스파게티를 먹다
속	명사	주머니 속	스포츠	명사	스포츠 경기
속도	명사	속도가 빠르다	슬퍼하다	동사	죽음을 슬퍼하다
속옷	명사	속옷을 입다	슬픔	명사	슬픔에 잠기다
손가락	명사	손가락이 길다	습관	명사	습관을 기르다
손녀	명사	손녀와 손자	시01	명사	시 예산
손바닥	명사	손바닥을 맞대다	시간표	명사	시간표를 짜다
손수건	명사	손수건으로 닦다	시계01	명사	시계 소리
송편	명사	송편을 먹다	시골	명사	시골 마을
수10	명사	숫자	시끄럽다	형용사	시끄러운 소리
수건	명사	수건으로 닦다	시내02	명사	서울 시내
수고	명사	수고를 덜다	시민	명사	시민 의식
수술02	명사	수술을 받다	시어머니	명사	시어머니를 모시다
수영복	명사	수영복을 입다	식구	명사	집안 식구
수저	명사	수저를 놓다	식다	동사	국이 식다
순두부찌개	명사	순두부찌개를 끓이다	식빵	명사	식빵을 먹다
순서	명사	순서를 매기다	식초	명사	식초 냄새
숟가락	명사	숟가락을 들다	식탁	명사	식탁을 차리다
술집	명사	술집 출입	식품	명사	식품을 섭취하다
숫자	명사	숫자를 세다	신랑	명사	신랑과 신부
쉬다04	동사	숨을 쉬다	신부02	명사	아름다운 신부
쉰02/쉰01	수사/관형사	숫자	신분증	명사	신분증 재발급
스무	관형사	숫자	신선하다	형용사	신선한 과일
스스로02 /스스로01	부사/명사	스스로 일어서다	신청	명사	신청을 받다
스웨터	명사	스웨터를 입다	신호	명사	신호를 기다리다

어휘	품사	길잡이말	어휘	품사	길잡이말
신호등	명사	신호등을 기다리다	아줌마	명사	아줌마와 아저씨
신혼여행	명사	신혼여행을 떠나다	악기	명사	악기를 연주하다
싣다	동사	짐을 싣다	안개	명사	안개가 끼다
실수	명사	실수를 범하다	안내문	명사	안내문을 받다
실패02	명사	성공과 실패	안다	동사	아기를 안다
심다	동사	나무를 심다	안되다01	동사	공부가 안되다
심심하다01	형용사	심심한 날	안전01	명사	안전을 지키다
심하다	형용사	장난이 심하다	안쪽	명사	상자 안쪽
싸다01	동사	짐을 싸다	알맞다	형용사	알맞은 단어
싸우다	동사	친구와 싸우다	알아보다	동사	정보를 알아보다
쌀	명사	쌀을 먹다	앞쪽	명사	앞쪽 길
쌀쌀하다	형용사	쌀쌀한 날씨	애02	명사	애를 돌보다
쌓다01	동사	물건을 쌓다	애인	명사	애인과 연애하다
썰다	동사	오이를 썰다	앨범	명사	앨범을 펼치다
쓰다02	동사	모자를 쓰다	야02	감탄사	
쓰레기	명사	쓰레기를 줍다	야채	명사	야채를 데치다
쓰레기통	명사	쓰레기통에 버리다	약간02/약간01	부사/명사	약간 크다
씹다	동사	껌을 씹다	약사	명사	약사가 되다
아가씨	명사	예쁜 아가씨	약하다	형용사	맥박이 약하다
아까02/아까01	부사/명사	아까 먹다	얇다	형용사	얇은 껍질
아나운서	명사	아나운서가 보도하다	양말	명사	양말을 신다
아니02	감탄사		양복	명사	양복 차림
아들	명사	아들을 낳다	양식03	명사	양식을 먹다
아래쪽	명사	길의 아래쪽	양식집	명사	양식집에 가다
아마	부사		양치질	명사	양치질 습관
아무02/아무01	관형사/대명사	아무 책	얘기	명사	얘기를 꺼내다
아무것	명사	아무것이나 괜찮다	어02	감탄사	
아무리01	부사		어깨	명사	어깨가 넓다
아버님	명사	아버님의 말씀	어둡다	형용사	어두운 밤
아빠	명사	아빠와 엄마	어떠하다	형용사	어떠한 문제

어휘	품사	길잡이말	어휘	품사	길잡이말
어른	명사	어른이 되다	열리다02	동사	문이 열리다
어리다02	형용사	어린 시절	열차	명사	열차를 타다
어린아이	명사	어린아이가 울다	열흘	명사	열흘의 휴가
어린이	명사	어린이 도서관	엽서	명사	엽서를 배달하다
어머님	명사	어머님과 아버님	영수증	명사	영수증을 끊다
어울리다	동사	사람들과 어울리다	영하	명사	영하의 기온
어젯밤	명사	어젯밤 꿈	옆집	명사	옆집 아저씨
언어	명사	음성 언어	예매	명사	영화표 예매
언제나	부사		예순02/예순01	수사/관형사	숫자
얻다	동사	음식을 얻다	예술	명사	예술 작품
얼다	동사	강이 얼다	예습	명사	예습과 복습
얼음	명사	얼음이 녹다	예약	명사	호텔 예약
엄마	명사	엄마를 닮다	옛	관형사	옛 친구
엉덩이	명사	엉덩이를 두드리다	옛날	명사	먼 옛날
엘리베이터	명사	엘리베이터를 타다	오래	부사	오래 걸리다
여기저기	명사	여기저기 돌아다니다	오래간만	명사	오래간만에 만나다
여성	명사	여성과 남성	오래되다	형용사	오래된 건물
여쭙다	동사	선생님께 여쭙다	오랜만	명사	오랜만에 만나다
여학생	명사	여학생 기숙사	오랫동안	명사	오랫동안 사귀다
여행지	명사	신혼 여행지	오르다	동사	값이 오르다
역사	명사	한국의 역사	오른손	명사	오른손을 들다
역시	부사	나 역시	오이	명사	오이를 썰다
연결	명사	연결이 끊기다	온도	명사	온도가 높다
연락	명사	연락을 주다	올라오다	동사	정상에 올라오다
연락처	명사	연락처를 남기다	올리다	동사	값을 올리다
연말	명사	연말 모임	올림01	명사	홍길동 올림
연세	명사	연세가 많다	올림픽	명사	올림픽 경기
연예인	명사	유명 연예인	옳다01	형용사	판단이 옳다
연휴	명사	추석 연휴	옷걸이	명사	옷걸이에 걸다
열04	명사	열이 나다	옷장	명사	옷장을 정리하다

어휘	품사	길잡이말	어휘	품사	길잡이말
와이셔츠	명사	와이셔츠를 입다	육교	명사	육교를 건너다
완전히	부사	완전히 끝나다	윷놀이	명사	윷놀이를 하다
왕	명사	왕과 왕비	음료	명사	과일 음료
왜냐하면	부사		음식점	명사	음식점에서 식사하다
외롭다	형용사	외로운 인생	음악가	명사	음악가가 연주하다
외우다	동사	단어를 외우다	응	감탄사	
외출	명사	외출을 삼가다	의미	명사	단어의 의미
왼손	명사	왼손을 들다	이03	명사	이를 닦다
요금	명사	전화 요금	이거	대명사	
요리사	명사	한식 요리사	이곳	대명사	
우동	명사	우동을 먹다	이기다01	동사	경기에서 이기다
우리나라	명사	우리나라 사람	이날	명사	이날 공연
우선01	부사	우선 먼저	이때	명사	이때를 놓치다
운동복	명사	운동복을 입다	이런01	관형사	이런 일
운전사	명사	트럭 운전사	이렇다	형용사	결과가 이렇다
울산	명사	도시	이르다03	형용사	이른 아침
울음	명사	울음을 그치다	이마	명사	이마가 넓다
움직이다	동사	몸을 움직이다	이모	명사	친척
웃음	명사	웃음이 나다	이미	부사	이미 끝나다
원피스	명사	원피스를 입다	이분	대명사	
원하다	동사	도움을 원하다	이불	명사	이불을 덮다
월급	명사	월급을 받다	이사02	명사	이사를 가다
위쪽	명사	위쪽과 아래쪽	이삿짐	명사	이삿짐을 싸다
위치	명사	위치를 옮기다	이상01	명사	한 시간 이상
위험	명사	위험이 닥치다	이상04	명사	이상 기온
유리02	명사	유리가 깨지다	이용	명사	이용 방법
유치원	명사	유치원에 입학하다	이웃	명사	이웃 나라
유학01	명사	유학을 가다	이전	명사	이전의 경험
유학생	명사	유학생 신분	이제02/이제01	부사/명사	이제부터
유행	명사	유행을 따르다	이틀	명사	이틀이 지나다

어휘	품사	길잡이말	어휘	품사	길잡이말
이해02	명사	이해가 쉽다	자식01	명사	자식을 기르다
이후	명사	이후의 삶	자신01	명사	자신을 돌보다
익다01	동사	과일이 익다	자연01	명사	자연으로 돌아가다
익숙하다	형용사	익숙한 손길	자유	명사	자유를 누리다
인기	명사	인기가 많다	자장면	명사	자장면을 먹다
인삼	명사	인삼을 먹다	자판기	명사	커피 자판기
인형	명사	곰 인형	잔치	명사	생일잔치
일기03	명사	일기를 쓰다	잘되다	동사	일이 잘되다
일부	명사	일부 지역	잘못되다	동사	순서가 잘못되다
일식01	명사	일식을 먹다	잘못하다	동사	계산을 잘못하다
일식집	명사	일식집에서 먹다	잘생기다	동사	잘생긴 사람
일어서다	동사	자리에서 일어서다	잠자다	동사	잠자는 모습
잃다	동사	물건을 잃다	잡다	동사	손을 잡다
잃어버리다	동사	물건을 잃어버리다	잡지	명사	잡지를 보다
입구	명사	지하철 입구	장02	의존명사	한 장
입술	명사	빨간 입술	장갑	명사	장갑을 끼다
입원	명사	입원 환자	장난감	명사	장난감 기차
입장권	명사	입장권을 사다	장마	명사	여름 장마
입학	명사	대학 입학	장미	명사	장미가 피다
잊다	동사	번호를 잊다	재료	명사	재료를 준비하다
잊어버리다	동사	비밀번호를 잊어버리다	재미01	명사	재미를 느끼다
잎	명사	잎이 무성하다	재채기	명사	재채기가 나오다
자기소개	명사	자기소개를 하다	저거	대명사	
자꾸	부사	자꾸 반복하다	저곳	대명사	
자동판매기	명사	음료수 자동판매기	저금	명사	저금을 찾다
자라다	동사	나무가 자라다	저런01	관형사	저런 사람
자랑	명사	솜씨 자랑	저렇다	형용사	
자르다	동사	머리를 자르다	저번	명사	저번 주
자리01	명사	자리에 앉다	저분	대명사	
자세히	부사	자세히 알다	저희	대명사	

어휘	품사	길잡이말	어휘	품사	길잡이말
적다01	동사	이름을 적다	졸다01	동사	깜빡 졸다
적당하다	형용사	적당한 가격	좁다	형용사	방이 좁다
전01	관형사	전 세계	종류	명사	종류가 다양하다
전기04	명사	전기가 끊기다	종이	명사	종이에 쓰다
전부02/전부01	부사/명사	전부 모이다	주머니	명사	실내화 주머니
전철02	명사	전철을 타다	주문02	명사	주문을 받다
전체	명사	전체 국민	주변02	명사	주변 환경
전하다	동사	편지를 전하다	주사01	명사	주사를 맞다
전혀	부사	전혀 모르다	주위	명사	코 주위
전화기	명사	전화기 벨소리	주차	명사	주차 위반
젊다	형용사	젊은 남녀	주차장	명사	주차장에 세우다
점수	명사	점수가 높다	주황색	명사	색
점심시간	명사	점심시간이 되다	죽다01	동사	사람이 죽다
점점	부사	점점 추워지다	줄01	명사	줄을 매다
접다	동사	종이를 접다	줄다	동사	몸무게가 줄다
접시	명사	접시에 담다	줄이다	동사	소리를 줄이다
젓가락01	명사	젓가락과 숟가락	줍다	동사	쓰레기를 줍다
정거장	명사	버스 정거장	중간	명사	학교와 집의 중간
정도02	명사	어느 정도	중국집	명사	중국집에 주문하다
정리	명사	책상 정리	중심	명사	서울의 중심
정문01	명사	학교 정문	중앙	명사	무대 중앙
정원02	명사	정원을 가꾸다	중요	명사	중요 자료
정하다02	동사	시간을 정하다	중학교	명사	중학교에 들어가다
정확	명사	발음이 정확하다	중학생	명사	중학생이 되다
젖다	동사	옷이 젖다	즐거워하다	동사	매우 즐거워하다
제목	명사	소설 제목	즐겁다	형용사	즐거운 마음
조금씩	부사	조금씩 가다	즐기다	동사	휴일을 즐기다
조심	명사	산불 조심	지각02	명사	지각이 잦다
조용히	부사	조용히 말하다	지나가다	동사	하루가 지나가다
조카	명사	조카가 생기다	지난번	명사	지난번 경기

어휘	품사	길잡이말	어휘	품사	길잡이말
지다02	동사	경기에서 지다	차다04	형용사	바람이 차다
지도01	명사	지도를 보다	차례01	명사	차례를 지키다
지루하다	형용사	수업이 지루하다	착하다	형용사	착한 사람
지르다03	동사	소리를 지르다	찬물	명사	찬물을 마시다
지방01	명사	남쪽 지방	참다	동사	기침을 참다
지우다01	동사	낙서를 지우다	찾아가다	동사	교실로 찾아가다
지키다	동사	나라를 지키다	찾아오다	동사	손님이 찾아오다
지하	명사	지하 주차장	채소	명사	채소를 먹다
지하도	명사	지하도를 건너다	책장02	명사	가구
직장	명사	직장에 다니다	첫	관형사	첫 만남
직접02/직접01	부사/명사	직접 만나다	첫날	명사	새해 첫날
진짜02/진짜01	부사/명사	진짜 괜찮다	첫째02/첫째01 /첫째03	수사/관형사 /명사	순서
진하다	형용사	안개가 진하다	청년	명사	젊은 청년
짐	명사	짐을 싸다	청바지	명사	청바지를 입다
집들이	명사	집들이에 초대하다	청소년	명사	청소년 시절
집안일	명사	집안일을 돕다	체육관	명사	실내 체육관
짓다	동사	집을 짓다	쳐다보다	동사	위를 쳐다보다
짜증	명사	짜증을 내다	초02	의존명사	5월 초
짝01	명사	짝을 맞추다	초03	의존명사	1분 50초
짧다	형용사	다리가 짧다	초대장	명사	결혼식 초대장
짬뽕	명사	짬뽕을 시키다	초등학교	명사	초등학교에 입학하다
찌개	명사	찌개를 끓이다	초등학생	명사	초등학생이 되다
찌다01	동사	살이 찌다	초록색	명사	색
찌다02	동사	감자를 찌다	최고02	명사	최고 점수
차01	명사	차를 마시다	최근	명사	최근 개봉작
차02	명사	차를 타다	추석	명사	명절
차갑다	형용사	물이 차갑다	축구공	명사	축구공을 차다
차다01	동사	가득 차다	출구	명사	출구로 나가다
차다02	동사	공을 차다	출근	명사	출근 시간
차다03	동사	시계를 차다	출석	명사	출석을 부르다

어휘	품사	길잡이말	어휘	품사	길잡이말
출입	명사	출입 금지	타다03	동사	커피를 타다
출입국	명사	출입국 사무소	탕수육	명사	탕수육을 먹다
출장	명사	출장을 가다	태극기	명사	태극기를 달다
출퇴근	명사	출퇴근 시간	태도	명사	수업 태도
충분하다	형용사	시간이 충분하다	태어나다	동사	아이가 태어나다
취소	명사	예약 취소	태풍	명사	태풍이 불다
취직	명사	대기업 취직	택배	명사	택배로 보내다
치과	명사	치과 의사	테니스장	명사	테니스장에 가다
치료	명사	응급 치료	테이블	명사	테이블에 놓다
치약	명사	치약을 짜다	토끼	명사	토끼 사냥
치킨	명사	양념 치킨	토마토	명사	토마토 주스
친척	명사	친척이 모이다	통장	명사	은행 통장
침실	명사	침실에서 자다	통화02	명사	전화 통화
칫솔	명사	칫솔과 치약	퇴원	명사	입원과 퇴원
칭찬	명사	칭찬을 듣다	튀기다02	동사	기름에 튀기다
카레	명사	인도 카레	튀김	명사	튀김이 바삭하다
카페	명사	카페에서 만나다	트럭	명사	트럭 운전자
칼	명사	칼로 썰다	특별히	부사	특별히 좋아하다
칼국수	명사	바지락 칼국수	튼튼하다	형용사	몸이 튼튼하다
켜다02	동사	바이올린을 켜다	틀다	동사	텔레비전을 틀다
켤레	의존명사	한 켤레	틀리다01	동사	답이 틀리다
코끼리	명사	동물	팀	명사	팀을 이루다
콧물	명사	콧물이 나오다	파란색	명사	색
콩	명사	콩을 재배하다	파랗다	형용사	하늘이 파랗다
크기	명사	크기가 작다	팔리다	동사	물건이 팔리다
크리스마스	명사	크리스마스 파티	펴다	동사	우산을 펴다
큰소리	명사	큰소리가 들리다	편리	명사	교통이 편리하다
키우다	동사	강아지를 키우다	편안	명사	마음이 편안하다
킬로그램	의존명사	무게	편찮다	형용사	몸이 편찮다
킬로미터	의존명사	거리	편하다	형용사	마음이 편하다

어휘	품사	길잡이말	어휘	품사	길잡이말
평소	명사	평소 때	항공	명사	항공 회사
평일	명사	평일과 주말	항공권	명사	항공권을 예약하다
포장01	명사	선물 포장	항상	부사	항상 같다
푸르다	형용사	숲이 푸르다	해01/해02	명사/의존명사	해가 뜨다
푹	부사	푹 자다	해마다	부사	해마다 만나다
풀다	동사	나사를 풀다	해외	명사	해외 유학
풍경	명사	자연 풍경	해외여행	명사	해외여행을 가다
프라이팬	명사	프라이팬에 볶다	햄버거	명사	햄버거를 먹다
피01	명사	피를 뽑다	햇빛	명사	햇빛이 비치다
피다	동사	꽃이 피다	행동	명사	행동에 옮기다
피자	명사	피자를 주문하다	행복	명사	행복을 빌다
하늘	명사	하늘과 땅	행사01	명사	오픈 행사
하늘색	명사	색	허리	명사	허리 사이즈
-하다	접사	건강하다	헤어지다	동사	친구와 헤어지다
하숙비	명사	하숙비를 내다	헬스클럽	명사	헬스클럽에서 운동하다
하얀색	명사	색	혀	명사	혀를 내밀다
하얗다	형용사	눈이 하얗다	현금	명사	현금으로 결제하다
학기	명사	학기가 시작되다	현재02/현재01	부사/명사	과거와 현재
학년	명사	1학년	형제	명사	아들 삼 형제
학원	명사	피아노 학원	호랑이	명사	동물
한강	명사	한강 공원	호수02	명사	인공 호수
한글	명사	한글을 쓰다	혹시	부사	혹시 모르면
한두	관형사	한두 명	홍차	명사	홍차를 마시다
한번	명사	한번 해 보다	화01	명사	화가 나다
한식03	명사	한식 메뉴	화가	명사	화가의 그림
한식집	명사	한식집에서 식사하다	화나다	동사	화난 얼굴
한옥	명사	한옥 마을	화내다	동사	친구에게 화내다
한잔	명사	한잔 마시다	화려하다	형용사	보석이 화려하다
한턱	명사	한턱을 내다	화장품	명사	화장품을 바르다
할인	명사	할인 가격	환영02	명사	환영을 받다

어휘	품사	길잡이말	어휘	품사	길잡이말
환자	명사	암 환자	휴대폰	명사	휴대폰으로 전화하다
환전	명사	달러 환전	휴일	명사	휴일 계획
회01	의존명사	여러 회	휴지	명사	휴지를 줍다
회색	명사	색	휴지통	명사	휴지통에 버리다
회원	명사	회원을 모집하다	흐르다	동사	물이 흐르다
횡단보도	명사	횡단보도를 건너다	흔들다	동사	손을 흔들다
후배	명사	회사 후배	흘리다	동사	눈물을 흘리다
훌륭하다	형용사	작품이 훌륭하다	희망	명사	희망 사항
훨씬	부사	훨씬 많다	흰색	명사	색
휴게실	명사	휴게실에서 쉬다	힘	명사	힘이 세다

TOPIK Ⅰ
부록 04

쉬어 가기

잘못된 부분을 찾아 고치면서 나의 한국어 실력을 확인해 보세요!

날자: ○월 ○일
날씨: 비

오늘은 하루 종일 비를 왔습니다.
그런데 어제 어학당에 우산을 두고 와서
집에는 우산이 업었습니다.
그래서 약속을 치소하고
불고기를 먹으면서 집에서 놀았습니다.
하숙집 아주머니가 김치찌게도 해 주셨습니다.
조금 매웠지만 맛잇었습니다.
친구와 만나지 못해 조금 아쉬웠지만
그래도 즐거운 하루였습니다.

모두 잘 찾았나요?

날자: ○월 ○일 → 날짜
날씨: 비

오늘은 하루 종일 **비를** 왔습니다. → 비가
그런데 어제 어학당에 우산을 두고 와서
집에는 우산이 **업었습니다**. → 없었습니다
그래서 약속을 **치소하고** → 취소하고
불고기를 먹으면서 집에서 놀았습니다.
하숙집 아주머니가 **김치찌게**도 해 주셨습니다. → 김치찌개
조금 매웠지만 **맛잇었습니다**. → 맛있었습니다
친구와 만나지 못해 조금 아쉬웠지만
그래도 즐거운 하루였습니다.

본 답안지는 연습용 모의답안지입니다.

한국어능력시험 TOPIK I
실전 모의고사 답안지
듣기, 읽기

성 명 (Name)	한 국 어 (Korean)	
	영 어 (English)	

문제지 유형 (Type)	홀수형	○
	짝수형	○

	수험번호											
						0						
⓪	⓪	⓪	⓪	⓪	⓪	●	⓪	⓪	⓪	⓪	⓪	⓪
1	①	①	①	①	①		①	①	①	①	①	①
2	②	②	②	②	②		②	②	②	②	②	②
3	③	③	③	③	③		③	③	③	③	③	③
4	④	④	④	④	④		④	④	④	④	④	④
5	⑤	⑤	⑤	⑤	⑤	–	⑤	⑤	⑤	⑤	⑤	⑤
6	⑥	⑥	⑥	⑥	⑥		⑥	⑥	⑥	⑥	⑥	⑥
7	⑦	⑦	⑦	⑦	⑦		⑦	⑦	⑦	⑦	⑦	⑦
8	⑧	⑧	⑧	⑧	⑧		⑧	⑧	⑧	⑧	⑧	⑧
9	⑨	⑨	⑨	⑨	⑨		⑨	⑨	⑨	⑨	⑨	⑨

※ 실제 시험에서는 모든 표기가 바르게 되었는지 감독위원이 확인 후 서명을 합니다.

※ 답안 작성은 반드시 제공된 컴퓨터용 사인펜을 사용해야 합니다.

※ 위 사항을 지키지 않아 발생하는 불이익은 응시자에게 있습니다.

답안 표기란														
1	①	②	③	④	26	①	②	③	④	51	①	②	③	④
2	①	②	③	④	27	①	②	③	④	52	①	②	③	④
3	①	②	③	④	28	①	②	③	④	53	①	②	③	④
4	①	②	③	④	29	①	②	③	④	54	①	②	③	④
5	①	②	③	④	30	①	②	③	④	55	①	②	③	④
6	①	②	③	④	31	①	②	③	④	56	①	②	③	④
7	①	②	③	④	32	①	②	③	④	57	①	②	③	④
8	①	②	③	④	33	①	②	③	④	58	①	②	③	④
9	①	②	③	④	34	①	②	③	④	59	①	②	③	④
10	①	②	③	④	35	①	②	③	④	60	①	②	③	④
11	①	②	③	④	36	①	②	③	④	61	①	②	③	④
12	①	②	③	④	37	①	②	③	④	62	①	②	③	④
13	①	②	③	④	38	①	②	③	④	63	①	②	③	④
14	①	②	③	④	39	①	②	③	④	64	①	②	③	④
15	①	②	③	④	40	①	②	③	④	65	①	②	③	④
16	①	②	③	④	41	①	②	③	④	66	①	②	③	④
17	①	②	③	④	42	①	②	③	④	67	①	②	③	④
18	①	②	③	④	43	①	②	③	④	68	①	②	③	④
19	①	②	③	④	44	①	②	③	④	69	①	②	③	④
20	①	②	③	④	45	①	②	③	④	70	①	②	③	④
21	①	②	③	④	46	①	②	③	④					
22	①	②	③	④	47	①	②	③	④					
23	①	②	③	④	48	①	②	③	④					
24	①	②	③	④	49	①	②	③	④					
25	①	②	③	④	50	①	②	③	④					

절취선

본 답안지는 연습용 모의답안지입니다.

한국어능력시험 TOPIK Ⅰ
실전 모의고사 답안지
듣기, 읽기

성 명 (Name)	한 국 어 (Korean)	
	영 어 (English)	

문제지 유형 (Type)	홀수형	○
	짝수형	○

	수험번호											
						0						
⓪	⓪	⓪	⓪	⓪	⓪	●	⓪	⓪	⓪	⓪	⓪	⓪
1	①	①	①	①	①		①	①	①	①	①	①
2	②	②	②	②	②		②	②	②	②	②	②
3	③	③	③	③	③		③	③	③	③	③	③
4	④	④	④	④	④		④	④	④	④	④	④
5	⑤	⑤	⑤	⑤	⑤	–	⑤	⑤	⑤	⑤	⑤	⑤
6	⑥	⑥	⑥	⑥	⑥		⑥	⑥	⑥	⑥	⑥	⑥
7	⑦	⑦	⑦	⑦	⑦		⑦	⑦	⑦	⑦	⑦	⑦
8	⑧	⑧	⑧	⑧	⑧		⑧	⑧	⑧	⑧	⑧	⑧
9	⑨	⑨	⑨	⑨	⑨		⑨	⑨	⑨	⑨	⑨	⑨

※ 실제 시험에서는 모든 표기가 바르게 되었는지 감독위원이 확인 후 서명을 합니다.

※ 답안 작성은 반드시 제공된 컴퓨터용 사인펜을 사용해야 합니다.

※ 위 사항을 지키지 않아 발생하는 불이익은 응시자에게 있습니다.

답안 표기란														
1	①	②	③	④	26	①	②	③	④	51	①	②	③	④
2	①	②	③	④	27	①	②	③	④	52	①	②	③	④
3	①	②	③	④	28	①	②	③	④	53	①	②	③	④
4	①	②	③	④	29	①	②	③	④	54	①	②	③	④
5	①	②	③	④	30	①	②	③	④	55	①	②	③	④
6	①	②	③	④	31	①	②	③	④	56	①	②	③	④
7	①	②	③	④	32	①	②	③	④	57	①	②	③	④
8	①	②	③	④	33	①	②	③	④	58	①	②	③	④
9	①	②	③	④	34	①	②	③	④	59	①	②	③	④
10	①	②	③	④	35	①	②	③	④	60	①	②	③	④
11	①	②	③	④	36	①	②	③	④	61	①	②	③	④
12	①	②	③	④	37	①	②	③	④	62	①	②	③	④
13	①	②	③	④	38	①	②	③	④	63	①	②	③	④
14	①	②	③	④	39	①	②	③	④	64	①	②	③	④
15	①	②	③	④	40	①	②	③	④	65	①	②	③	④
16	①	②	③	④	41	①	②	③	④	66	①	②	③	④
17	①	②	③	④	42	①	②	③	④	67	①	②	③	④
18	①	②	③	④	43	①	②	③	④	68	①	②	③	④
19	①	②	③	④	44	①	②	③	④	69	①	②	③	④
20	①	②	③	④	45	①	②	③	④	70	①	②	③	④
21	①	②	③	④	46	①	②	③	④					
22	①	②	③	④	47	①	②	③	④					
23	①	②	③	④	48	①	②	③	④					
24	①	②	③	④	49	①	②	③	④					
25	①	②	③	④	50	①	②	③	④					

본 답안지는 연습용 모의답안지입니다.

한국어능력시험 TOPIK I
실전 모의고사 답안지
듣기, 읽기

성 명 (Name)	한 국 어 (Korean)	
	영 어 (English)	

문제지 유형 (Type)	홀수형	○
	짝수형	○

	수험번호											
						0						
⓪	⓪	⓪	⓪	⓪	⓪	●	⓪	⓪	⓪	⓪	⓪	⓪
1	①	①	①	①	①		①	①	①	①	①	①
2	②	②	②	②	②		②	②	②	②	②	②
3	③	③	③	③	③		③	③	③	③	③	③
4	④	④	④	④	④		④	④	④	④	④	④
5	⑤	⑤	⑤	⑤	⑤	–	⑤	⑤	⑤	⑤	⑤	⑤
6	⑥	⑥	⑥	⑥	⑥		⑥	⑥	⑥	⑥	⑥	⑥
7	⑦	⑦	⑦	⑦	⑦		⑦	⑦	⑦	⑦	⑦	⑦
8	⑧	⑧	⑧	⑧	⑧		⑧	⑧	⑧	⑧	⑧	⑧
9	⑨	⑨	⑨	⑨	⑨		⑨	⑨	⑨	⑨	⑨	⑨

※ 실제 시험에서는 모든 표기가 바르게 되었는지 감독위원이 확인 후 서명을 합니다.

※ 답안 작성은 반드시 제공된 컴퓨터용 사인펜을 사용해야 합니다.

※ 위 사항을 지키지 않아 발생하는 불이익은 응시자에게 있습니다.

답안 표기란														
1	①	②	③	④	26	①	②	③	④	51	①	②	③	④
2	①	②	③	④	27	①	②	③	④	52	①	②	③	④
3	①	②	③	④	28	①	②	③	④	53	①	②	③	④
4	①	②	③	④	29	①	②	③	④	54	①	②	③	④
5	①	②	③	④	30	①	②	③	④	55	①	②	③	④
6	①	②	③	④	31	①	②	③	④	56	①	②	③	④
7	①	②	③	④	32	①	②	③	④	57	①	②	③	④
8	①	②	③	④	33	①	②	③	④	58	①	②	③	④
9	①	②	③	④	34	①	②	③	④	59	①	②	③	④
10	①	②	③	④	35	①	②	③	④	60	①	②	③	④
11	①	②	③	④	36	①	②	③	④	61	①	②	③	④
12	①	②	③	④	37	①	②	③	④	62	①	②	③	④
13	①	②	③	④	38	①	②	③	④	63	①	②	③	④
14	①	②	③	④	39	①	②	③	④	64	①	②	③	④
15	①	②	③	④	40	①	②	③	④	65	①	②	③	④
16	①	②	③	④	41	①	②	③	④	66	①	②	③	④
17	①	②	③	④	42	①	②	③	④	67	①	②	③	④
18	①	②	③	④	43	①	②	③	④	68	①	②	③	④
19	①	②	③	④	44	①	②	③	④	69	①	②	③	④
20	①	②	③	④	45	①	②	③	④	70	①	②	③	④
21	①	②	③	④	46	①	②	③	④					
22	①	②	③	④	47	①	②	③	④					
23	①	②	③	④	48	①	②	③	④					
24	①	②	③	④	49	①	②	③	④					
25	①	②	③	④	50	①	②	③	④					

절취선

본 답안지는 연습용 모의답안지입니다.

한국어능력시험 TOPIK Ⅰ
실전 모의고사 답안지
듣기, 읽기

성 명 (Name)	한 국 어 (Korean)	
	영 어 (English)	

문제지 유형 (Type)	홀수형	○
	짝수형	○

	수험번호											
						0						
⓪	⓪	⓪	⓪	⓪	⓪	●	⓪	⓪	⓪	⓪	⓪	⓪
1	①	①	①	①	①		①	①	①	①	①	①
2	②	②	②	②	②		②	②	②	②	②	②
3	③	③	③	③	③		③	③	③	③	③	③
4	④	④	④	④	④		④	④	④	④	④	④
5	⑤	⑤	⑤	⑤	⑤	–	⑤	⑤	⑤	⑤	⑤	⑤
6	⑥	⑥	⑥	⑥	⑥		⑥	⑥	⑥	⑥	⑥	⑥
7	⑦	⑦	⑦	⑦	⑦		⑦	⑦	⑦	⑦	⑦	⑦
8	⑧	⑧	⑧	⑧	⑧		⑧	⑧	⑧	⑧	⑧	⑧
9	⑨	⑨	⑨	⑨	⑨		⑨	⑨	⑨	⑨	⑨	⑨

※ 실제 시험에서는 모든 표기가 바르게 되었는지 감독위원이 확인 후 서명을 합니다.

※ 답안 작성은 반드시 제공된 컴퓨터용 사인펜을 사용해야 합니다.

※ 위 사항을 지키지 않아 발생하는 불이익은 응시자에게 있습니다.

답안 표기란														
1	①	②	③	④	26	①	②	③	④	51	①	②	③	④
2	①	②	③	④	27	①	②	③	④	52	①	②	③	④
3	①	②	③	④	28	①	②	③	④	53	①	②	③	④
4	①	②	③	④	29	①	②	③	④	54	①	②	③	④
5	①	②	③	④	30	①	②	③	④	55	①	②	③	④
6	①	②	③	④	31	①	②	③	④	56	①	②	③	④
7	①	②	③	④	32	①	②	③	④	57	①	②	③	④
8	①	②	③	④	33	①	②	③	④	58	①	②	③	④
9	①	②	③	④	34	①	②	③	④	59	①	②	③	④
10	①	②	③	④	35	①	②	③	④	60	①	②	③	④
11	①	②	③	④	36	①	②	③	④	61	①	②	③	④
12	①	②	③	④	37	①	②	③	④	62	①	②	③	④
13	①	②	③	④	38	①	②	③	④	63	①	②	③	④
14	①	②	③	④	39	①	②	③	④	64	①	②	③	④
15	①	②	③	④	40	①	②	③	④	65	①	②	③	④
16	①	②	③	④	41	①	②	③	④	66	①	②	③	④
17	①	②	③	④	42	①	②	③	④	67	①	②	③	④
18	①	②	③	④	43	①	②	③	④	68	①	②	③	④
19	①	②	③	④	44	①	②	③	④	69	①	②	③	④
20	①	②	③	④	45	①	②	③	④	70	①	②	③	④
21	①	②	③	④	46	①	②	③	④					
22	①	②	③	④	47	①	②	③	④					
23	①	②	③	④	48	①	②	③	④					
24	①	②	③	④	49	①	②	③	④					
25	①	②	③	④	50	①	②	③	④					

본 답안지는 연습용 모의답안지입니다.

한국어능력시험 TOPIK I
실전 모의고사 답안지
듣기, 읽기

성 명 (Name)	한 국 어 (Korean)	
	영 어 (English)	

문제지 유형 (Type)	홀수형	○
	짝수형	○

	수 험 번 호											
						0						
⓪	⓪	⓪	⓪	⓪	⓪	●	⓪	⓪	⓪	⓪	⓪	⓪
1	①	①	①	①	①		①	①	①	①	①	①
2	②	②	②	②	②		②	②	②	②	②	②
3	③	③	③	③	③		③	③	③	③	③	③
4	④	④	④	④	④		④	④	④	④	④	④
5	⑤	⑤	⑤	⑤	⑤	–	⑤	⑤	⑤	⑤	⑤	⑤
6	⑥	⑥	⑥	⑥	⑥		⑥	⑥	⑥	⑥	⑥	⑥
7	⑦	⑦	⑦	⑦	⑦		⑦	⑦	⑦	⑦	⑦	⑦
8	⑧	⑧	⑧	⑧	⑧		⑧	⑧	⑧	⑧	⑧	⑧
9	⑨	⑨	⑨	⑨	⑨		⑨	⑨	⑨	⑨	⑨	⑨

※ 실제 시험에서는 모든 표기가 바르게 되었는지 감독위원이 확인 후 서명을 합니다.

※ 답안 작성은 반드시 제공된 컴퓨터용 사인펜을 사용해야 합니다.

※ 위 사항을 지키지 않아 발생하는 불이익은 응시자에게 있습니다.

답안 표기란														
1	①	②	③	④	26	①	②	③	④	51	①	②	③	④
2	①	②	③	④	27	①	②	③	④	52	①	②	③	④
3	①	②	③	④	28	①	②	③	④	53	①	②	③	④
4	①	②	③	④	29	①	②	③	④	54	①	②	③	④
5	①	②	③	④	30	①	②	③	④	55	①	②	③	④
6	①	②	③	④	31	①	②	③	④	56	①	②	③	④
7	①	②	③	④	32	①	②	③	④	57	①	②	③	④
8	①	②	③	④	33	①	②	③	④	58	①	②	③	④
9	①	②	③	④	34	①	②	③	④	59	①	②	③	④
10	①	②	③	④	35	①	②	③	④	60	①	②	③	④
11	①	②	③	④	36	①	②	③	④	61	①	②	③	④
12	①	②	③	④	37	①	②	③	④	62	①	②	③	④
13	①	②	③	④	38	①	②	③	④	63	①	②	③	④
14	①	②	③	④	39	①	②	③	④	64	①	②	③	④
15	①	②	③	④	40	①	②	③	④	65	①	②	③	④
16	①	②	③	④	41	①	②	③	④	66	①	②	③	④
17	①	②	③	④	42	①	②	③	④	67	①	②	③	④
18	①	②	③	④	43	①	②	③	④	68	①	②	③	④
19	①	②	③	④	44	①	②	③	④	69	①	②	③	④
20	①	②	③	④	45	①	②	③	④	70	①	②	③	④
21	①	②	③	④	46	①	②	③	④					
22	①	②	③	④	47	①	②	③	④					
23	①	②	③	④	48	①	②	③	④					
24	①	②	③	④	49	①	②	③	④					
25	①	②	③	④	50	①	②	③	④					

절취선

본 답안지는 연습용 모의답안지입니다.

한국어능력시험 TOPIK I
실전 모의고사 답안지
듣기, 읽기

성 명 (Name)	한 국 어 (Korean)	
	영 어 (English)	

문제지 유형 (Type)	홀수형	○
	짝수형	○

	수험번호											
						0						
⓪	⓪	⓪	⓪	⓪	⓪	●	⓪	⓪	⓪	⓪	⓪	⓪
1	①	①	①	①	①		①	①	①	①	①	①
2	②	②	②	②	②		②	②	②	②	②	②
3	③	③	③	③	③		③	③	③	③	③	③
4	④	④	④	④	④		④	④	④	④	④	④
5	⑤	⑤	⑤	⑤	⑤	–	⑤	⑤	⑤	⑤	⑤	⑤
6	⑥	⑥	⑥	⑥	⑥		⑥	⑥	⑥	⑥	⑥	⑥
7	⑦	⑦	⑦	⑦	⑦		⑦	⑦	⑦	⑦	⑦	⑦
8	⑧	⑧	⑧	⑧	⑧		⑧	⑧	⑧	⑧	⑧	⑧
9	⑨	⑨	⑨	⑨	⑨		⑨	⑨	⑨	⑨	⑨	⑨

※ 실제 시험에서는 모든 표기가 바르게 되었는지 감독위원이 확인 후 서명을 합니다.

※ 답안 작성은 반드시 제공된 컴퓨터용 사인펜을 사용해야 합니다.

※ 위 사항을 지키지 않아 발생하는 불이익은 응시자에게 있습니다.

답안 표기란						
1	① ② ③ ④	26	① ② ③ ④	51	① ② ③ ④
2	① ② ③ ④	27	① ② ③ ④	52	① ② ③ ④
3	① ② ③ ④	28	① ② ③ ④	53	① ② ③ ④
4	① ② ③ ④	29	① ② ③ ④	54	① ② ③ ④
5	① ② ③ ④	30	① ② ③ ④	55	① ② ③ ④
6	① ② ③ ④	31	① ② ③ ④	56	① ② ③ ④
7	① ② ③ ④	32	① ② ③ ④	57	① ② ③ ④
8	① ② ③ ④	33	① ② ③ ④	58	① ② ③ ④
9	① ② ③ ④	34	① ② ③ ④	59	① ② ③ ④
10	① ② ③ ④	35	① ② ③ ④	60	① ② ③ ④
11	① ② ③ ④	36	① ② ③ ④	61	① ② ③ ④
12	① ② ③ ④	37	① ② ③ ④	62	① ② ③ ④
13	① ② ③ ④	38	① ② ③ ④	63	① ② ③ ④
14	① ② ③ ④	39	① ② ③ ④	64	① ② ③ ④
15	① ② ③ ④	40	① ② ③ ④	65	① ② ③ ④
16	① ② ③ ④	41	① ② ③ ④	66	① ② ③ ④
17	① ② ③ ④	42	① ② ③ ④	67	① ② ③ ④
18	① ② ③ ④	43	① ② ③ ④	68	① ② ③ ④
19	① ② ③ ④	44	① ② ③ ④	69	① ② ③ ④
20	① ② ③ ④	45	① ② ③ ④	70	① ② ③ ④
21	① ② ③ ④	46	① ② ③ ④		
22	① ② ③ ④	47	① ② ③ ④		
23	① ② ③ ④	48	① ② ③ ④		
24	① ② ③ ④	49	① ② ③ ④		
25	① ② ③ ④	50	① ② ③ ④		

PART 03

말하기 평가

01 시험 소개

1. 응시 대상: 한국어를 모국어로 하지 않는 재외동포 및 외국인
   - 한국어 학습자 및 국내 대학 유학 희망자
   - 국내외 한국 기업체 및 공공 기관 취업 희망자
   - 외국 학교에 재학 중이거나 졸업한 재외국민

2. 시험 목적
   - 의사소통 중심의 한국어 학습 방향 제시
   - 한국어 의사소통 능력 평가를 통해 국내 대학 유학 및 취업 등에 활용 유도

3. 시험 활용처
   - GKS 우수자비 장학생 선발(4급 이상 가산점 3점 일괄 부여)
   - 외국인 및 12년 외국 교육과정이수 재외동포의 국내 대학 입학 및 장학생 선발
   - 한국 기업체 취업 희망자의 선발 및 인사고과
   - 체류 비자 발급 신청

4. 성적 유효 기간: 성적 발표일로부터 2년간 유효

5. 평가 요소
   - 질문을 정확히 이해하고 그에 맞는 내용으로 대답해야 합니다.
   - 상황에 적합한 어휘와 표현을 사용해야 합니다.
   - 상대방이 이해할 수 있는 발음, 억양, 속도로 말해야 합니다.

내용 및 과제 수행	• 과제에 적절한 내용으로 표현하였는가? • 주어진 과제를 풍부하고 충실하게 수행하였는가? • 담화 구성이 조직적으로 잘 이루어졌는가?
언어 사용	• 담화 상황에 적합한 언어를 사용하였는가? • 어휘와 표현을 다양하고 풍부하게 사용하였는가? • 어휘와 표현을 정확하게 구사하였는가?
발화 전달력	• 발음과 억양이 어느 정도 이해 가능한가? • 발화 속도가 자연스러운가?

6. 평가 등급

- 유형 1~6까지의 점수는 문항반응이론을 적용한 척도점수로 다시 계산됩니다.
- 성적은 200점 만점으로 표기되며 각 급의 기준은 다음과 같습니다.
- 0~19점은 불합격으로 처리됩니다.

등급	점수	요구 능력
1급	20~49점	• 친숙한 일상적 화제에 대해 질문을 듣고 간단하게 답할 수 있다. • 언어 사용이 매우 제한적이며 오류가 빈번하다. • 발음과 억양, 속도가 매우 부자연스러워 의미 전달에 문제가 있다.
2급	50~89점	• 자주 접하는 사회적 상황에서 일상적 화제에 대해 묻거나 답할 수 있다. • 언어 사용이 제한적이며 담화 상황에 맞지 않는 경우가 있고 오류가 잦다. • 발음과 억양, 속도가 부자연스러워 의미 전달에 다소 문제가 있다.
3급	90~109점	• 친숙한 사회적 화제에 대해 비교적 구체적으로 말할 수 있다. • 오류가 때때로 나타나나 어느 정도 다양한 어휘와 표현을 비교적 담화 상황에 맞게 사용할 수 있다. • 발음과 억양, 속도가 다소 부자연스러우나 의미 전달에 큰 문제가 없다.
4급	110~129점	• 일부 사회적 화제에 대해 대체로 구체적이고 조리 있게 말할 수 있다. • 오류가 때때로 나타나나 다양한 어휘와 표현을 대체로 담화 상황에 맞게 사용할 수 있다. • 발음과 억양, 속도가 비교적 자연스러워 의미 전달에 문제가 거의 없다.
5급	130~159점	• 사회적 화제나 일부 추상적 화제에 대해 비교적 논리적이고 일관되게 말할 수 있다. • 오류가 간혹 나타나나 다양한 어휘와 표현을 담화 상황에 맞게 사용할 수 있다. • 발음과 억양, 속도가 대체로 자연스러워 발화 전달력이 양호하다.
6급	160~200점	• 사회적 화제나 추상적 화제에 대해 논리적이고 설득력 있게 말할 수 있다. • 오류가 거의 없으며 매우 다양한 어휘와 문법을 담화 상황에 맞게 사용할 수 있다. • 발음과 억양, 속도가 자연스러워 발화 전달력이 우수하다.

※ 평가 기준은 달라질 수 있습니다. 자세한 내용은 시행처 홈페이지를 확인하세요.

7. 시험 당일 준비물

- **필수**: 수험표, 신분증(규정된 신분증 이외의 의료보험증, 주민등록등본, 각종 자격증과 학생증은 인정하지 않음. 세부 사항은 시행처 홈페이지 확인)
- **선택**: 필기구(시험 당일 시험장에서 나누어 주는 것만 사용 가능할 수도 있음), 아날로그 손목시계(휴대폰, 스마트 워치 등 모든 전자 기기는 사용 불가)

8. 시험 시간표

- 시험 시작 40분 전까지 고사장에 들어가야 하며, 입실 완료 시간 이후에는 들어갈 수 없습니다.
- 시험 시작 이후부터 시험 종료 시까지 원칙적으로는 시험 중간에 고사장에서 나갈 수 없습니다.
- 중도 퇴실을 한다면 시험 종료 시까지 별도의 공간에서 대기해야 하며, 성적이 나오지 않습니다.
- 시험 시간 도중 질병 등의 사유로 퇴실 및 재입실시 감독관에게 확인받아야 합니다.
- 시험 종료 후 감독관의 지시가 있을 때까지 퇴실할 수 없습니다.
- 말하기 평가는 시험 중간에 휴식 시간이 없습니다.

구분	입실 시작	입실 완료	시험 시작	시험 종료	시험 시간
말하기 평가	16:00	16:20	17:00	17:30	30분

※ 해외 시험 시간은 현지 접수 기관에 문의하시기 바랍니다.

9. 문항 구성

번호	유형	난이도	배점	준비 시간	대답 시간
1	질문에 대답하기	초급	9점	20초	30초
2	그림 보고 역할 수행하기		9점	30초	40초
3	그림 보고 이야기하기	중급	12점	40초	60초
4	대화 완성하기		12점	40초	60초
5	자료 해석하기	고급	15점	70초	80초
6	의견 제시하기		15점	70초	80초

10. 시험 시 유의 사항

- 시험을 보기 전, 헤드폰과 마이크 작동 확인용으로 제시되는 연습 문제가 있습니다. 이 문제는 시험 점수에 들어가지 않습니다.

- 시험을 보는 중에는 책상 위에 신분증 외의 어떠한 물품도 놓을 수 없습니다. 반입 금지 물품(휴대폰, 이어폰, 전자사전, 스마트 워치, MP3 등 모든 전자기기)을 소지한 경우 반드시 감독관에게 제출해야 합니다.
- 시험이 끝나면 자신이 녹음한 답을 들어 볼 수 있는 시간이 있습니다. 단, 답안 파일을 수정하거나 변경할 수는 없습니다.

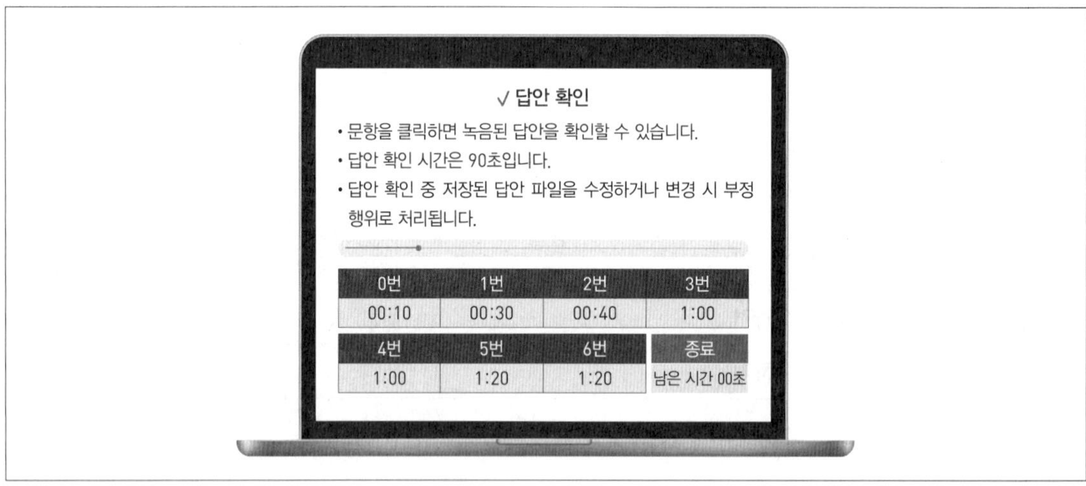

02 문항 소개

유형 1 질문에 대답하기

• **수준 및 예상 배점**: 초급, 9점
• **문제 내용**: 간단한 질문을 듣고 대답하는 문제
　　└→ 일상생활에서 자주 만나게 되는 상황에 대한 질문
　　　(자기 자신, 가까운 사람이나 사물, 단순한 일상이나 계획 등)

지시문

질문을 듣고 대답하십시오. 20초 동안 준비하십시오. '삐' 소리가 끝나면 30초 동안 말하십시오.

예시 문항

취미가 뭐예요? 그 취미에 대해 이야기하세요.

모범 답안

제 취미는 책 읽기예요. 일주일에 한 권씩 읽어요. 저는 무서운 이야기를 좋아해요. 슬픈 것도 잘 봐요. 저는 시간이 날 때 도서관에 가요. 주말에 서점도 자주 가요. 이번 주말에도 친구와 함께 서점에 갈 거예요.

공부 방법

평소에는 자기 자신이나 가족, 가까운 친구나 사람, 사물, 단순한 계획과 경험 등을 이야기하는 데 필요한 기초 단어와 표현들을 공부해 두세요. 기초적인 소재에 대해 다양한 형식의 문장으로 말하는 연습도 하면 좋습니다. 답변 시간을 최대한 활용하고, 정확한 발음과 자연스러운 억양, 적절한 속도로 말하는 연습도 하세요.

유형 2 그림 보고 역할 수행하기

• **수준 및 예상 배점**: 초급, 9점
• **문제 내용**: 그림을 보며 간단한 질문을 듣고 주어진 역할에 어울리게 대답하는 문제
└→ 일상생활에서 자주 만나게 되는 상황에 대한 질문
(주거와 환경, 쇼핑, 공공시설, 대중교통 등)

지시문

그림을 보고 질문에 대답하십시오. 30초 동안 준비하십시오. '삐' 소리가 끝나면 40초 동안 말하십시오.

예시 문항

택시를 타고 왔습니다. 택시 기사에게 내리고 싶은 곳을 이야기하세요.

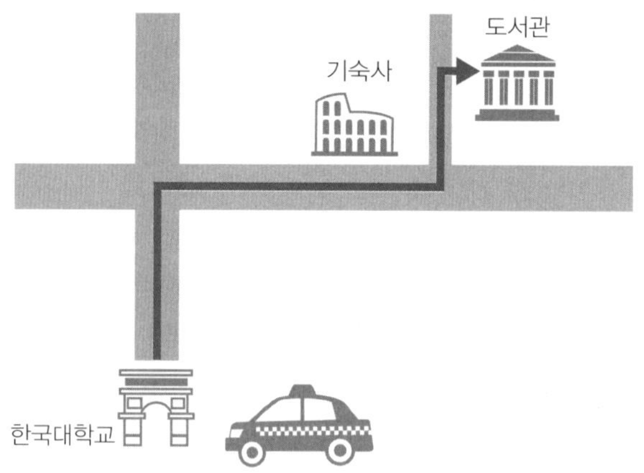

남자: 손님, 여기가 한국대학교 후문인데요. 여기서 내려 드릴까요?

모범 답안

아니요, 기사님. 학교 안에 있는 도서관까지 가 주세요. 후문으로 들어가면 사거리가 나오는데, 거기에서 오른쪽으로 가시면 돼요. 가다 보면 왼쪽에 기숙사가 나와요. 기숙사를 지나서 조금 더 가면 왼쪽에 작은 길이 있어요. 그 길로 조금 가면 오른쪽에 도서관이 있어요. 그 앞에서 내려 주세요.

공부 방법

새로운 내용이나 상황을 소개하거나 필요한 것에 대해 이야기하는 등 평소 일상생활에서 자주 일어나는 상황을 상상해 보고, 그때 필요한 기초 단어를 공부해 두세요. 관련 소재에 대해 다양한 형식의 문장으로 말하는 연습도 하면 좋습니다. 답변 시간을 최대한 활용하고, 정확한 발음과 자연스러운 억양, 적절한 속도로 말하는 연습도 하세요.

유형 3 그림 보고 이야기하기

- **수준 및 예상 배점**: 중급, 12점
- **문제 내용**: 연속된 그림을 보고 그림 속 인물의 행동이나 상황, 사건을 묘사하고 이야기를 구성하여 말하는 문제 ↳ 일상에서 경험할 수 있는 다양한 상황과 관련된 그림 (학교생활, 직장 생활, 문화생활 등)

지시문

그림을 보고 순서대로 이야기하십시오. 40초 동안 준비하십시오. '삐' 소리가 끝나면 60초 동안 말하십시오.

예시 문항

영희 씨는 한 달 전에 쇼핑을 했습니다. 영희 씨가 산 것을 순서대로 설명하고, 그 결과 영희 씨가 어떻게 되었는지 말해 보세요.

모범 답안

영희 씨는 한 달 전에 혼자서 쇼핑을 했어요. 먼저 한 시에는 가방 가게에 갔어요. 새로 나온 가방이 꽤 비쌌지만 마음에 들어서 그냥 샀어요. 한 시 반에는 신발 가게에 갔어요. 의자에 앉아서 구두를 몇 켤레 신어보면서 마음에 드는 구두를 한참 동안 찾았어요. 두 시간 후인 세 시 반에는 옷 가게에 갔어요. 옷 가게에서는 긴 팔 티와 짧은 치마를 사고, 입고 갔던 바지를 치마로 갈아입었어요. 한 달이 지난 뒤, 오늘 영희 씨는 돈이 하나도 없는 지갑을 보면서 슬퍼하고 있어요.

공부 방법

어떤 상황을 보고 묘사, 서술, (재)구성하는 데에 필요한 표현을 공부해 두어야 합니다. 특히, 학교나 직장생활과 같은 친숙한 사회적 상황과 여가, 문화생활 등과 같은 일상의 경험들을 생각하며 누가, 언제, 어디에서, 무엇을, 어떻게, 왜 하고 있는지를 문장으로 만들고 이야기를 완성하여 말하는 연습을 하면 좋습니다. 전체적인 이야기의 흐름과 의미를 잘 전달할 수 있도록 답변 시간을 최대한 활용하고, 정확한 발음과 자연스러운 억양, 적절한 속도로 말하는 연습을 해 두는 것도 중요합니다.

유형 4 대화 완성하기

- **수준 및 예상 배점**: 중급, 12점
- **문제 내용**: 사회적 상황에서 이루어지는 남자와 여자의 대화를 듣고, 대화 속 남자 또는 여자가 되어 상대방의 말에 적절히 대응하여 대화를 완성하는 문제

지시문

대화를 듣고 이어서 말하십시오. 40초 동안 준비하십시오. '삐' 소리가 끝나면 60초 동안 말하십시오.

예시 문항

두 사람이 '노키즈 존'에 대해 이야기하고 있습니다. 남자의 마지막 말을 듣고 여자가 할 말로 대화를 완성해 보세요.

남자: 내년부터 우리 가게에도 아이들의 출입을 금지할 거라고 하던데, 얘기 들었어요?
여자: 네, 손님들이 불편하다고 항의를 해서 그런 것 같은데, 저는 사실 '노키즈 존'이 없어져야 한다고 생각해요.
남자: 하지만 저번에 가게에서 사고가 난 적도 있었잖아요. 안전을 위해서라도 '노키즈 존'이 있는 게 좋지 않을까요?

모범 답안

저는 어른들이 사고 예방에 더 신경 쓰고 아이들을 교육하는 게 맞다고 생각해요. 대부분의 아이들은 어른에 비해 배워 나가야 할 것들도 더 많고요. 우리에게는 아이들이 다른 사람을 배려하는 마음을 가르칠 책임도 있어요. 사회 여러 곳에서 다양한 경험을 하게 하면서 그런 마음을 알려 줄 수 있다고 생각해요. 그리고 모든 아이들이 소란을 피우는 것도 아닌데, 무조건 나이가 어리다는 이유로 가게에 들어오지 못하게 한다면 그건 차별이라고 생각해요.

공부 방법

다른 사람에게 제안, 조언, 거절 등을 하는 데 필요한 어휘와 문법 표현들을 공부해야 합니다. 대화의 내용을 잘 파악한 후에 중심 맥락에 맞게 대응하며 말하는 연습을 하는 것이 좋습니다. 답변 시간을 최대한 활용하고, 중급 수준에 맞는 정확한 발음과 자연스러운 억양, 적절한 속도로 말하는 연습을 해 두는 것도 중요합니다.

유형 5 자료 해석하기

- **수준 및 예상 배점**: 고급, 15점
- **문제 내용**: 사회적 화제나 추상적 화제의 자료를 보고 해석하여, 비판적으로 자신의 의견을 진술하는 문제
  ↳ 경제, 과학, 대중매체, 문화, 예술, 정치, 환경 등

지시문

자료를 설명하고 의견을 제시하십시오. 70초 동안 준비하십시오. '삐' 소리가 끝나면 80초 동안 말하십시오.

예시 문항

뉴스를 듣고 자료에 제시된 사회 현상의 변화를 설명하고, 이러한 현상이 나타난 이유를 두 가지 말하십시오.

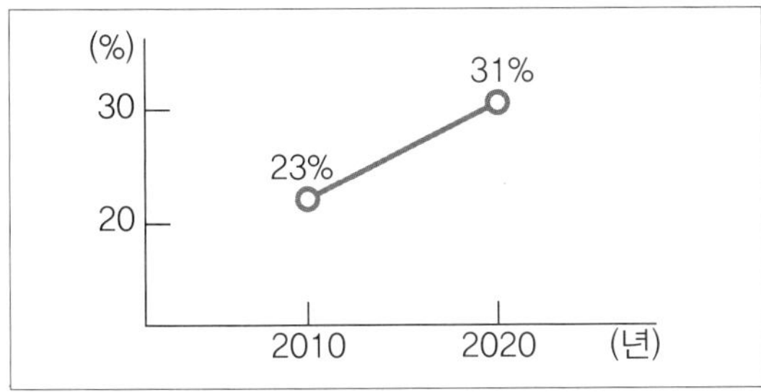

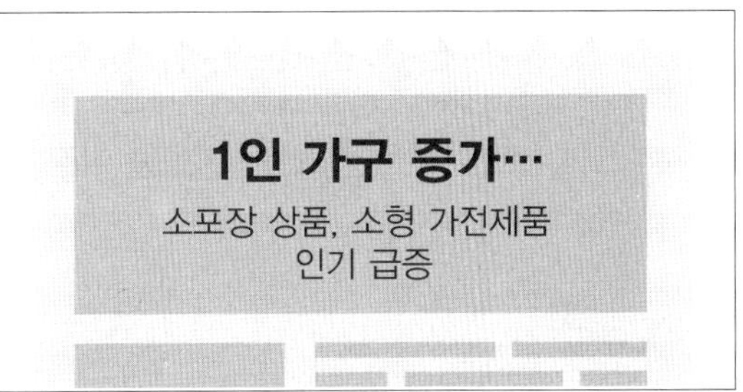

남자: 요즘 1인 가구가 점차 늘고 있는데요. 조사 결과 2010년부터 2020년까지 1인 가구 비율에 큰 변화가 있었습니다. 이와 함께 소포장 상품과 소형 가전의 인기도 상승하고 있다고 합니다.

모범 답안

자료에 따르면 2010년부터 2020년까지 1인 가구의 비율은 23%에서 31%까지 증가했는데요. 1인 가구가 늘면서 소포장 채소나 한 토막씩 포장된 생선 같은 '소포장 상품'이나 1인용 전기밥솥, 초소형 세탁기 같은 '소형 가전제품'의 판매량도 늘어났다고 합니다.
이러한 변화가 나타난 이유는 여러 가지가 있지만 결혼에 대한 사회의 인식 변화와 고령화 현상을 대표적으로 들 수 있습니다. 과거에는 전통적인 가족 공동체의 모습을 만들고 유지하는 것을 당연하게 생각했지만, 요즘에는 개개인의 삶도 가족 공동체 못지않게 중요한 것으로 여기게 되면서 젊은 1인 가구가 늘어나게 된 것입니다. 또한 의학이 발달하면서 수명은 늘어났는데, 한국은 노인을 부양할 젊은 사람들이 부족합니다. 그래서 혼자 사시는 할아버지, 할머니가 많이 늘어날 수밖에 없는 것입니다.

공부 방법

사회 문제, 추상적인 화제의 시각 자료(도표, 그래프, 포스터, 신문기사 헤드라인)를 보고 현황을 설명하고 상황을 추측할 수 있어야 합니다. 또한 그것을 비판적으로 살펴보고, 자신의 의견을 진술하는 데 필요한 어휘와 표현들을 공부해 두어야 합니다. 다양한 시각 자료를 접해보고, 자신의 견해를 일관되게 말하는 연습을 하는 것이 좋습니다. 전체적인 이야기의 흐름과 의미를 잘 전달할 수 있도록 답변 시간을 최대한 활용하고, 고급 수준에 맞는 정확한 발음과 자연스러운 억양, 적절한 속도로 말하는 연습을 해 두는 것도 중요합니다.

유형 6 의견 제시하기

- **수준 및 예상 배점**: 고급, 15점
- **문제 내용**: 전문 분야나 추상적인 내용, 사회 문제 등에 대해 자신의 견해를 논리적으로 제시하거나 찬성 또는 반대 입장에서 자신의 견해를 제시하는 문제

지시문

질문을 듣고 의견을 제시하십시오. 70초 동안 준비하십시오. '삐' 소리가 끝나면 80초 동안 말하십시오.

예시 문항

지도자는 자신이 속한 조직을 이끄는 사람입니다. 지도자의 생각과 행동은 조직은 물론 그 조직에 속한 구성원 전체에게 영향을 미칩니다. 훌륭한 지도자의 조건은 무엇이라고 생각합니까? 지도자가 갖춰야 할 조건 두 가지와 그 근거를 말하십시오.

- 지도자: 조직 또는 단체에서 남들을 이끌어 가는 위치에 있는 사람

모범 답안

지도자가 조직 내에서 어떤 역할을 하는가에 따라서 조직이 발전할 수도 있고 그렇지 않을 수도 있는데요. 저는 좋은 지도자는 공정함과 책임감을 중요하게 여기는 사람이라 생각합니다. 우선, 지도자는 조직의 구성원을 차별하지 않고 그들이 능력을 충분히 발휘할 수 있도록 공평하고 올바른 태도를 항상 유지해야 합니다. 조직의 구성원들이 모두 납득할 수 있는 기준을 가지고 사람을 대하는 것은 물론 일을 처리하거나 문제 상황에 대처해야 합니다.

다음으로 좋은 지도자는 책임감을 가지고 있어야 합니다. 기본적으로 지도자는 결정을 하는 위치에 있는 사람입니다. 그런데 일을 하다 보면 일이 계획대로 진행되지 않거나 생각지도 못했던 난관에 부딪히게 되기도 합니다. 따라서 지도자는 위기에 직면해도 회피하지 않고 그 결과에 책임지겠다는 의지를 가지고 있어야 합니다.

이 외에도 좋은 지도자라면 갖추어야 할 것이 많지만, 저는 공정함과 책임감, 이 두 가지가 가장 중요한 조건이라고 생각합니다.

공부 방법

사회 문제나 추상적 화제들에 대해 적절한 근거와 함께 자신의 의견을 제시할 수 있도록 배경지식을 쌓고 어휘와 표현을 공부해 두어야 합니다. 또 자신의 의견이 듣는 사람에게 잘 전달될 수 있도록 제시된 조건에 맞추어 논리적이고 설득력 있게 말하는 연습을 하는 것이 좋습니다. 답변 시간을 최대한 활용하고, 고급 수준에 맞는 발음과 억양, 발화 속도를 유지하면서 말하는 연습을 하면 도움이 됩니다.

메 모

메모

예비 한국어 선생님과 초보 한국어 선생님께 추천하는

한국어교육능력검정시험 추천 도서

한국어교육능력검정시험 30일 안에 다잡기

한국어교육능력의 기본기를 쌓자!

- 시험 출제 경향에 맞춘 문제 구성
- 영역별로 실제 기출 복원 문제 수록
- 전문, 학술용어에 대한 자세한 설명 제공

한국어교육능력검정시험 5년간 기출문제해설

기출문제분석으로 총정리하자!

- 자세한 문제 해설 수록
- 개별 회차 e-book 출시
- 문제와 관련된 참고문헌 수록

한국어교육능력검정시험 교안작성연습

교안작성연습도 철저히 하자!

- 교안작성의 기본 개념과 예상 문제 수록
- 한국어 교육 과정을 바탕으로 한 모범 교안
- 출제 가능성이 높은 46개의 목표 문법 선별

한국어교육능력검정시험 2차 면접시험

면접시험도 완벽하게 준비하자!

- 합격생들의 생생한 면접 후기 수록
- 면접 기출문제 전 회차 복원 수록
- 기출 중심의 예시 문제와 답변 TIP 수록

한국어교육능력검정시험 용어해설

모르는 용어도 확실하게 알고 넘어가자!

- 편리한 사전식 구성
- 영역별 핵심 용어 완벽 정리
- 이해도를 높이는 그림과 도표 수록

※ 도서의 이미지 및 구성은 변경될 수 있습니다.

한국어능력시험

TOPIK I

실전 모의고사

Mock tests 全真模拟试题